本书为 2019 年度浙江省哲学社会科学规划后期资助课题"中国创业活动的地区分异及其形成机制研究"（19HQZZ22）成果

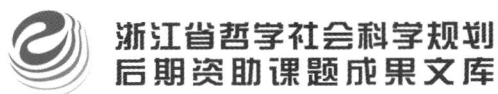
浙江省哲学社会科学规划
后期资助课题成果文库

中国创业活动的地区分异及其形成机制研究

陈翊 著

中国社会科学出版社

图书在版编目（CIP）数据

中国创业活动的地区分异及其形成机制研究/陈翊著. —北京：中国社会科学出版社，2020.10
（浙江省哲学社会科学规划后期资助课题成果文库）
ISBN 978-7-5203-7061-5

Ⅰ.①中⋯ Ⅱ.①陈⋯ Ⅲ.①创业—研究—中国 Ⅳ.①F249.214

中国版本图书馆 CIP 数据核字（2020）第 158265 号

出 版 人	赵剑英
责任编辑	李庆红
责任校对	冯英爽
责任印制	王　超

出　　版	中国社会科学出版社
社　　址	北京鼓楼西大街甲 158 号
邮　　编	100720
网　　址	http://www.csspw.cn
发 行 部	010-84083685
门 市 部	010-84029450
经　　销	新华书店及其他书店
印　　刷	北京君升印刷有限公司
装　　订	廊坊市广阳区广增装订厂
版　　次	2020 年 10 月第 1 版
印　　次	2020 年 10 月第 1 次印刷
开　　本	710×1000　1/16
印　　张	17.5
插　　页	2
字　　数	261 千字
定　　价	99.00 元

凡购买中国社会科学出版社图书，如有质量问题请与本社营销中心联系调换
电话：010-84083683
版权所有　侵权必究

前　言

　　创业活动已经成为中国经济增长最重要的动力之一。创业活动不仅促进经济增长，改变就业模式，还有助于转移过剩产能，解决供给和需求不对称的矛盾。随着我国政府"大众创业、万众创新"口号的提出，创业已然成为当今中国社会的一种价值导向和生活方式。过去十余年，中国创业活动的数量以前所未有的速度在增加，创业活动也成为学术界研究的热门话题。

　　创业研究存在于心理学、管理学、经济学和社会学几个学科中。心理学区别创业者和非创业者在个性特质上的差别，探寻创业者和非创业者的个体差异特征；管理学将创业活动视作发现机会、把握机会、获取资源、调动资源等一系列行为持续演进的过程，形成了机会观、资源观、战略导向观、社会资本观等几个概念范畴，其研究重点在于创业过程的各个阶段的微观行为；社会学将创业的产生置于特定社会文化环境下，处于相似社会文化环境的创业者往往表现出与其文化背景相对应的共同个性特征和行为特征；经济学在微观上将创业者视为企业内部的特殊要素，在宏观上研究创业活动促进经济增长的机制和绩效。

　　然而，已有研究缺乏对创业活动的经济地理空间分析。创业活动是人主导的经济活动，而人的经济活动必定发生在一定的地域范围之内。地域要素和人的经济活动之间存在相互影响，经济活动会呈现特定的地区特征和规律。只有掌握了这些地区特征和规律，才能采取相应对策，促进经济活动顺利开展。但是，目前我国创业活动在地区之间存在什么样的差别，形成这种地区差别的原因和机制是什么，尚未得到充分的研究。本书从经济地理学的视角出发，通过分析我国创业活动地区分异的时空演变，进而探索创业活动地区分异的形成机制，最终得到促进区域创业活动发展的政策启示，这是对已有创业研究的一个有益补充。

创业活动的经济地理学视角是介于地理学和经济学之间的交叉研究，地理学所关注的空间差异、空间过程和空间相互作用被应用到创业活动研究中，可以具化为创业活动的地区分异、创业活动的地区分异过程和创业活动发展三个子命题。地区分异阐述创业活动在我国地区层面上的特征、差别和规律性变化；面对创业活动的多样性、动态性和复杂性，地区分异过程揭示创业活动地区分异的行动逻辑和形成机制；创业发展则探索科学合理的激励创业活动的对策。

本书采用理论分析和实证分析相结合、定性分析与定量分析相结合的方法，对上述三个命题进行了系统性的探讨，主要内容和主要工作如下。

1. 构建创业活动地区分异机制的理论分析框架

本书对已有的创业活动地区分异研究成果进行系统性梳理与归纳，并对相关研究的成果与局限进行了评价。在此基础上，笔者对接经济学的要素生产理论和社会学中的社会资本理论，从制度、人力、金融和技术四种要素禀赋入手，结合社会普遍信任和社会文化价值观对创业环境的影响，明晰了创业活动地区分异的形成机制，构建了要素禀赋加社会资本的创业活动地区分异机制的理论分析框架。

2. 创业活动地区分异的测度与事实描述

本书以2008—2016年中国省域单元的创业活动数量为对象，使用探索性数据分析和统计分析的方法，借助地理信息系统、R语言、MATLAB等软件，使用NICH指数、均值、标准差、变异系数、基尼系数、赫芬达尔-赫希曼指数、泰尔指数、MORAN'S I指数等一系列指标，多角度、多层次、多指数地测度了创业活动地区分异的程度，对中国创业活动的地区分异做一个翔实的、细致的、全面的描述和观察，得到了可靠的时空演变趋势规律。

3. 对要素禀赋和创业活动地区分异之间的关系进行实证研究

在理论框架构建的基础上，本书提出了要素禀赋影响创业活动地区分异的一系列假说。在实证分析中，运用描述统计、面板数据回归、门槛回归等多种计量方法，利用 EXCEL、STATA、MATLAB 等分析工具，为制度、人力、金融和技术要素寻找合适的代理变量，验证相关假设，并利用夏普里值分解法研究比较不同要素禀赋对创业活动地区分异的贡献度。不仅静态地验证要素禀赋对创业地区分异的差异性作用，还考虑经济发展的动态变化，引入经济发展水平门槛变量，研究经济发展水平是否影响到要素禀赋对创业活动地区分异的决定作用。通过层层推进的实证研究，细致剖析每一种要素禀赋和创业活动地区分异之间的关系，为理论说明提供足够依据。

4. 从社会资本角度观察创业活动地区分异和空间集聚

社会资本是通过社会普遍信任和社会文化价值观作用于创业活动的软环境进而影响区域性的创业活动的。本书解析了社会资本如何通过孵化地区人力、金融、技术要素禀赋增加创业要素供给、间接影响创业活动的过程，并将创业活动软环境和创业要素禀赋硬约束结合，以淘宝村和高新产业园区为案例，讨论创业活动空间集聚的原因和模式，并对创业空间集聚的累积循环加以说明。

5. 促进创业活动发展的政策启示

根据上述研究的相关结论，笔者提出要针对不同地区、不同经济发展水平，从硬约束的突破和软环境的发展两个方面，制定有效激励创业活动的对策。在出台激励地区创业活动的政策时，要注意软硬两个方面配套发展，在两者之间形成协同和强化。要正视各种要素禀赋在区域创业中的作用，有侧重地实施要素培育计划，并建立合理的区域要素流动机制。在软环境方面，重视社会文化因素在创业活动中的决定作用，根据地区创业活动特色构建适合本地区的创业文化。要打破地区分割，努力实现区域之间的协同和合作，通过优势互补合作共赢。

本书在学术上具有一定的创新性，主要体现在三个方面。

首先，本书从经济地理学的角度出发，以创业发展作为研究目的，将创业研究个体或组织的微观层次推向区域层面的宏观层次，创业研究的角度得以拓展。在已有的创业活动的研究领域中，心理学和管理学的创业研究是纯粹的微观视角，社会学和经济学虽然具有宏观性，但是它们的研究目的不是创业发展，社会学主要聚焦于创业活动的社会背景和社会流动，经济学主要探讨创业者或创业活动对企业发展或经济增长的贡献，其研究目的在于社会和经济发展。可见，目前的学术界欠缺以创业发展本身为研究目的的宏观层面的创业研究。本书从经济地理学的角度出发，旨在刻画中国区域层面创业活动的宏观图景，从宏观区域层面入手探索创业活动地区分异的规律和机制，并提出相应的政策含义，是对已有研究视角的拓展。

其次，对接经济学的要素生产理论和社会学中的社会资本理论，明晰了创业活动地区分异的形成机制，将之归结为要素禀赋差异和社会资本差异。关于创业活动区域特征以及地区分异这一主题，已有研究视角分散，没有形成统一的分析框架，缺乏动态分析和系统分析，往往只注重创业活动的区位选择和创业活动对经济总水平的贡献。本书对接经济学的要素生产理论和社会学中的社会资本理论，从要素禀赋和社会资本两个角度出发，整合包含这两个方面的创业活动地区分异的理论框架。要素禀赋是创业活动发生的"硬"的物质基础水平，要素禀赋的存量、不同要素禀赋之间的比例决定了具有创业意愿人能够在多大比例上将创业意愿转换成现实的创业活动。社会资本是创业活动发生的"软"的外部环境，它通过区域普遍信任水平和文化价值观，决定了区域创业活动的意愿水平。同时强调创业活动的经济性要素和社会性要素，帮助我们系统、全面、多维度地看待不同地区之间创业活动的差异性，有利于各个不同地区采取差异性对策来提升本区域创业水平。

最后，将经济发展因素引入要素禀赋对创业活动的激励机制中，动态研究要素禀赋与创业活动发展的关系。已有研究往往关注某一要素禀赋对创业活跃水平的贡献，但是忽略了要素禀赋发生的作用的外部经济基础。本书将经济发展视为影响要素禀赋发挥作用的一个外部变量，利用门槛回归的方法，证实了制度要素和正规金融要素在一定经济发展水平下才能发挥对创业活动的正面效应，而其他要素禀赋则会随着经济发展水平的提升发挥自身更重要的作用。这提示政策制定者盲目增加要素禀赋投入,并不能对创业活动数量达到立竿见影的刺激作用,处在不同的经济发展阶段,要有目标地选择增加要素投入,进而达到增加创业活动的目的。

囿于笔者的学识,本书还存在着理论框架不够完善、研究层次较浅、计量实证有所欠缺等方面的缺点,比如只讨论创业活动数量分异,没有讨论创业活动质量分异,只关注要素禀赋的数,没有关注要素禀赋的质,忽略要素禀赋的动态变化,样本数据太少,等等。这些问题都有待于后续研究继续完善。

陈　翊

2020 年 5 月 6 日

目　录

第一章　导论 ……………………………………………………（1）
　第一节　研究背景和意义 ………………………………………（1）
　第二节　文献综述 ………………………………………………（5）
　第三节　研究目标、内容和方法 ………………………………（21）
　第四节　章节安排 ………………………………………………（24）

第二章　创业活动地区分异的理论分析框架 ………………（27）
　第一节　创业活动地区分异的内涵与特质 ……………………（27）
　第二节　要素禀赋和创业活动地区分异 ………………………（36）
　第三节　社会资本和创业活动地区分异 ………………………（44）
　第四节　包含要素禀赋和社会资本的分析框架 ………………（51）

第三章　创业活动地区分异的测度及其时空变化 …………（54）
　第一节　创业活动的衡量指标 …………………………………（54）
　第二节　创业活动绝对水平的地区分异 ………………………（57）
　第三节　创业活动相对发展水平的地区分异 …………………（63）
　第四节　创业活动地区分异的总体趋势 ………………………（68）
　第五节　创业活动的空间相关性 ………………………………（76）
　第六节　不同类型创业活动的地区分异 ………………………（81）
　第七节　本章小结 ………………………………………………（96）

第四章 要素禀赋对创业活动地区分异的影响 …… (98)
- 第一节 要素禀赋与创业活动地区分异的理论假说 …… (98)
- 第二节 制度要素对区域创业活动的影响 …… (105)
- 第三节 人力要素对区域创业活动的影响 …… (115)
- 第四节 金融要素对区域创业活动的影响 …… (117)
- 第五节 技术要素对区域创业活动的影响 …… (122)
- 第六节 本章小结 …… (125)

第五章 要素禀赋与创业活动地区分异的实证研究 …… (127)
- 第一节 要素禀赋影响创业活动的实证分析 …… (127)
- 第二节 要素禀赋对创业活动地区分异的贡献度分析 …… (147)
- 第三节 不同创业类型的分样本实证 …… (152)
- 第四节 本章小结 …… (161)

第六章 要素禀赋和创业活动地区分异的动态分析 …… (164)
- 第一节 经济发展程度对要素禀赋激励创业活动的作用影响 …… (164)
- 第二节 实证分析 …… (170)
- 第三节 不同创业类型的分样本实证 …… (182)
- 第四节 本章小结 …… (192)

第七章 社会资本与创业活动的地区分异 …… (194)
- 第一节 社会资本视角下的创业活动 …… (194)
- 第二节 社会资本对区域创业活动的直接影响 …… (196)
- 第三节 社会资本对区域创业活动的间接影响 …… (206)
- 第四节 本章小结 …… (221)

第八章 创业空间集聚：创业软环境和硬约束的结合 …… (223)
- 第一节 创业空间集聚 …… (223)
- 第二节 创业软环境和创业硬约束的结合 …… (232)

第三节　创业空间集聚的累积循环机制 …………………… (241)
　　第四节　本章小结 …………………………………………… (244)

第九章　结论、政策含义和研究展望 ………………………… (245)
　　第一节　研究结论 …………………………………………… (245)
　　第二节　政策含义 …………………………………………… (247)
　　第三节　本书不足和未来研究展望 ………………………… (254)

参考文献 ………………………………………………………… (256)

第一章

导　　论

第一节　研究背景和意义

一　研究背景

创业活动与一国经济增长息息相关。经济合作与发展组织（Organization for Economic Co-operation and Development，OECD）的研究表明，创业活动频繁的国家中小企业更具活力，可以加快经济发展的步伐，降低失业率。改革开放四十年，中国经济快速增长，令世界瞩目，一个重要的原因就是创业活动不断发生。新企业的持续诞生加剧了市场竞争，完善了市场机制要素配置的基础性功能，促进市场经济的完善发展，进而推动了经济增长。

经济发展进入新常态阶段以后，创业活动越发显示出重要性。首先，创业活动构造就业新模式。以往中国解决新增劳动力的模式是通过增加投入带动产业发展进而容纳就业。而过去中国劳动力结构中以初级劳动力为主，这和低端制造业的劳动力需求相符，因此传统就业模式效果十分显著。然而，在新常态下，中国经济发展增速下降，通过投入增加无法再提供足够的就业岗位。更何况，随着人口红利的消退和中国教育水平的提高，中国人口的教育结构出现重大变革，初级劳动力逐渐减少，高素质劳动力在人口中占比逐渐上升。增加投资扩大低端制造业所产生的就业岗位无法匹配高素质人才，需要更多的创新创业企业来容纳高端人才，而自主创业刚好成为高素质人才就业的重要渠道。其次,创业活动有助于转移过剩产能。中国市场存在着供给和需求不对称的结构矛盾:一方面是大规模生产的产品供给过量,产能过剩,另一方面是个性化的、精细化的、分散化的市场需求迅速上升,供给不足。通过创新创业,将过剩的产能转移到供给不足领域,可以有效激发内需,塑造新一轮的经济增长点。再次,创业活动有利于转变经济增长方式,驱使我国经济从数量型增长转向创新型增长。过去十几年经济快速增长将要素投入带动产出的经济增长方式逼到了极限,唯有通过其他方式实现生产可能性边界的外移,才能产生新的经济增长潜力,而创业创新就是挖掘经济增长潜力的有效路径(任保平,2015)。

在这一背景下,2014年9月,李克强总理首次在公开场合提出了"大众创业、万众创新"的口号;2015年6月,《国务院关于大力推进大众创业万众创新若干政策措施的意见》开始实施,为"大众创业、万众创新"清障搭台。在政府以及各方的指引下,创业活动成为当今中国社会的一种价值导向和生活方式。根据清华大学中国创业研究中心等联合发布的《全球创业观察中国报告》,2016年中国的创业指数为15.53,高于美国的13.81、德国的5.27和日本的3.83,是世界上创业活动最活跃的国家之一。国家工商总局的统计数据也表明,从2012年9月到2017年9月,全国实有企业数量从1342.8万户增加到2907.23万户,增长了116.5%,注册资本从80.15万亿元增加到274.31万亿元,增长了242.3%。2017年前三季度日均新设企业数超过1.65万户。由于新设企业的高速增长,我国千人企业量快速提高。按照2016年年底人口数13.83亿计算,到2017年9月我国每千人拥有的企业数量为21.03户,相比2012年年底的10.09户翻了一番。①

面对如火如荼的创业热潮,我们必须认识到,创业活动还面临诸多问题和挑战。其中之一就是创业活动在地区之间的分布不均衡。创业活动在地区之间合理程度的差异对于社会经济发展具有促进作用,

---

① 《党的十八大以来全国企业发展分析》,中华人民共和国中央人民政府网,http://www.gov.cn/zhuanti/2017-10/27/content_5234848.htm。

但是如果分化过大，则可能带来诸如加大地区经济发展两极分化、强势地区对弱势地区的要素虹吸效应、弱势地区产业升级受阻等问题。因此，有必要从宏观层面研究创业活动的地区分异，梳理全国不同地区创业活动的发展现状和地区分异程度，从学理上研究造成分异的原因和机制，并提出相应的对策。

二 研究意义

（一）理论意义

自从熊彼特在1934年提出"创造性破坏"这一说法，创业和创新就一直处于经济发展的核心地位，创业者被认为是具有打破原有均衡能力、促进经济增长的行动者。奥地利学派的经济学家更是进一步完善了熊彼特的观点，将创业视为经济发展最重要的驱动力。

学术界对创业活动的系统性研究始于20世纪80年代。在过去30多年间，创业活动研究经历了创业主体—创业过程—创业宏观环境—主体、过程和宏观环境交互作用等几个层次的变化，形成了创业研究的心理学、管理学、经济学和社会学视角。

心理学视角以创业者和非创业者的个性特质差别为研究对象，寻找创业行为个性驱动因素，即为什么不同的人有不同的创业意愿和创业结果。管理学将创业视为创业者在发现和把握机会、获取和调动资源等创业活动各个阶段持续演进的过程，形成了机会观、资源观、战略导向观、社会资本观等几个概念范畴，其研究重点在于创业过程的各个阶段的微观行为。社会学将创业的产生置于社会文化环境之中，处于相似社会文化环境的创业者往往表现出与其文化背景相对应的共同个性特征和行为特点。经济学视角则分别从微宏观两个层次看待创业活动的功能。微观方面，经济学研究创业者作为一种特殊要素在企业内部所起到的作用；宏观方面，经济学研究创业活动促进经济增长的绩效和机制。

然而，上述已有的几个视角都没有关注到创业活动在地理空间上的分异特征。自从克鲁格曼提出新经济地理学理论，学界日益重视地理空间对经济活动的影响。人的行动发生在一定的区域范畴之内，创业活动作为人类社会最重要的经济活动之一，必然会呈现特定的地区特征和规律。只有掌握了这一活动的地区特征和规律，才能够有效构建人—地和谐关系，并保证经济活动顺利开展。但是，目前我国创业活动在地区之间存在什么样的差别，形成这种地区差别的原因和机制是什么，尚未得到充分的研究。本书从经济地理学的视角出发，通过分析我国创业活动地区分异特征和发展趋势，进而探索创业活动地区分异的形成机制，最终得到促进区域创业活动发展的政策启示，是对已有创业研究的一个补充，具有重要的理论意义。

第一，本书探索我国地区之间创业活动的差异性特征，揭示创业活动地区分异的分化状况，以及这种分化状况的变动趋势。创业活动地区之间发展不均衡，只有阐明这种不均衡的基本状况，了解掌握其变化规律，才能探索其背后的机制并提出相应的对策。但是目前已有文献缺乏对我国创业活动地区分异总体态势的研究。本书将观察我国各个省份创业活动在时空中的发展水平，构建一系列测度指标，衡量地区创业活动的分化程度以及分化趋势，还借助探索性空间数据的方法验证不同地区之间的空间关联性，并将创业活动分成生存型和机会型两个类型分别研究。这样，就从时间和空间两个维度、静态和动态两个层面、生存和机会两种类型对我国创业活动的地区分异进行全面梳理，准确把握我国创业活动地区分异的特征及演变趋势，能为后续相关研究提供研究基础。

第二，本书就中国创业活动地区分异的事实提出合理的解释。目前已有的对某一特定地区创业活动状况的研究基本属于个案研究或局部分析，建立在某个或某些影响因素之上，缺乏基于各种影响因素的综合系统研究和动态研究。本书摒弃了已有研究只针对某一局部地区的做法，将视野扩展到全国 31 个省份，结合经济学的经济发展要素理论和社会学的社会资本理论，视要素禀赋为创业活动地区分异的硬约束，视社会资本为创业活动地区分异的软环境，两者相结合，构建了解释全国创业活动地区分异的理论框架，系统整体地探索地区创业活动分异格局的形成机制，这是对创业活动地区分异机制进行系统和动态分析的有益尝试，有利于我们更加客观、深刻地理解不同区域的创业活动之间的联系和影响，也是对区域经济学中区域结构理论的一个推进。

（二）实际价值

本书不仅能够丰富创业研究和区域研究的内容，还具有一定的实际意义。

首先，本书的理论研究框架和实证结果能够为各个不同省份根据自身已有的创业基础和经济发展状况制定差异化的创业激励政策提供依据。我国幅员辽阔，各个省份在创业活动的数量和类型上差异显著，如何根据自身状况推动创业活动发展，以确保创业活动对经济增长的贡献是各个区域面临的现实问题。东部地区创业活动基础好，要考虑如何提升创业活动的质量、促进机会型创业活动的开展；西部地区基础较弱，创业活动尚不普遍，工作重点在于如何鼓励民众普遍创业。深入研究不同区域要素禀赋和社会资本对创业活动的影响，可以为各个地区根据本地实际情况有针对性地制定创业鼓励政策提供理论依据。

其次，本书的研究结果为缩小创业活动的区域差距、实现区域协同发展提供决策依据。目前各个省份之间创业活动发展不协调、差距较大，收敛的趋势也非常缓慢。在这样的情况下，要防止强势地区对弱势地区的要素禀赋虹吸效应，以及强势地区和弱势地区两极分化的加剧。本书通过理论和实证分析，找出不同区域创业活动主要驱动因素，建议各个地区有侧重点地培育行之有效的创业要素禀赋，探索促进区域创业活动发展的最有效路径，这有利于缓解区域创业活动的非均衡发展，缩小地区之间创业活动的差距。

第二节 文献综述

一 经济活动的地理分异研究

（一）经济空间分异研究

进入 21 世纪，我国经济学界开始关注不同地区经济空间分异的现象。覃成林（2004）发现我国1990—1999年地区经济增长出现分异而不是趋同。随着 Geoda、ArcGIS 等地理信息工具的应用，学界可以对特定区域的经济空间结构构成和变化做出详细的时空描述。在这一新方法的驱动下，胡彬（2006）对长江流域各板块的形成与分异进行考察和论证，认为市场化、制度创新是各个板块分异的驱动因素；王兵等（2006）对伊洛河流域经济空间分异及其形成的主导因素进行了分析；孙植华、翟有龙（2008）对四川经济增长的趋同—分异—趋同过程进行描述；罗君、白永平（2010）考证了嘉陵江流域的"点—轴"式经济空间结构以及经济热点区和盲区；李敏纳（2011）对黄河流域的经济空间分异态势和格局进行了系统阐述；杨贺（2012）探析了中原经济区经济空间结构的特征、演变过程、驱动力和发展趋势，提出了相应对策；郭付友等（2016）对松花江生态经济走廊流域经济时空分异与驱动机制进行研究。随着技术手段的熟练运用，经济空间分异的研究单元越来越小，由省份、流域过渡到了县域单位。蒋国富、刘长运（2008）以河南省县域为研究单元，李欣等（2012）以沈阳经济区下辖的23个县为研究对象，刘虹（2012）以关中城市群的县域经济为对象，张金萍（2012）以黄河下游沿岸县域经济为对象，艾少伟（2012）以河南省县域经济为对象，张改素等（2014）以中原经济区县域经济为对象，黄峥和徐逸伦（2011）、蒋天颖等（2014）、陈翊（2017）以浙江县域单元为研究对象，蒙莎莎（2017）以山东省县域单元为对象，探索了这些省份县域经济空间格局的演化过程和分异驱动机制。

（二）居住空间分异研究

吴启焰等（1999）将城市居住空间分异定义为个体在阶层流动之后的居住选择行为以及由此产生的宏观空间化，这种城市空间分异是由政府、建筑商、地产商、金融业等各个不同主体互动和作用的结果。邢兰芹等（2004）、李雪铭（2004）、刘长岐（2004）、易成栋（2004）、邢卓（2005）、龙丽民等（2006）、杨上广和王春兰（2006）分别研究了西安、大连、北京、武汉、天津、石家庄、上海等大城市的居住空间结构演变过程，探索基本的作用因素。当然，特定地区有一些特定的机制，比如户籍制度（黄靖、王先文，2004）、旧城改造（袁雯等，2010）、城镇化（陈杰、郝前进，2014）、农民失地（罗震宇、秦启文，2009；赵琴，2015）、人口迁徙（钟奕纯、冯健，2017）和移民（肖扬等，2017）。这些都对居住空间隔离和居住空间分异起作用，由此形成了一些普遍的规律，如大城市的流入群体一般都居于城市的周边地带，而固有居民则处于城市的核心地带；优质教育资源趋向形成"空间俱乐部"（陈培阳，2015）。从全国层面看，住房改革、国有集体企业改革、社会保障制度改革赋予了个体更多的居住空间自主决定权，房地产市场的发展鼓励居民的跨越居住区（方长春，2014）。住房供给制度的改革是加剧中国城市居住分异的共性因素（徐菊芬、张京祥，2007）。

  房价对社会群体具有经济分选功能，能够将经济和文化背景近似的群体"过滤"到一起，形成住房选择上的趋同（蒋亮、冯长春，2015）。住宅价格分异是居住空间分异的直接原因。人们在选择居住社区和住宅时，会对应着自身的阶层需求和群体倾向，因而对房屋质量、社区配套、教育资源、交通区位、周边环境提出不同要求，这些因素决定了房价的空间分异。汤庆园等（2012）、孙倩和汤放华（2015）、杨剩富等（2016）等使用加权地理回归的方法，对上海、长沙、武汉等城市的区域内部房价差异进行了因子分析，发现除了上述的共性因素外，不同城市还存在一些个性因素：在上海，住宅建成时间、CBD距离、绿化率等因子突出，而武汉的自然风光如湖、江、山等会对房价产生特殊影响。有的城市如武汉房价分异呈现由里到外的圈层环状式结构（殷跃建等，2013），有的城市如北京房价呈现中心—外围结构（何丹等，2014），南京表现为"圈层+扇形+飞地"的结构（宋伟轩等，2017）。不仅城市内部存在着房价分异，不同城市之间的房价分异现象也很突出。王洋等（2015）将中国城市房价的空间分异规律总结为一线城市与其他城市的等级性分化，即城市行政等级差异越大，房价差异越大，不存在房价的空间集聚。各个城市的房价是经济、人力、社会和行政等各种资源的综合反映，城市资源充裕程度的差异结合可支配资源能力的差异共同作用于房价分异，因此不同城市房价趋同目前还难以实现（宋伟轩、刘春卉，2018）。从收入角度观察，2006—2010年中国一线到四线城市的房价收入比处于下滑通道，但是房价收入比的差距分化扩大，大城市比小城市上涨幅度大（丁祖昱，2013）。

（三）产业空间分异研究

对产业空间分异的研究，主要涉及制造业、服务业、旅游业。

制造业的空间分异。我国制造业的结构处在持续的变动之中（王菲等，2014），石敏俊等（2017）分析了中国制造业空间演进趋势，寻找东部和北部在推进产业结构优化方面阶段和速度的差异。简晓彬（2016）测算了我国30个省制造业价值链攀升效率及空间收敛性，确认了空间异质性、空间相关性、绝对收敛和相对收敛的存在。范德成、杜明月（2017）对制造业技术创新资源配置的地区差异、差异成因以及时空格局变化进行实证研究，证明了我国工业技术创新资源配置东高西低的异质性分布格局，且各个板块内部也存在不均衡，空间相关和空间集聚并行。蒋辉等（2017）则测度我国三次产业融合发展水平的耦合度，寻找到空间非均质、空间正相关和局部空间集聚的证据。徐妍（2013）揭示了从产业集聚到产业技术创新效率空间分异的实现机制，运用一系列的实证方法检验了两者之间的相互作用和影响。还有一些研究涉及制造业中的某一具体行业，包括装备业（王子龙等，2009）、家具业（曾杰杰等，2015）等。

服务业的空间分异。申玉铭等（2007）将经济水平、城市发展、市场发育、交通通信、经济全球化和人力资源丰度列为中国服务业发展空间差异的主要因素，将31个省服务业发展水平分为发达、次发达、较发达、欠发达和不发达五个级别。陈媛等（2008）验证了全国层面的服务业劳动生产率的地区差异，发现东部与中西部地区的差距在不断扩大。金荣学、卢忠宝（2010）曾测度我国服务业产业集聚的程度，确认金融业、房地产业、交通运输和批发零售业的集聚程度较高，传统服务业集聚程度和专业化程度持续走低。曾世宏、郑江淮（2010）将企业家注意力配置效率、技术吸收能力与服务业产出效率联系起来。冉斌和陈明（2010）认为造成制造业与服务业区域分异的主导因素分别为消费需求和经济发展水平。杨玲（2011）比较了我国发达地区和不发达地区的生产者服务业，发现生产者服务业的大部分细分行业附加值高而带动性低。崔大树和杨永亮（2014）将生产性服务业空间分异归结为知识溢出所引致的集聚和扩散。张浩然（2015）证明高端生产性服务业集聚对城市经济效率具有显著的促进作用。黄大为（2016）发现我国省级单元服务业发展具有显著的空间依赖和空间不均衡性，城镇化水平对服务业的空间分异有重要影响。胡宗彪、朱明进（2016）测度了中国31个省份流通服务业细分行业的全要素生产率及其分解，发现不论是商流业还是物流业，全要素生产率及其分解的增长均表现出较大的区域差异性。在具体的行业上，徐放（2012）对中国保险业的空间分异态势作为详细的梳理，纪玉俊、周素娟（2014）用非线性方法对金融业空间集聚的区域分异及其特征做出了描述。陈国亮、唐根年（2016）认为，二、三产业之间存在资源需求的重合性，两者可能会因为抢夺资源而产生空间非均衡性，而互联网的介入则有利于构建均衡的产业空间结构。

旅游业的空间分异。对旅游业空间分异的探讨，涉及了旅游业的各个方面，包括旅行客源、旅行社、旅游竞争力、旅游景观、旅游经济、旅游生态、旅游网站、旅游政策，等等。其中，以某一省份为具体对象的研究居多，在全国层面上的探讨较少。刘大均（2012）发现中国旅游业发展质量存在空间不均性，东部地区高于中西部地区。龚箭等（2014）对我国优秀旅游城市"东密西疏"的布局规律进行的讨论，将原因归结为人口、经济、资源和区位。钟章奇（2014）通过"代理人模型"模拟了旅游资源、市场和文化三因子对中国旅游业空间分异的影响，证实旅游资源作为基础在旅游业早期发展过程中有重要作用，但随后会被市场因素所替代，文化因素只能作为隐形因素被隐藏在资源和市场因素之后。乔花芳（2015）遵循"时间演变—空间分异—时空透视—空间治理—空间重构"的逻辑思路，通过探讨湖北省旅游业在时间演变和空间分异中存在的问题和面临的挑战，希冀以空间治理理论为指导重构区域旅游业，推动区域旅游业协调发展。马才巍和Norman Au（2016）对中国一线城市的旅游竞争力及空间分异进行了描述。刘佳等（2017）构造了基于效率、结构、环境系统三维度的旅游经济增长质量评价，并分析了中国旅游经济增长质量的空间分异及其演化特征。邹永广（2016）测算了全国 31 个城市目的地旅游安全度指数，发现差异显著，但东中西部板块未表现出明显的规律性。刘佳、陆菊（2016）提出我国旅游产业生态效率在南北方向和东西方向上的形态分别为倒 U 形和波动状，冷热点区域呈现"冷胀热缩"的局面。

新的基础设施的投入使用也会对产业空间产生影响进而加剧产业空间分异。王丽等（2017）以企业微观数据为基础，定量刻画高铁开通前后站区产业空间格局变动，发现高铁站区的产业空间具有明显的圈层结构，但高铁站点对产业空间格局的影响具有滞后性。黄泰等（2017）利用 GIS 和空间经济计量方法研究了有无宁杭高铁两种情境下中国长三角城市群旅游空间竞争格局变化特征，得到高铁干线对城市群旅游空间竞争格局的影响具有明显的节点与廊道集聚锁定效应的结论。

除了上述制造业、服务业、旅游业，经济空间分异研究所涉及的产业还包括农业（刘彦随等，2018）、物流业（龚新蜀、张洪振，2017；李国旗，2017）、海洋产业（马仁锋等，2018）、木材产业（杨超等，2017）等。

（四）其他经济活动的地理分异研究

除了经济空间分异、居住空间分异和产业空间分异外，对我国经济活动空间分异的研究还涵盖到了土地利用、国际贸易、城镇化等内容。

在土地的经济利用方面，梁流涛（2013）利用全国 287 个城市的数据揭示了城市土地利用效率的空间分异特征并探寻提高土地利用效率的路径。曲艺、龙花楼（2016）分析了城市土地利用隐性形态的空间分布特征及其影响因素。李长健、苗苗（2017）对长江中下游城市群的土地利用效率进行了测算，王洋等（2014）为土地城镇化水平的测度设计了理论框架并进行实际验算。在对外贸易方面，尹海伟等（2005）探讨了中国对非洲贸易在空间序列上的差异。孟德友、陆玉麒（2008）对 1978 年后我国对外开放度的空间格局进行探讨，发现开放度由东向西梯度递减两极分化的空间格局。高楠（2012）分析了入境旅游与进口贸易两者协调发展的作用机理，建构了入境旅游系统与进口贸易系统耦合评价模型和指标体系。在城镇化方面，薛俊菲、邱道持（2011）构建了包含人口、经济和空间三个方面的城镇化测度指标，并对2000年和2008年中国城市的综合水平进行测度，寻找城镇化发展水平分异的空间迹象。汪宇明（2012）探讨了中国的城乡发展在东西部的差异性，验证了自然环境、经济发展、公共政策等因素的制约作用。陈忠暖等（2014）用因子分析综合评价各省市的城镇化水平，发现城镇化水平程度不等的城市在地理上东西交错，并没有明显可循的地理规律。还有一些经济现象，如收入（孙晓一，2015；李俊杰，2016）、人口（刘艳华等，2012；林李月，2016；周春山，2018）、碳排放（王喜等，2016；刘丹等，2016；赵领娣、吴栋，2018）等也是经济活动地理分异的研究对象，本书不再一一赘述。

二 创业活动的空间特征研究

关于创业活动的研究浩如烟海，在心理学、管理学、经济学和社会学中连篇累牍，但本书研究的创业活动地区分异问题的逻辑起点是经济地理学。经济地理学认为，经济现象是"人"和"地"两大系统的要素在特定空间环境里相互作用的结果（陆大道，郭来喜，1998）。经济地理学将经济活动纳入空间环境，强调经济现象与空间环境的相互作用，运用多尺度、区域性、综合性的视角来解读经济现象的变化。已有文献从经济地理学视角看待创业活动的研究大致包括三大类：创业活动的空间特征，创业活动的空间驱动因素和创业活动的空间效应。

（一）创业活动的空间异质性和空间集聚性

1. 创业活动的空间异质性

创业活动在空间上的异质性表现在创业率、创业活动、创业质量的空间差异上。Reynolds、Storey 和 Westhead（1994）发现法国、德国（西德）、意大利、爱尔兰和英国五个国家的新企业形成率大致相等，但是每个国家内部都存在区域差异，差距达到2—4倍，而且影响新建率的因素在各国不同。张晓晖、尹海英（2012）发现"关系型"创业投资在区域选择上有倾向性，中国的创业投资明显存在地理集聚。杨勇、朱乾、达庆利（2014）利用探索性空间数据分析了 2000—2009 年中国各省企业家精神的空间分布。齐玮娜、张耀辉（2014，2015）发现我国某些地区的创业率很高但经济增长水平很低，这两者之间的悖论说明区域间创业活动的质量水平并不均衡，而创业质量和区域创业环境之间的自我反馈机制可能导致区域创业质量的"马太效应"。我国地域辽阔，东、中、西部的经济发展水平、要素集聚程度、市场发育水平都存在巨大差别，由此导致创业活动也出现不同的特征，张应良等（2014）发现同是农民，在东、中、西部地区取得创业成功的影响因素也很不同。张秀艳和孟宪春（2016）通过构建创业发展指数 CEDI 来讨论我国创业发展的区域差异和创业型经济发展潜力，验证创业发展与经济发展阶段间的 S 形曲线关系。丁玥等（2017）引入空间分析工具与模型，讨论广东省各地级市创业活动的地区差异，发现创业活动集中在以深圳为核心的珠三角地区，有向周边扩散的态势，在空间上存在相关性，影响创业水平的主要因素包括人才技术支撑、金融资本、经济环境及社会服务等。

既然创业活动存在空间异质性，那么是哪些原因导致空间异质性的产生？

对于这个问题的实证解释主要有偏好驱动和环境约束两个视角。前者强调微观个体对创业有不同偏好，有的人更具备企业家倾向。从事微观视角研究的主要是心理学家，他们认为是否能够成为企业家，和人的责任心、开放性、冒险精神等性格特征密切相关，而性格特征是具有地域性的。因此，具有企业家倾向的人集聚的地区创业活动出现得更频繁。Jeff 等（2013）通过成熟的心理量表测量了美国、德国和英国州（郡）级的数据，发现美国和德国的情况和该理论相符。

环境约束派的观点是人口分布、产业结构、技术差异等地区特质约束了创业活动的开展，导致空间异质性。任何创业现象都可以从环境角度出发予以解释，与环境和谐共处、实现交易利益最大化是获得创业成功的必要条件（Gnyawali & Dan，1994）。早在 1994 年，Guesnier 就发现法国的创业活动存在着向巴黎和南部地区集中的趋势，他将原因归结为生产方式的转变——福特制的瓦解、制造业地位不再，企业规模逐渐萎缩，中小企业成为拉动经济增长的核心——这意味着地区特性在创业活动中的作用日益增强。Reynolds（1995）等人集合了经济、地区、政策的一系列因素，研究它们对创业率的影响。Keeble（1997）发现英国的区域创业水平差异来自私人财富和小企业环境等方面因素。Kangasharju（2000）则集中考察了市场发展程度、人口集聚水平、创业能力、创业行为、政府民主程度、失业率和私人财富对创业的影响。Carree（2002）提出，人口、人均收入、人口的空间分布、年龄分布等都是区域创业水平的决定性因素。Armington和Acs（2002）的研究发现美国地区创业水平的差异来自市场需求和人力资本两方面。Armstrong和Taylor（2006）认为，区域内小企业的占比、管理者和科技人员的比重、金融可得性、进入障碍这四个因素可以解释不同区域的创业率水平。Ejaz等（2014）研究了印度在制造业和服务业两个产业的创业活动的空间分布，指出基础设施和劳动力受教育水平是影响空间分布的最主要的地区特征，而现有的产业结构虽然也起作用，但影响力不大。德国、日本、芬兰等国家的学者也分别进行了实证研究。然而，这些实证研究并未得到一致的结论，原因在于各个国家情境差异巨大，影响创业发展的因素也不同。赵向阳等（2012）将视角转移到文化方面，发现传统主义文化在中低GDP国家提高了早期和成熟期创业活动的比例，在高GDP国家却抑制了早期和成熟期创业活动的比例，而现代主义文化则与高期望创业活动和高创新创业活动有比较显著的正相关关系。具体到中国的情况，池仁勇（2002）构建了包括创业者培育系统、企业孵化系统、企业培育系统、风险管理系统、成功报酬系统和创业网络系统这六个子系统的社会经济技术大系统，用以涵盖创业的地区差异。高建、石书德（2009）将问题置于中国转型经济的背景之下，发现人力资本、私人财富和失业都能够引发地区创业差异，人口收入的变化是市场需求增长引发创业的中介。张明（2010）研究了新创企业出生率区域差异的现状以及背后的影响因素和途径，提出了缓解新创企业出生率区域差异、促进落后地区发展的政策主张。黎常（2014）则从创业失败的社会烙印和创业角色榜样出发探讨社会文化特征对区域创业活动的影响。

2. 创业活动的空间集聚

一方面是各个地区创业活动存在空间异质性，另一个方面则是越来越多的地方出现创业活动空间集聚现象。马歇尔（1890）以产业区为例说明了规模经济、劳动力池和知识共享带来的集聚的好处；韦伯（1909）从区位布局来考察创业活动的地方化现象。20 世纪 80 年代初，美国硅谷、德国巴登－符腾堡、意大利中北部区域出现了创业行为集中爆发的现象，Piore 和 Sable（1984）、Storper（1989）、Becattini（2002）、王辑慈和童昕（2001）等学者分别从产业区理论、区域能力、区域文化制度、地方网络等方面探究了原因。虽然也有学者认为这是一种偶然现象（Pouder & John，1996），但是克鲁格曼（1991）借助严谨的数学推理，以运输成本作为中介，将经济学原本忽略的地理空间问题纳入经济学模型中，从而为集聚行为找到了有力的佐证。与克鲁格曼新经济地理学严格的数学模型不同，中国学者更愿意到实践中探究创业空间集聚发生的原因，而国内多地出现的特色产业集群为寻找创业活动空间集聚的原因提供了丰富的案例。郑风田、程郁（2006）以云南斗南花卉产业集群为例子，说明了模仿型和网络型两类企业家在创业活动点—线—面的扩展过程中的作用。刘杰、郑风田（2011）通过东风村创业活动集聚的案例，证明区域内个人之间的社会网络会作用于创业行为，从而出现创业空间集聚的现象。汤勇（2013）认为，传统小微企业面临创业文化锁定、规模效应、技术强化以及创业选择等方面的路径依赖，集聚创业是由路径依赖决定的。田榴和胡蓓（2014）发现产业集聚对创业意向具有明显的正向作用，进而鼓励区域内部创业集聚现象的产生。周广肃（2015）等认为信任对创业决策具有极大的推动作用，因此普遍信任强的地方也是创业活动集聚的地方。李文博（2016）运用扎根理论，以浙江 10 个镇域集群为例，提炼了镇域情境下小微企业创业行为的影响因素模型，解释了小微企业发达的创业行为。而随着中国农村电子商务产业集群的兴起，许多学者将关注的目光转到淘宝村，试图运用各种已有理论对淘宝村这一新型的集聚创业现象做出解释（曾亿武等，2015；梁强等，2016）。李朝晖、韩姝冰（2017）则认为人口、资本等生产要素的地理性集中是农民创业集聚的基础,其动机来自"成本—效率"目标、技术外部性以及谋求创新的商业价值。

(二)创业活动的空间状况的驱动因素研究

经济地理学必须兼顾经济和地理的视角。站在地理的角度,区位和地方会影响经济运行的过程和结果。创业活动也是如此,不同的地理空间会对创业活动形成制约和驱动。

1. 城乡空间对创业活动的驱动

在中国的创业情境中存在着一种特殊的环境制约——城乡差异。城乡户籍在中国被赋予了经济、政治和社会资源分配的功能,由于户籍不同,城市和乡村的二元对立会发生在经济生活的各个领域,创业活动也不例外。首先,拥有城市和乡村户籍的人口在创业活动的概率上存在巨大差别。曲兆鹏和郭四维(2017)通过实证得到农村人口的创业概率是城市人口的 2.18 倍的结论,宁光杰(2012)认为缺乏城市户籍的流动人口的创业倾向更高。另有学者提出在经济发达地区城镇创业率低于农村,而经济欠发达地区城镇创业率会高于农村(张龙耀、张海宁,2013;刘俊杰等,2014)。其次,城市和农村创业者在创业活动受到的约束方面存在差异。农村创业除了面临更高程度的金融约束(张海宁等,2013;胡金焱、张博,2014),还面临着看不见的制度性歧视因素,这导致农村户籍的创业者成为企业家概率不到城市户籍的 30%(曲兆鹏、郭四维,2017),农村流动人口创业的可能性与户口含金量的程度成反比(冯建喜等,2016)。流动人口在获得城市户籍后会由于创业机会成本的上升而减少创业活动,但是同时也会由于消除歧视而增加创业收入(宁光杰、段乐乐,2017)。

2. 城镇化进程对创业活动的驱动

城镇化是一个农业人口转化为非农业人口、农业地域转化为非农业地域、农业活动转化为非农业活动的历史过程。城镇化将大批农民转移到城市中去,这些农民在城镇化进程中失去土地这一赖以生存的生产资料,从而被迫改变生活方式。大部分农民选择成为城市制造业或服务业的一员,获得城市劳动力市场提供的工作岗位,小部分则选择自雇或自主创业(才凤伟,2014)。据统计,我国约有 4000 万 30 岁以下的农民工有自雇创业意愿，占到该年龄段农民工总数的40%以上，自雇是他们落地城市的有效途径（毛丰付、张森，2014）。

城镇化仅将农民吸引到城市创业，也使小城镇地区成为资源要素的聚集地，吸引和激励新生代农民工返乡创业。城镇化快速推进后，农村兴起了很多以往只出现在城市的新兴产业，这就为新生代农民工返乡创业提供了良好的产业机遇（纪志耿、蒋永穆，2012）。而新生代农民工返乡创业促进了就业和市民化的转型，推进了农村的城镇化建设进程（孙中博，2017）。新型城镇化建设和新生代农民工返乡创业之间形成相互依存、相互促进的关系（张秀娥、邢鸥，2015）。张祥俊和高兴民（2016）就城镇化和创业之间的相互关系进行实证研究，发现城镇化影响创业的持续期较长，初期为正向影响，随着城镇化水平的提高转为负向影响，创业对城镇化的影响在初期不确定，在成熟期呈现稳定的正向影响。

另外，城镇化进程的次生方面也影响着创业活动发生的概率。樊此君和张栋浩（2016）发现城镇化进程中房屋拆迁这一外生事件对家庭创业存在负向影响。

3. 人口空间迁徙对创业活动的驱动

人口迁徙是现代社会生活中的常见现象。水库建设产生了众多的水库移民，他们失去了原来的土地资源，需要重新进行职业选择。有的水库移民借助水库开展旅游观光服务，而有的则进入城市自雇创业，这是被动移居下的生存选择（孙良顺，2017）。出于现实经济利益需求主动进城务工的农民工在城市居住多年后也出现了职业分化，一部分经营小本生意的农民工成为"经营性移民"（周大鸣、余成普，2015），而这种创业活动又会在"经营性移民"的亲戚、朋友中同路径复制，形成创业聚集。事实上，是因为迁徙而创业还是因为创业而迁徙，这如同鸡生蛋还是蛋生鸡的问题，已经无法整理出因果关系了。但是无论何种原因，人口迁徙和创业两者之间相伴相生的现象越来越多，创业主体的空间转换驱动了创业活动的开展。

（三）创业活动的空间效应研究

创业活动不仅受制于空间，也具有空间塑造效应，最直观的表现是创业社区的形成。创业社区来自两个渠道：创业活动的发展需要创业公共服务空间的支持，创业公共服务空间转化为创业社区；创业活动密集地区形成创业社区。

1. 基于创业公共服务空间的创业社区

创业活动是艰难的。将最初头脑中的想法转化成产品和服务再转化成商业价值，这是一个漫长而艰苦的过程，即便是最有激情的创业者，也需要经过一系列磨难。为创业者提供公共服务，减少创业障碍，可以加速创业环节的推进，孵化创业活动。创业活动对创业公共服务存在极大需求。

创业公共服务通常发生在创业公共服务空间内部。近几年，我国创业公共服务空间发展迅猛。以众创空间为例。2010年10月，我国成立了第一个众创空间——上海新车间，到2016年年底，仅在我国146家国家级高新技术产业园区内，就有众创空间1598家[①]，还有众多位于国家级高新区之外的众创空间无法纳入统计。众创空间主要针对创业最初期，与其他类型的创业公共服务空间，如科技企业孵化器、加速器、产业园区、小企业创业基地等一起，构成了创业孵化的产业链（郝君超、张瑜，2016）。这些创业孵化的公共空间提供专业设备、专业指导、办公场地、对接金融服务、路演推介、外部合作等各种不同形式的、低成本的、全方位的服务（李燕萍、陈武，2017），为创业者减少了后顾之忧，能够专注于创业活动本身。创业公共服务空间还营造了包容和共享的创业环境，营造了创业创新的良好氛围，实现了创业活动从个体创业到群体创业的转变。创业公共服务空间在地理上集中了创业活动，构建多维度的创业生态系统（陈夙等，2015）。而创业活动的日趋集中也反过来改变了创业公共服务空间所在地的空间状态，创业公共服务空间日趋社会化、日常化，成为创业社区。

2. 基于创业密集发生地的创业社区

创业活动在某一地区内密集发生有多个诱导因素，尤其是在中国

[①] 程凌华、李享、谷潇磊、顾佳炜、万旭华、周孚侨：《2016年国家高新区综合发展与数据分析报告》，《中国科技产业》2017年第11期。

旧城改造、新农村建设、城镇化建设以及人口大迁徙的大背景下，创业活动密集发生的概率越来越高。在大城市，由于旧城区改造出现的"居改非"，常常会在基层政府的默许和庇护下由个人蔓延到整街坊，从而成就了集体创业活动，比如上海的田子坊（于海等，2013）。李志刚（2015）从"领域化"的视角入手，以珠三角为例，解析中国郊区创业精神的兴起及其对郊区社会空间的重构。随着各地农村创业热潮的兴起，外出农民工返乡创业成为新的潮流。外出农民工拥有城市生活经历，他们把掌握的资金、技术与农村本地优势相结合，给新农村建设带来源源不断的活力（张军，2009）。农民工返乡创业在推动中西部地区工业化和城镇化进程、带动农民就地就近转移、促进社会主义新农村建设等方面发挥积极的作用（郭志仪、金沙，2009），新农村成为未来创业社区的基地。

移民聚集也是创业社区的来源。移民从一个熟悉的生活环境转入陌生的生活环境时，常常面临着适应和融入的问题。为了取得情感上和精神上的支持，他们倾向于聚集在一起，以集体的方式提高自己的抗压能力（陈翊，2015）。在大城市的城郊结合地带，常常可见以来源地为界限的移民社区的踪迹。而与移民社区相伴随的，往往是同一地域移民共同的职业选择——集体创业活动。20世纪活跃在北京的"浙江村"（王春光，1995；项飚，2000）即是人口迁徙之后创业活动集中的一个典型。这种形式的创业活动甚至突破了国境的限制，如浙江人在意大利普拉托和米兰的唐人街（陈翊、张一力，2017），非洲人在广州的小北村（李志刚等，2009），韩国人在北京的望京（周雯婷等，2016）……构建生活和创业合二为一的社区成为少数族裔在定居国较为固定的生存模式和向上流动模式。

三 对已有研究的评价

总体而言，对经济活动的地理分异的研究愈来愈受到我国学术界的重视。概述起来，经济活动的地理分异研究有如下几个特点：一是研究所涵盖的问题容量越来越大。随着地理信息技术手段的普遍应用，以往只能做非空间研究的经济问题现在几乎可以做空间研究，地理分异所能够覆盖的经济问题的面越来越广。早期的关注点主要在发展的总量、阶段、格局等经济问题本身，后来逐渐延伸到与经济相关的其他行为，包括收入、产业发展、土地利用、居住空间、房产价格、对外贸易、碳排放，等等。而现在，只要出现经济热点问题，就有学者运用空间分析的方法做地理分异研究。二是研究的空间单位越来越小。一开始的研究都是粗线条、大轮廓的，比如流域研究、省域研究，后来研究单位慢慢地过渡到城市和县域单位。当然，选择什么样的地域范围单位和研究的主题相关。经济问题本身可以用更小的地理单元，但是某些经济衍生问题就不能使用过小的地理单元。三是研究方法越来越精巧。早期研究更多倾向质性研究，在定性研究初期使用截面数据和描述性统计方法较多，此后面板数据、推断统计的方法全面推广，现在又有了 GIS 等地理信息系统软件的介入，帮助实现了以往不可实现的信息表达。四是研究的数量越来越多。1986—2000 年，发表在 CNKI 平台上"经济与管理科学"目录下题目包含"分异"的文章仅有 27 篇，2001—2010 年有 359 篇，2011—2016 年达到 705 篇，2017 年就有 205 篇。[①] 像《地理学报》《地理研究》等传统上反映地理学科最高学术水平和最新研究成果的期刊，在 2010 年后都出现了明显的经济地理学转向势头，越来越少出现纯粹的地理学文章，而代之以大量以经济活动地理分异为研究主题的文章。而像《经济地理》《人文地理》这些以经济地理学和人文地理学为导向的期刊中，对空间分异现象也愈发加以重视。五是研究成果的地理属性强于经济属性。已有研究属于经济活动的地理分异研究，使用的工具是地理信息系统的工具，描述的内容是地理分布上的异同，研究机制上也极少囿于经济范畴，总体而言研究成果的地理属性高于经济属性。

　　创业活动是非常重要的经济活动，创业活动的地理分异研究是经济活动地理分异研究的一个重要组成部分。创业主要有新创业企业和现有企业衍生两种途径。早期学术界的基本观点认为创业成功与否取

[①] 检索日期为 2018 年 3 月 23 日。

决于创业者的个人特质，所以心理学、行为学领域着重研究创业者与非创业者个体特质上的差异。后来研究发现，是个体在组织中的地位而不是个体的特质决定其是否发现创业机会并实施创业活动（Carroll & Delacroix, 1982），这将创业学研究引领到了社会学和管理学领域，从社会结构、组织结构的角度观察创业的发生过程。进一步的观点认为，创业过程是可以被管理的系统性活动（张玉利、杨俊，2009）。在这一思路的指导下，创业过程被分解为机会发现、资源整合、组建创业团队、获取创业资源、新建企业、再次创业等逻辑过程，和创业动机、创业决策、创业导向、创业绩效、创业风险等不同层面，被管理学科放到放大镜下逐一分析和研究，从而获得对创业活动的深刻理解和认知。管理学是创业活动的主要归属学科。

在经济学范畴内，创业活动向来被视为经济发展的驱动因素。从微观看，创业者作为一种特殊的人力资本要素，通过提升企业运行绩效进而为经济发展做贡献；创业者创业时需要充分地进行经济考量，从而选择合理的创业区位，创业集聚就是理性人创业决策和经济考量的结果。从宏观看，创业活动和经济发展总水平之间存在密切关系，创业活动通过提升人力资本、物质资本、科技水平等各种要素水平促进了经济发展。

然而，无可否认的是，创业活动是人主导的经济活动，人的社会属性会被带入创业活动中。而人的行动发生在一定的区域范畴之内，人—地关系和谐是人的经济行为能够顺利开展的重要保障（陆大道，2017），而人—地和谐正是中国特色的经济地理学的核心要义（李小建，2016）。

因此，有必要从经济地理学的角度审视创业活动，考察我国创业活动在同一地域尺度单元下的区域特征、区域发展以及与社会环境的相互作用。然而，梳理已有文献，我们发现这方面的学术研究还有所欠缺。西方学者的研究主要集中在国别创业的差距上，因为他们身处的社会、经济和文化结构都相对稳定，没有面临一国内部分化严重的状况。国内学者的研究则多以个案为突破口，关注某一特定区域创业活动的地理分布特征，缺乏对中国创业活动地区分异的整体特征和规律的把握。在对不同地区创业活动现象的差异解释上，环境约束观虽然也提到了社会、经济、文化、制度等因素，但都是强调某一方面或某一因素的作用，没有系统全面地将资源、文化、制度、社会等因素结合在一起共同考虑。而在对特定区域创业活动集聚的研究上，现象描述性研究和个案性研究偏多，对机理的深层次挖掘不够，缺乏普遍性规律，没有形成全面的、令人信服的理论解释。可以说，创业活动的经济地理学视角研究是我国创业活动研究的一个盲区。

创业活动的经济地理学视角是介于地理学和经济学之间的交叉研究，地理学所关注的"空间差异、空间过程和空间相互作用"（Leyshon，1998）被应用到创业活动研究中，可以具化为创业活动的地区分异、创业活动的地区分异过程和创业活动发展三个子命题。地区分异阐述创业活动在我国地区层面上特征、差别和规律性变化；面对创业活动的多样性、动态性和复杂性，地区分异过程揭示创业活动地区分异的行动逻辑和形成机制；创业发展探索创业资源的空间优化配置，寻找科学合理的激励创业活动的路径。而这些正是目前已有创业研究中被忽略的领域。经济地理学注重刻画经济活动的异质性、特殊性，将历史、文化和制度环境都包含在分析框架之内，承认差异的同时又寻找普遍的规律性，这有利于创业活动和谐合理地开展，从而持续促进经济增长。

第三节　研究目标、内容和方法

一　研究目标

创业活动的地区分异、地区分异过程和地区相互作用是地理学对创业研究的拷问，而创业活动的经济决定因素和经济效应是经济学对创业研究的拷问。将两者结合到一起，基于经济地理学视角的创业活动研究需要回答三个基本的问题：（1）从经济特征看，我国的创业活动在地区之间存在什么样的差异？有什么分异规律？（2）从资源和环境两个方面看，我国创业的地区分异是如何形成的？（3）如何有效地促进创业活动？这三个问题就是本书的研究目标。

二 研究内容

为了完成上述三个研究目标，本书设定了五项研究内容。

（一）创业活动的地区分异的测度与事实描述

首先，使用探索性数据分析的方法，将各省的创业活动绝对水平分成不同梯队，观察各个梯队在不同年份的变化，以获得省份创业活动总体水平的感性认知和时间序列演变规律。其次，使用相对发展率NICH指数将各省分成不同梯队，观察梯队在不同年份的变化，以获得创业发展水平的感性认知和时间序列演变规律。再次，使用均值、标准差、变异系数、基尼系数、赫芬达尔－赫希曼指数和泰尔指数计算各个年份全国范围和东部、中部、西部三个板块创业活动地区分异的程度，判断长期趋势是收敛还是分化。复次，使用探索性空间数据分析方法观察创业活动在全国层面和地区层面的空间关联性，判断空间上相关程度和集聚程度。最后，将创业活动分成生存型创业和机会型创业两个类型，分别观察每一类型创业活动的绝对水平高低、分异趋势和空间关联。经过多角度、多层次、多指数的测度，对中国创业活动的地区分异做一个翔实的、细致的、全面的描述和观察，以得到规律性的认识。

（二）构建创业活动地区分异机制的理论分析框架

首先，从地区分异的角度观察创业活动的共性要素禀赋，探讨每一种要素禀赋通过何种路径作用于创业活动，并助推了创业活动的地区分异。其次，视创业软环境为区域创业集聚的逻辑出发点。从社会资本理论出发，讨论社会普遍信任和社会文化价值观如何共同孕育创业精神和创业软环境。由此构建要素禀赋加社会资本的创业活动地区分异机制的理论分析框架。

（三）对要素禀赋和创业活动地区分异之间的关系进行实证研究

首先，将要素禀赋具化为具体的经济指标，在具体的经济指标和创业活动地区分异之间建立基本假设。其次，采用2008—2014年31个省份的面板数据进行计量分析，验证相关假设。再次，利用夏普里值分解法研究比较不同要素禀赋对创业活动地区分异的贡献度。复次，验证要素禀赋在不同类型创业活动中所起到的差异性作用。最后，引入经济发展水平门槛变量，研究经济发展水平是否影响到要素禀赋对创业活动地区分异的决定作用。通过层层推进的实证研究，细致剖析每一种要素禀赋和创业活动地区分异之间的关系，为理论说明提供足够依据。

（四）从社会资本角度观察创业活动地区分异和空间集聚

首先，解析社会资本通过社会普遍信任和社会文化价值观构建适合创业活动的软环境并直接影响创业活动地区分异的过程。其次，解析社会资本通过孵化地区人力、金融、技术要素禀赋增加创业要素供给并间接影响创业活动的过程。再次，将创业活动软环境和创业要素禀赋硬约束结合，以淘宝村和高新产业园区为案例，讨论创业活动空间集聚的原因和模式。最后，对创业空间集聚的累积循环加以说明。

（五）促进创业活动发展的政策启示

本书不对创业活动如何发展提出具体的意见和建议，而是根据上述理论框架下所得到的结论，为应该如何制定有效的创业活动激励政策提出政策导向，希望对创业主体、创业活动利益各方有所启发。

研究目标和研究内容如图 1-1 所示。

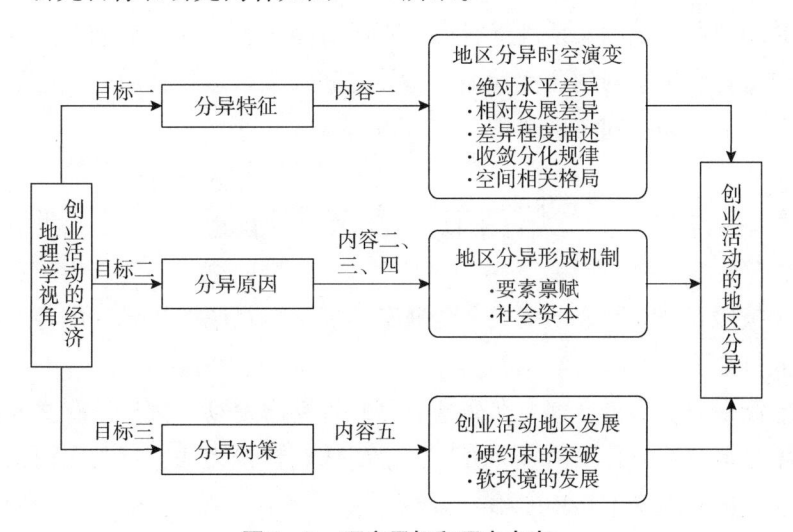

图 1-1 研究目标和研究内容

三 研究方法

本书根据各个部分研究内容的差异,选取与之适合的研究方法,体现交叉学科研究的特点。

第一,探索性数据分析方法。在对创业活动地区分异缺乏总体认知和了解的情况下,不对数据总体做任何假设,仅使用统计图表、图形和统计概括方法对数据特征进行描述,"让数据说话"。使用 ArcGIS 和 GeoDa 软件对创业活动空间关联做出判断,并在此基础上构建数量模型进行分析。

第二,描述性统计方法。使用 EXCEL、R 语言、Matlab 等软件工具计算标准差、变异系数、基尼系数、赫芬达尔 - 赫希曼指数和泰尔指数来描述创业活动地区差异的时空演变态势,判断收敛、分化的规律。

第三,计量实证分析方法。使用 Stata 对要素禀赋和创业活动地区分异之间的关系进行面板数据回归和门槛模型回归,验证各种要素禀赋对创业活动的影响力,并讨论经济发展程度在要素禀赋和创业活动地区分异两者之间的门槛效应。

第四,案例分析方法。案例研究有助于透过复杂现象更加生动、细致地对所发现的关系进行展示,清晰回答"怎么样"的问题。运用案例对社会资本与创业活动地区差异之间的关系进行说明,并进一步探讨创业活动空间集聚现象。

第四节 章节安排

按照经济学研究的范式,全书安排了九章完成上述研究内容。具体安排如下。

第一章,导论。这一部分是全文的研究出发点,根据已有文献设定本书的研究目标、内容和方法,说明选题背景和选题意义,构思具体实施路径和全书结构安排。

第二章,创业活动地区分异的理论分析框架。这一部分通过对创业活动地区分异等关键词的界定，分析创业活动地区分异的维度、属性和分类，并从要素禀赋和社会资本的地区差异阐述创业活动地区分异的逻辑基础，从而设定全书的分析框架。

第三章，创业活动地区分异的测度及其时空变化。这一部分对各个省份创业活动的绝对数量和相对发展速度进行梳理，判断全国31个省份创业活动地区分异的程度以及发展趋势，观察各个省份的创业活动是否存在空间关联性，并总结生存型创业和机会型创业两者在时间序列的变化特征和地区间的分化特征，从而全面地报告中国省域单元创业活动分异的现实状况。

第四章，要素禀赋对创业活动地区分异的影响。这一部分从四个要素禀赋出发，就它们与创业活动地区分异之间的关系设定基本假设，在此基础上讨论每一种要素禀赋作用于创业活动地区分异的具体路径。

第五章，要素禀赋与创业活动地区分异的实证研究。这一部分利用2008—2014年全国31个省份的面板数据，进行计量经济学的实证分析，并对要素禀赋如何决定创业活动地区分异进行规律总结。在此基础上，对比不同要素禀赋对创业活动地区分异的贡献程度，以及不同要素禀赋对不同类型创业活动地区分异的影响。

第六章，要素禀赋和创业活动地区分异的动态分析。这一部分是第五章实证的拓展，验证经济发展水平是否会干扰到要素禀赋对创业活动地区分异的影响作用。

第七章，社会资本与创业活动的地区分异。这一部分从两个方面讨论社会资本对宏观层面创业活动的影响：一是社会资本的核心内容——普遍信任和价值观——对创业软环境的直接影响；二是社会资本对人力、金融和技术要素禀赋的间接孵化作用。创业软环境和创业要素禀赋两者的差异共同导致了创业活动在地理空间上的不均衡。

第八章，创业空间集聚：创业软环境和硬约束的结合。这一部分以创业空间集聚为切入点，讨论创业空间集聚问题的源头和定义，随后结合淘宝村和高新技术产业园区，研究生存型和机会型创业活动的创业空间集聚模式。在此基础上，区分了集聚的机会型创业、集聚的生存型创业、分散的机会型创业和分散的生存型创业四种模式。最后讨论创业空间集聚的累积循环机制。

第九章，结论、政策含义和研究展望。本章对全书所得到的结论进行总体梳理，从培育区域创业要素禀赋和培育区域创业软环境两个方面提出政策含义，指出了本书现存的不足，以及未来研究继续的方向。

根据上面的章节安排，本书框架如图1-2所示。

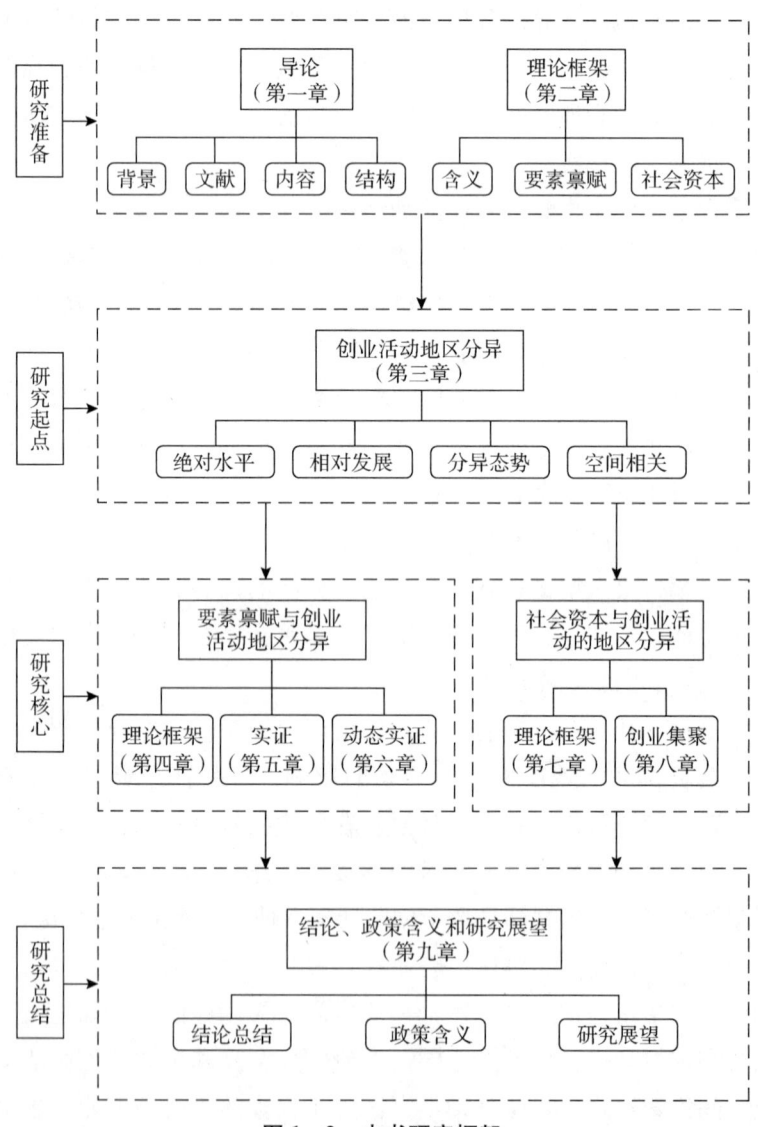

图1-2　本书研究框架

第二章

创业活动地区分异的理论分析框架

本章是全书的立论基础，包含三个方面的内容：首先进行概念界定，讨论创业活动地区分异的内涵、维度、属性和分类，然后分别探讨要素禀赋地区差异和创业活动地区分异之间的关系、社会资本差异和创业活动地区分异之间的关系，最后将要素禀赋和社会资本联系在一起，搭建了创业活动地区分异的理论分析框架。

第一节 创业活动地区分异的内涵与特质

一 创业和分异的含义

（一）创业的含义

对创业概念的界定是本书的逻辑起点。

在汉语中，"创业"一词的含义经历了一个历史演变的过程。在古代，"创"是指篆文从刀，"业"则为乐器架子上有锯齿的横木大板，方便搁置鼓、钟等乐器，其后含义得到拓展，如事业、学业等（韦吉飞，2010）。据此可知：创业以创字充头，业为基础，即意味着事业是由无到有、由弱到强、由简到繁、由小到大、由旧到新的创造过程（张涛、熊晓云，2007）。《辞海》将创业解释为"开创事业、建立基业、创功建业"，《新华字典》解释为"开创基业"，这充分说明创业是人的一种突破资源约束、白手起家的实践行为。

在英文中，entrepreneurship、venture、start-up 等多个词语都可以

表达创业的意思。entrepreneurship 指代企业家活动或企业家精神，venture 指代风险，start-up 表示兴建企业，从本意上来看，这些词都不是创业的意思。然而，通过人类的创业实践活动，这些词的含义得到了扩展和延伸。时至今日，虽然我们并没有得到统一结论，但在学术研究中我们都认可这几个词所包含的创业的含义。其中，entrepreneurship 最被常用。

既然创业是人类的实践活动，那么到底什么样的行为可以被定义为"创业活动"？这个问题在学术上一直有争议。Low 和 Macmillan（1988）提出了一个简单明了的答案，就是"创办新企业"。Singh（2001）观点类似，认为创业必须有新企业的诞生。然而，德鲁克（2002）否认"开熟食店"是创业活动，因为没有产生新服务和新需求。Timmons 等（1985）认为创业不仅仅是建立企业这一行为，还横跨于公司和组织的各个阶段中。Morris（1994）梳理了欧洲和美国重要学术出版物，提炼了 77 个创业定义，发现创业关键词包括"开创新企业、创建新组织、创造资源的新组合、创新、捕捉机会、风险承担、价值创造"。综上所述，有的学者强调从实践的本质（比如创新）来判断是否属于创业活动，有的学者从结果（比如新企业的产生）来判断是否属于创业活动，有的学者从过程（如要素的重组、捕捉机会）来判断是否属于创业活动，有的学者甚至将创业活动拓展到了经济行为以外的领域，只要有新组织产生都可以算创业活动。

正因为对"创业活动"这一概念范畴判断不一致，学界对创业主体的认知也不同。早期的创业研究将创业主体限定在个体层面上，研究的是个体的创业行为。后来，学者发现创业行为往往是团队合作、资源互补的结果，因此，创业主体自然延伸到创业团队。目前，创业主体更是扩展到了已有公司、社会组织和非营利机构这些组织层面。

对创业主体这种判断的差异，可以看作不同学科研究视角的差异。心理学着重个体特质的研究，从个体本身的异质性研究创业者所具有的特殊个性，因此研究聚焦在个体层面。管理学看重企业和组织的战略发展，组织的形成和已有组织的延伸发展都是其研究的要点，因而他们侧重创业活动的发生过程以及对于组织的意义。经济学则重视要素重组所带来的质变作用，将创业活动视为要素重组的载体，认为创业者是能够协调并利用其他各种经济资源创造经济效益的人，企业组织结构的出现是创业活动最重要的结果。而经济地理学关注创业这一经济行为在地理上分散或集聚的特征，并不严格区分创业主体的规模和特性，从这个层面上看，本书研究主题中，个体、团队还是组织机构都可以是创业主体。

事实上，抛开创业活动主体的个体和规模差异性，从创新本质、创业结果和创业过程三者来判断是否属于创业活动，具有内在的逻辑一致性。创新当然是创业活动的本质，离开创新，创业就无从谈起，创业是表象，创新是内涵。无论是否在概念中谈及创新，经典理论其实皆通过判断是否存在创新来定义创业行为。熊彼特将创业定义为"创新性的破坏"，只要创业者对生产要素进行不同寻常的重组和运用，且生产要素创新性的运用能够带来的非常规的结果，这样的行为显然具备创新内涵，当然能够被视为创业。德鲁克所说的创业是创造性地发掘新的需求和新的服务，其创新内涵是创业行为对周边市场或环境造成变化或带来机会，这是创业的外在创新影响力，也属于创业活动。可见，通过创新内涵来判断创业活动是经典创业理论的基本思路。

虽然通过创新内涵来界定创业活动在逻辑上是可行的，但是从什么角度看待创新，这一问题仍然值得商榷。经典理论中所谓的创新，大多属于创业活动的外在影响力。比如熊彼特所说的创新是针对生产要素和生产组织的，而德鲁克所说的创新是针对外在环境和市场需求的，这些形式的创新并不涉及创业活动的主体——创业者。本书以为，以创业活动的外在影响力来判断创新内涵进而定义创业行为有失偏颇，因为这么做忽略了创新的内在驱动力——创业者。创业活动对外部要素、外部环境、外部市场的创新性影响固然重要，但创业活动的核心要素是创业者，在判断创业的创新内涵时，应该以创业者这一主体作为判断依据，而不是以创业活动发生的环境抑或创业活动中所操控的要素作为判断依据。对创业者来说，创业是一个从无到有的经济活动过程，在这个过程中，创业者或从事了一项自己从未尝试的事业，或利用了一个自己从未使用过的资源，或开启了从未经历的经济业务，这本身就是首创之举。只要这些经济活动是创业者未曾经历的，经济组织是创业者新创的，那么这些经济行为都可以被视为具有创新内涵，进而被判断为创业活动。从这个意义上讲，无论是开一个小店售卖产品，抑或提供个体服务，还是创办一个企业进行产品生产或提供整体服务，对创业者都是创新行为，都属于创业行为的范畴。至于这些行为是否存在外在影响力，即是否能够带来新需求，是否能够影响产业走向，是否能够改变管理模式，是否能够涌现新产业，是否存在新的要素组合，这都属于创业行为的外溢效应。在判断创业行为时，这些外部影响力不应作为基本判断标准。

综上所述，本书对创业活动定义如下：创业活动是个体、团队、组织机构等不同规模的创业主体相对于自身而言的创新性经济行为，即创业主体从事自身从未经历的经济业务的尝试之举。创业活动的形式多样，包括创办新的经济组织、对经济要素的重组和对外部需求的创造，其创新性根据对象不同被划分为内部创新性和外部创新性。内部创新性是相对于创业者而言的新的尝试，而外部创新性是相对于外在的经济要素和市场而言的新的变化。内部创新性是判断创业活动的基本依据。

(二) 分异的含义

"分异"是一个地理学概念，自然地理环境各要素及其所组成的自然综合体，在地表按一定层次发生分化并按确定方向有规律的分布，形成不同自然区域的现象，称为地理上的地域分异（regional differentiation）。地域分异是由地带性因素（太阳辐射能）和非地带性因素（地球内能）这两个方面决定的。地球表面受分异规律作用，任何两个地方都不可能存在绝对相同的自然条件。在空间相邻的地区，相同的自然条件会由强到弱地缓慢过渡，表现出近似的特征。

地理上的分异概念被许多学科借鉴，成为描述其他社会经济现象差异呈现的工具，由此出现了"居住空间分异""产业空间分异""经济空间分异"等多种具体概念。居住空间分异是指在社会经济发展过程中特质相异的社会群体各自集中居住，形成不同居住空间特色和隔离的现象；产业空间分异则指代不同区域间展现的产业集聚、产业多样化和地区专业化的态势；经济空间分异就是区域经济发展速度和阶段分化及不同区域所呈现的经济水平差异。可见，分异的本质是某一现象在空间上的非平稳性。一定区域内部各组成要素存在特定的拓扑结构，而特定的拓扑结构和特定的地理位置又紧密相连，因而地理位置变化会影响组成要素相互关系的变化。个体在地理位置上关系不同，区域的外在表现形式就不同，空间分异成为必然的结果。

二　创业活动地区分异的内涵、维度、属性和分类

（一）创业活动地区分异的内涵

现实世界中，空间单位被各种不同特征所割裂，切割成多个不同的块状板块，每一个板块都表现出与众不同的特性。然而，由于技术水平的限制，经济学在处理空间维度问题时，曾经将空间视为均质的、连续而平滑的单位，从而隐匿了经济活动的空间异质性特征（安虎森、高正伍，2010）。地区分异研究，恰恰要揭示经济活动曾经被忽略的空间异质性特征。创业活动是人类的经济活动，发生在不同地理板块上，每一块状板块受到自然的、历史的、现实的因素制约，受到一系列客观和主观条件的制约，会对附庸其上的创业活动产生必然的或随机的影响，从而让不同板块的创业活动表现出不同的空间特色、发展水平和发展态势。我国幅员辽阔，各个地区的人力、物力、技术、信息等客观要素禀赋的配置不尽相同，价值观、普遍信任等主观文化认知和理解也千差万别。这些客观差别和主观差别作用到区域创业活动上，就会使该地区的创业活动表现出与该地区要素禀赋和文化价值观相对应的创业活动内容、水平和发展阶段，因而形成创业活动的地区差异和分化。具体而言，创业活动的地区分异包括如下几个方面的内容：首先，在创业活动的时间上，有的地区起步早，有的地区起步晚；其次，在创业活动的数量上，有的地区多，有的地区少，有的比较活跃，有的比较静默；再次，在创业活动的发展水平上，各个地区的主导创业活动类型不同，有的地区已经进入机会型创业主导阶段，有的地区仍然停留在生存型主导阶段；复次，在创业活动的密度分布

上，有的地区呈现空间集中态势，有的地区呈现空间分散态势；最后，在创业活动的差距上，不同地区之间差距可能很小，也可能很大。

综上所述，本书对创业活动地区分异的概念界定如下：创业活动的地区分异首先是指创业活动在不同地区的分化状态，包括时间上不创业或创业的波动趋势、数量上或多或少的差别格局、发展水平或高或低的先后阶段、空间上或分散或集中的分化状态以及不同地区差距或大或小的事实；创业活动的地区分异还是创业活动在不同地区的分化过程，上述所有的趋势、格局、阶段、状态和事实都受到区域创业要素禀赋和区域社资本动态变化的影响，因而处于持续的变化之中。

（二）创业活动地区分异的维度

创业活动地区分异有两个维度：空间维度和时间维度。

1. 创业活动地区分异的空间维度。从空间看，在经济发展过程中，各种不同的因素如区域创业氛围（信任、价值观）、区域人力资本（潜在创业者数量、劳动力市场结构）、区域物质资本积累（金融体系发展程度、科技水平发展程度）、区域制度建设（法律规章、非正式制度）对创业活动都会产生不同的作用。同一因素对不同地区影响程度有所差异，这种差异性经过累计叠加，使创业活动在不同地区呈现不同的数量和频率，形成地理上的分化。创业活动在地理上的格局分化即为创业活动的空间分异，包括地区之间的空间关联性、空间异质性和空间集聚性。

创业活动的空间关联性。根据地理学第一定律，世间任何两种事物在空间上皆有联系，其联系强弱与两者之间的地表距离相关。不同地理位置的创业活动会相互依赖和影响，因而创业活动的空间分布不是随机的，而是各个地区协同作用的结果。相邻省份由于位置邻近可能会相互促进或相互制约，空间关联或弱或强。

创业活动的空间异质性。创业活动的主体是人，不同地区的人有着不同的性格、社会习惯和生活习惯，因而产生不同的创业倾向，创业倾向本身在空间分布就不均衡。从创业的外部条件来看，创业需要的各种要素禀赋的数量和结构在不同省份不均衡，要素禀赋的组合结构也差异巨大。创业主体倾向的差异性、创业支持条件的差异性及其组合的差异性同时存在，使创业活动在不同地区呈现不同的状况和水平，被称为创业活动的空间异质性。

创业活动的空间集聚性。集聚一词是会合、聚会和安定聚居的意思，是指事物在空间上的集中过程。从区域经济学的角度看，集聚是指在某一特定时间、某一特定地域范围内资源、要素和经济活动等空间集中的趋向与过程，涉及产业、人口、信息和物资等各类要素或资源的集中（刘曙华，2012）。创业活动的空间集聚性指的是创业活动在地理空间上的集中，是创业主体为获得某些优势或利益而向特定区域集中的过程。创业活动的开展离不开区域客观条件的支持，客观条件比较好的地区就会出现创业者集聚的现象，新创业企业出现的概率较高，频率较快，数量较多，因而形成创业活动的空间集聚性。

2. 创业活动地区分异的时间维度。从时间看，创业活动的各种影响因素如区域创业氛围（信任、价值观）、区域人力资本（潜在创业者数量、劳动力市场结构）、区域物质资本积累（金融体系发展程度、科技水平发展程度）、区域制度建设（法律规章、非正式制度）在各个地区发生发展的时间有先有后。当一个地区的创业活动所必需的要素禀赋的存量和质量率先达到合适的水平、能够孕育大规模的创业活动时，该地区就率先发生创业集聚现象，在创业活动中取得领先地位。而具有领先地位的地区能够通过扩散效应和辐射效应，慢慢影响到周边地区，推进创业活动空间集聚在地理上的扩散，周边地区的创业活动也随后被带动起来。因此，创业活动的地区分异在时间维度上体现为创业活动的领先和滞后。

（三）创业活动地区分异的属性

1. 创业活动的地区分异是客观存在的创业活动发展程度和发展水平的阶段分化。创业活动的地区分异首先表现出来的是地区之间创业活动频率、创业活动数量、创业活动质量、创业活动阶段的不同。这种差异是客观存在的，不以人的意志为转移的，是创业活动外部主客观条件共同起作用的结果。即使外部条件相似的地区，地区之间的人的差异也会导致创业活动的差异。某些地区创业活动的频率和数量可能会表现得比较相似，但是这种相似背后的主客观原因却不同。因此，创业活动地区分异是绝对存在的，只是表现程度大小有异。

2. 创业活动地区分异反映了不同区域创业活动的空间特色和空间隔离，是各个地区相互比较的结果。创业活动地区分异发生在一个大的明确的空间范围内。空间范围的每一处都具有和其他地方不同的特征，以致任何地方的创业活动都不可能与另一地方绝对相同。而创业活动影响因素在空间分布上具有逐渐过渡的性质，会出现某些创业活动差异较小的区域。因此，只有通过比较和观察，才能发现创业活动地区分异的全部面貌。

3. 创业活动的地区分异不仅是一个结果，也是一个过程。创业活动的地区分异包含了空间分化的状态与空间分化的过程两方面的内容。也就是说，创业活动的所有影响因素和相互关系在不同区域之间具有不同表现，不同因素之间相互作用形成创业活动的地区差异和不同。因此，分异不仅是一个静态的结果，还是一个动态的变化过程。

（四）创业活动类型的分异

对创业活动的分类，最常见的是从创业动机出发，分成生存型和机会型两类。这一分类方法始于劳动力市场中的"推拉学说"。1994年，Storey 提出了企业创建的"推力"和"拉力"假说。虽然他的研究并未揭示企业创业到底有哪些推力和拉力因素，但学界深受启发。Amit（1994）将创业动机划分推动型和拉动型两种：前者指创业者本身不满工作现状，又受到了一些非创业者特征因素的推动而从事创业；后者是创业者受个人特质和商业机会的吸引，产生了"新创并开始一个企业"的行为。此后，大多数的学者认同由于就业困难、家庭收入不足、改善基本生存现状等原因所进行的创业活动为推动型创业，而为了追求高利润、实现个人抱负、满足个人预期等原因开展的创业活动为拉动型创业（Foti & Vivarelli, 1994; Uhlaner & Thurik, 2004）。

2001 年，全球创业观察组织 GEM（Global Entrepreneurship Monitor）在其 2002 年的报告上正式定义生存型创业和机会型创业。"机会型创业是指追求商业机会的创业活动，生存型创业是别无选择或对当前就业不满意而从事的创业活动。"① 此后，GEM 两次扩充该定义，"机会型创业者是那些已经感知到商业机会并愿意去开发的人，他们还有其他的工作选择，但个体偏好促使他们去创业；生存型创业者是那些无其他更好的工作而选择创业的人"②。"机会型创业者是那些为了追求一个机会而开创企业的创业者，他们是自发开创企业的，拥有稳定的经济基础……往往在他们所熟悉的领域里创业，同生存型创业者相比有较长的生存时间（2005）。"GEM 反复修改的主要变化就是强调机会型创业的机会可利用性和高机会成本性，以区别于无可奈何的、低机会成本的生存型创业。

GEM 对生存型和机会型创业的分类得到学术界的广泛认可。一些学者在 GEM 定义的基础上加入了自己的诠释。张玉利（2003）对 1185 名中国创业者进行调查，将他们的创业动机分成机会拉动型创业、贫穷推动型创业和混合型创业三种类型。Autio（2005）具体划分了生存型创业和机会型创业的判断标准：只有初始创业者在没有其他更好选择的情况下开始的创业活动才算生存型创业；若初始创业者有其他就业选择，但为了追求新的商业机会而创业，则属于机会型创业。也有学者认为，机会型和生存型创业的概念界定仍然不成熟，需要进一步完善。

本书以为，从区域经济学的角度看，在不同区域环境下，在相异的文化氛围中，创业者对创业机会的感知有差距，创业活动的具体实践也有差别，因此有必要研究生存型和机会型创业活动在不同区域间的分化状况。从我国的实践情况来看，生存型创业是"自我雇佣"，机会型创业是"当老板"。个体户一般都以自我雇佣为主，规模小、数量多、进出频繁，为生存型创业活动的主体（曾铖等，2017）。私营企业是创业者个人或团队合作开发市场机会进而开展创业活动所得到的结果，具有较强的创业导向和机会利用特征（袁红林、蒋含明，2013），被视为机会型创业活动的代表。这一简单明了的思路为创业的

---

① Hay, M., Cox, L. W., Reynolds, P. D., et al., "Global Entrepreneurship Monitor (Gem) -2002 Executive Report", *Social Science Electronic Publishing*, Vol. 3, No. 1, 2009.

② Reynolds, P. D., Bygrave, W. D., Autio, E., et al., "Global Entrepreneurship Monitor: 2003 Executive Report", *Australian Occupational Therapy Journal*, Vol. 38, No. 2, 2003.

定量研究划出了一道分界线：工商登记注册的个体工商户是生存型创业活动的代理变量，工商注册登记的私营企业数是机会型创业活动的代理变量（李华晶，2010；齐玮娜、张耀辉，2014）。

第二节 要素禀赋和创业活动地区分异

一 要素禀赋的概念

"要素"一词在不同学科领域具有不同的内涵。在经济学中，要素一般指进行物质资料生产所必需的各种有形或无形的投入，即生产要素（石涛，2008）。人们对要素的认知随着经济发展而变得深刻。17世纪，威廉·配第《赋税论》中首次将土地和劳动定义为生产要素，其后萨伊（1817）在《政治经济学概论》中指出了资本的功能，使之成为继土地和劳动之后的第三种生产要素。1890年，马歇尔在《经济学原理》中进一步指出"组织"对生产的作用，他所说的"组织"其实就是管理或企业家才能，是促进经济发展的第四种生产要素。到了20世纪50年代，索洛等经济学家认识到技术在提高生产力、促进经济发展方面所具有的独特作用，将其列为第五种生产要素。而随着知识经济的兴起，人们越发认识到信息在生产过程中的地位和作用，也将之列入生产要素的行列。生产要素从最初的土地和劳动二要素论，发展到今日的土地、劳动、资本、管理、技术和信息的六要素论。

人们通常把个体在智力、体魄等方面所具有的素质和能力叫作禀赋，个体可以天生拥有禀赋，也可以通过后天努力获得禀赋（魏金义，2016）。

要素禀赋（factor endowment）与要素密切联系。要素禀赋一词最早出自国际贸易中的H-O理论。在该理论中，如果一个国家的某种要素相对另一种要素所占的比重比较大，就被定义为该国相对充裕的要素；另一种要素就被定义为该国相对稀缺的要素。按照比较优势原则，一国应当出口本国相对充裕要素含量高的产品，进口相对稀缺要素含量高的产品，这是要素禀赋理论的核心要义。赫克歇尔和俄林提出的要素禀赋理论，首先，将人们的注意力从要素本身转移到了要素所处的空间。要素只有联系上具体的地理空间才能转化为要素禀赋，要素禀赋和特定的区域以及地理位置结合在一起，是一个具有空间范畴的概念。离开区域和空间，要素就仅仅是要素，成不了要素禀赋（李敏纳，2009）。其次，赫克歇尔和俄林的要素禀赋理论还将人们的注意力从是不是拥有要素转向是不是拥有要素优势，要素禀赋就是特定区域凭其所拥有的各种生产要素而获得的地区优势，这种优势可能来自要素禀赋的存量，也可能来自要素禀赋的结构。因此，本书使用"要素禀赋"而不是"要素"来描述创业活动所需要的各种投入，就是要突出创业活动与特定地区所具有的要素优势相关。要素资源丰富的地区，还需建立要素禀赋优势，否则有可能陷入"资源诅咒"的陷阱。

二　要素禀赋分异和创业活动地区分异

要素禀赋的地区分异是经济活动地区非均质性的基础条件。Brakman 等（2001）认为，如果需求和生产要素在空间上呈完全均匀分布的状态，受规模报酬不变和运输成本的影响，所有商品都会在当地生产，以满足当地需求为目的，经济空间将会是匀态的。然而，要素禀赋的地区分异是一个硬规律，不论是"第一自然"还是"第二自然"，要素禀赋的空间差异天然存在。可以设想，即使两个区域所有的要素禀赋都完全同质，偶然事件也会引发要素禀赋的变化。克鲁格曼（1993）曾指出，在产业功能区自组织过程中可以发生多重均衡，但是最终发生哪个均衡则取决于初始条件，尤其是历史上的偶然事件——它会带来要素禀赋的变化，而要素禀赋变化有利于某种产业的发展，从而引致这一产业在特定空间的自组织演化。李娟（2002）认为，各地区自然禀赋的差异带来了"自然区域的级差地租"，不可灭的空间距离在一定程度上又固化了"级差地租"，自然禀赋加上空间距离，两者共同构成经济空间结构的基础。这些看法得到许多学者的附和，曾有学者提出，要素、文化、地理位置优势可以解释一半以上的经济地理集聚。Ulltveitmoe 等（1998）对欧洲的产业空间结构的实证也表明了要素禀赋差异的作用。可见，要素禀赋的地区分异是经济活动空间分异的基础。而且要素禀赋很容易受到外来事件的冲击而发生变化，而这种变化又成为新的经济空间活动的演化起点。

创业活动是经济生产活动。要素禀赋是经济活动地区分异的基础，自然也是创业活动地区分异的基础。创业活动发生的行业不同，所要求的要素禀赋内容也不同：比如发生在农业领域的创业活动就要求土地要素的投入，而发生在服务业的创业活动则更多要求人力和技术的投入。本书探讨的是宏观层面全国各个省区创业活动发生的数量，不针对某一特别行业，因此所涉及的要素禀赋必须是创业活动所需要的共性要素，可被提炼为制度要素禀赋、人力要素禀赋、金融要素禀赋和技术要素禀赋（见图2-1）。

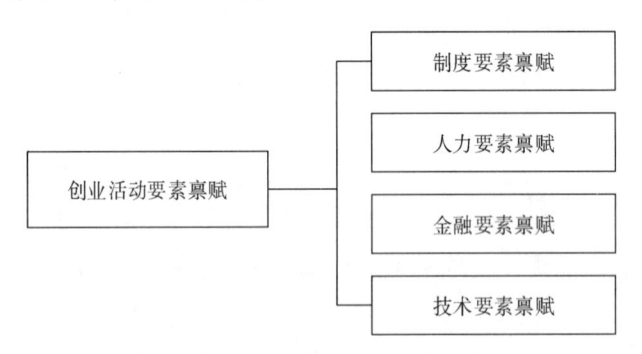

图2-1 创业活动的四个要素禀赋

创业活动需要要素禀赋的支持，但各个地区的创业活动要素禀赋存在分异。这里的要素禀赋分异主要指各个地区支持创业活动的经济性资源存量和质量不同，如地区潜在创业者的数量、地区劳动力结构、地区正规金融体系发展程度、地区非正规金融体系的发达程度、地区技术水平的发展、地区运用技术水平的能力、地区法律制度的完善程度，等等。那么，要素禀赋的地区分异和创业活动的地区分异之间存在什么联系呢？可以从以下几个方面来理解。

第一，在经济发展的不同阶段，创业活动的主导要素禀赋不同。在不同的经济发展时代，支撑社会经济运行的实体基础不同，创业活动发生的领域因而不同，所需要的主导要素禀赋也不同。农业经济时代，生产主要集中在农业领域，创业活动围绕农业开展，资源的开发程度还很低，短缺问题基本不存在。只要拥有足够的一般性劳动力，就可以组织农业生产，开始创业活动。因此，人力要素禀赋，更具体地说是劳动力，成为当时创业活动的主导要素禀赋。到了19世纪，工业革命席卷世界发达国家，科学技术突飞猛进，手工业生产方式被大机械生产方式取代，新型交通工具日益兴起，农业对经济发展的作用日渐式微，工业成为经济发展的主要动力。创业活动在这一时期层出不穷，但是大多围绕工业制造业展开，新的机器设备、新的生产工艺、新的组织流程，对资金、设备、原材料提出了更严苛的要求，而大规模制造业的出现也意味着不同企业之间激烈的市场竞争。金融要素禀赋，具体地说是资本要素，可以帮助创业者获得更多的劳动力和机器设备，扩大生产，获得规模经济，从而在市场竞争中脱颖而出，因而取代了人力要素禀赋，成为推动创业活动的首要要素禀赋。到了现今的知识经济时代，高新技术产业（主要是信息业）成为第一产业，创业活动的竞争态势比以往任何时代都来得更加激烈，有竞争力的创业活动必须具备核心的技术比较优势，否则很难胜出立足，所以技术要素又取代了金融要素，成为创业活动最重要的要素禀赋需求。人类社会的经济发展形态不断更替，创业活动的内容不断更新，创业活动的主导要素禀赋不断发生变化。区域的主导要素累积是否足够，区域的要素累积是否和区域所处的经济发展阶段相符，都影响着区域创业活动的水平。显然，区域要素禀赋的差异是创业活动地区分异的基础。区域要素禀赋和区域经济发展阶段相符的地区，创业活动快速有效地发生发展；区域要素禀赋和区域经济发展阶段若不匹配，则创业活动的发生发展就会受限。

第二，在经济发展的不同阶段，同一要素禀赋对创业活动的作用形式不同。创业活动需要制度、人力、金融和技术要素禀赋的支持。不同的要素禀赋在经济发展的不同阶段有不同的内容和外在形式，因此，即使是同一要素禀赋，在经济发展的不同阶段，对创业活动起作用的表现形式也存在异质性。

首先，看人力要素禀赋。在农业经济时代，人力要素禀赋的内涵是丰富的劳动力，用于从事耕种等农业生产活动。因此，对创业活动而言，人力要素禀赋所起的作用是提供丰富的具有充足体力的劳动力资源。到了工业经济时代，只能够从事一般性生产的劳动力已经不能满足创业活动的需要了，创业是新工艺的使用、新技术的发明、新生产流程的使用和新组织的开辟，所以需要大量的能够使用新技术的技术工人，还需要能够重构组织、提高生产效率的管理者，技术工人和管理人才是创业对人力要素禀赋提出的要求。到了知识经济时代，信息和知识成为推动创业活动的第一生产力，能够开发新技术、制造新知识的科技人员成为推动创业活动最主要的人力要素禀赋，专有性人力资本要素的地位越发突出，对一般性劳动力的需求越来越弱，甚至很多领域的一般性劳动力需求被机器人所取代。人力要素禀赋对创业活动的贡献表现为大量的具备创新创业精神的高学历人才，以及能够对知识加以灵活运用产生知识溢出的专有性人才。

其次，看金融要素禀赋。在农业经济时代，资源的开发利用程度还很低，不存在资源稀缺的现象，生产主要依赖劳动力，所以资金资本在创业活动中的作用不太明显。到了工业经济时代，生产大规模发展要求大量的人力和物力投入。金融要素禀赋对创业活动的主要贡献是允许创业者购买劳动力和机器设备，建立新的生产基地，丰富产品市场；具有充足的金融要素的创业者可以通过扩大生产规模取得规模经济效益击败竞争者，从而在市场竞争中处于有利地位。这一时期金融要素禀赋对创业活动的贡献主要是提供充足的资金支持以帮助获得劳动力和机器设备。到了知识经济时代，生产规模不足以构成创业者的创业优势，只有具备核心技术、核心产品、核心服务、核心竞争力才能保证创业者在创业的浪潮中立于不败之地。金融要素禀赋对创业活动的贡献体现在三个方面。一是对创业活动启动资金的支持，这是金融要素禀赋对创业活动的传统贡献。二是被用来支持新技术、新产品的开发、新商业模式的应用，比如从事投入高、风险大的技术研发活动，对未出现的创业模式进行风险投资。现今出现的使用互联网改造传统产业的创业尝试具有很大的风险，而且在创业初期阶段需要大笔资金支持以帮助创业活动达到规模效应,只有金融要素禀赋所提供的风险投资才能撬动"互联网+传统产业"的改造。根据胡润研究院的报告,2017年大中华区"独角兽"企业总数达120家,整体估值总计超3万亿元,这和金融要素禀赋对创业活动的巨大扶持作用密不可分。第三,金融要素禀赋还能够通过系统性的金融产品设计为创业者分散创业活动的风险,为创业失败兜底,从而减少创业者的创业顾虑。

再次,看技术要素禀赋。在农业经济时代,技术要素禀赋对创业活动的主要贡献体现在发明新的生产工具,提高农业劳动生产效率。当时的技术发展速度很慢,技术要素禀赋的累积效率很低,新的生产工具并非创业活动的必需要素。在工业经济时代,技术要素禀赋的主要贡献变为设计新的机器设备、开发新的产品种类、改进已有的生产工艺流程。而这一切活动的出发点是为生产服务,生产的发展要求技术要素禀赋必须提高,和日益扩大的生产规模相匹配。在这一阶段,创业者的核心竞争力是生产能力,技术要素禀赋是提高劳动生产率的必要手段,是开展新的创业活动的衍生需求。但是到了知识经济时代,技术要素禀赋从创业的衍生需求转变成为创业的核心需求。不是生产活动推动技术要素禀赋的发展,而是技术要素禀赋水平的不断提高推动生产活动的不断发展。掌握独一无二的技术成为创业者和创业组织必需的核心竞争力要求,技术要素禀赋对创业活动的作用比以往任何经济发展阶段都更加凸显。

最后,看制度要素禀赋。在农业经济时代,制度要素禀赋对创业活动几乎没有影响。到了工业经济启蒙的阶段,新的机器设备、新的产品、新的能源陆续出现,生产方式出现了根本性的变革,对传统的农业经济构成了巨大的挑战。工业经济和农业经济之间发生了对土地和劳动力的争夺战,制度要素禀赋最主要的功能是帮助工业经济战胜农业经济的桎梏,建立与工业经济相适应的社会政治体制和经济体制。而工业经济到知识经济时代的转变是随着生产力发展内生出现的要求。这一转变过程没有发生大规模的战争冲突,来得更加顺畅和自然。因此,制度要素禀赋对创业活动的主要作用是为知识创业保驾护航,即在现行的社会政治体制和经济体制的框架内,用可靠的法律法规来保障知识创业的利益所得,减少创业主体的利益对抗,为创业活动提供良好的制度框架。

因此,若不同地区经济发展阶段不同,同一要素禀赋对创业活动的作用表现形式也会分化,从而导致创业活动的地区分异(见图2-2)。

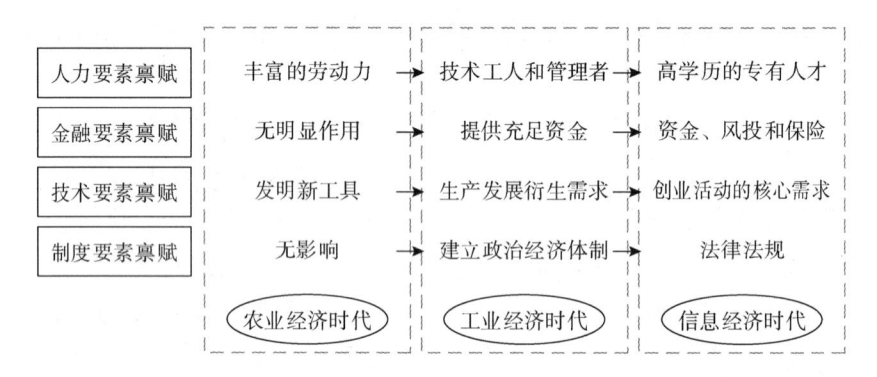

要素禀赋	农业经济时代	工业经济时代	信息经济时代
人力要素禀赋	丰富的劳动力	→ 技术工人和管理者	→ 高学历的专有人才
金融要素禀赋	无明显作用	→ 提供充足资金	→ 资金、风投和保险
技术要素禀赋	发明新工具	→ 生产发展衍生需求	→ 创业活动的核心需求
制度要素禀赋	无影响	→ 建立政治经济体制	→ 法律法规

图 2-2 不同经济发展阶段同一要素对创业活动的不同作用形式

第三,不同的创业活动类型要求不同的创业活动要素禀赋组合。创业分生存型和机会型两种类型。两种不同类型创业活动对要素禀赋的需求是不一样的。生存型创业活动的主要目的是解决就业问题,规模小、启动资金低,创业领域更多集中在销售业和服务业,和一般民众的日常生活关系比较密切。机会型创业活动的主要目的是实现创业梦想和人生价值,规模较大,启动资金高,创业领域更多集中在制造业、高新技术产业和大规模的服务业。两者的不同特征决定了对创业活动的要素禀赋的需求不同:生存型创业活动对制度要素禀赋不太敏感,而机会型创业活动对制度要素禀赋有很大的需求,不仅要保障创业者的权益,还要保障知识在推动经济发展中的作用;生存型创业活动对创业者的学历、知识结构和能力方面要求不高,不要求专业技能,但是机会型创业活动对创业者的学历、知识结构或专业技能等方面提出了门槛,而且要求区域创业者和一般劳动力之间的比例结构也要匹配;生存型创业活动对金融要素禀赋的要求不高,只需要有途径给予足够的门槛资金,而机会型创业活动不仅要求金融要素禀赋给予门槛资金,还需要借助其他的金融产品和金融制度安排,分担创业风险,加速创业过程，提高创业效率；生存型创业活动不需要做技术要素的基础研发，与技术要素禀赋的直接关系相对较远，而机会型创业活动与技术要素禀赋紧密相连，创业者可能因为拥有技术优势开启创业活动，可能借助技术获得生产领域的优势，甚至直接围绕技术的研发展开创业活动。由此可知，若不同地区要素禀赋存在分异，会导致区域创业活动的类型不同，从而产生创业活动的地区分异。

第四，要素禀赋自身的动态变化和不同要素组合的动态变化，带来创业活动地区分异。如果要素在地域空间能够完全自由地流动，会导致要素价格、生产成本、收入水平都趋向均衡，地区之间创业活动也不会产生分异现象。然而，每一种要素的流动性和可变性都不一致，这导致了各个地区的要素禀赋优势存在动态变化，因而创业活动地区分异成为必然现象。

从制度要素禀赋角度看，中央层面的制度建设为不同地区创业活动打下了基础，但是各个地区在中央层面的制度供给的基础上发布了地方性的法令法规，且这些法令法规只在本区域内有效，不可为其他地方所用。制度要素禀赋在各个地区有各自的适用对象和适用范围。新的法律法规的颁布，需要经过各级立法机关的审批，程序烦琐，因此制度要素禀赋在短期内具有刚性。

从人力要素禀赋的角度看，各个地区的人口数量、人口结构形成有深刻而长久的历史和地理原因，人口的出生率和死亡率也有其自然规律，人口要素禀赋在区域之间存在天然的巨大差距。然而，随着人口户籍制度的松绑，人口迁徙和流动已经成为中国社会的常态。作为一种可流动的要素禀赋，个体根据各方面综合因素选择工作或定居的地点，从而改变了一个地区天赋的人力要素禀赋。另外，人力要素禀赋还可以进行后天育化和投资，当地区教育投入大规模增加时，可以改变人口的受教育结构，提升地区人力要素禀赋的质量。一个地区人力要素禀赋的数量和质量都处在动态变化中。当高素质的人力资本从某一区域涌向另一区域时，人力资本流入地会动态受益，人力资本流出地会动态受损。

从金融要素禀赋的角度看，各个地方的资金供给既可能来自正规金融机构，也可能来自非正规金融机构。虽然理论上看资金具有完全的流动性，可以根据资金的边际收益自由选择，但是仍然存在着因为空间距离而造成的空间成本。因空间阻隔而产生的运输成本、不确定成本限制了资金要素禀赋自由流动的程度。特别是非正规金融体系建立在区域非正式制度的基础之上，其制度基础会将其囿于地域范围之内。因此，金融要素禀赋理论上的完全流动性在实践上难以执行。

从技术要素禀赋的角度看，技术的发展是一个连续的过程，存在着明显的"强者更强、弱者更弱"的马太效应。技术的出现和应用要求一定程度的科技基础水平，这种科技基础水平决定了某些区域是创新的领导者，是技术要素禀赋的集聚地。往往是技术要素禀赋充裕的地区，新技术的产出也更频繁；技术要素禀赋稀缺的地区，新技术的产出则更为艰难；技术要素禀赋越充裕的地区，技术要素禀赋的培育速度越快，技术要素禀赋越稀缺的地区，技术要素禀赋培育的速度越慢，难度也越大。这种不同的发展态势决定了技术要素禀赋存在地区分异。

创业要素禀赋在区域之间存在分异，这种分异是因为要素禀赋本身不具有完全的流动性和完全的分割性，无法在空间范围上均匀分布。要素禀赋的地区非均质性构成了创业活动区域分异的基础。至于要素禀赋具体通过什么路径影响创业活动地区分异，本书第四章将深入探讨。

第三节 社会资本和创业活动地区分异

社会资本的地区分异是创业活动地区非均质性的又一决定因素。社会资本决定了普遍信任和创业文化价值观，从而构造了地区创业活动的软环境。创业活动软环境存在地区分异，主要指宏观层面上对创业活动的社会性认知和社会创业意识，如整个社会对创业活动的看法、评价，对创业活动的支持，对创业失败的宽容，对创业行为的鼓励，等等。环境分异还包括区域个体认知创业活动价值的普遍性，即个体是否普遍意识到创业活动对实现个人价值的重要意义，以及是否普遍有勇气将创业活动的意愿转化为创业活动的实践,这决定了地区创业者的创业意识和创业意愿。创业活动软环境的地区分异和创业活动地区分异存在密切联系。

一 社会信任的动态变化

(一)信任的两种类型

信任有两种类型:特殊信任和普遍信任。传统社会信任是一种特殊信任(special trust),信任人在做出对被信任人的信任决策时要考察被信任人的道德水平、经济状况、社会地位、声誉口碑等因素,当然也包括信任人与被信任人之间的亲密程度,这是一种人格化的信任方式(personal trust)。然而,现代社会中个体生活半径急剧扩大,日常生活和工作与陌生人的交往日趋增多,对陌生人的信任状况取代了对熟人的信任状况,成为影响社会结构的重要因素。所以,现代社会信任是一种普遍信任(general trust),是个体对关系疏远或不认识之人持有的积极性预期,换句话说,是对陌生人的不存在理由的信任,间接发生在互动者之间(敖丹等,2013)。

特殊信任和普遍信任建立在不同的基础上。特殊信任是和传统社会资本联系在一起的。传统社会资本是指基于血缘、亲缘、地缘关系而形成的社会资本,在我国农村地区尤其常见。这种社会资本伴随着个体出生而先天获得,以家族关系、邻里关系或村庄关系作为界限形成封闭系统。在封闭的体系内部,成员被赋予某些权力,但也必须承担一定的责任和义务,乡村社会的规范、规则是其天然的维系纽带和调节机制(汪小勤、汪红梅,2007)。传统社会资本的这些特征都被传递到特殊信任之上,特殊信任以血缘乡族关系为基础,具有先天性,在实践中通过网络内部成员高密度的日常互惠交换被强化,情感特征明显,信任基础深厚。

普遍信任是和现代社会资本联系在一起的。现代社会中,个体生活所受的外来冲击日益增加,劳动分工、地域流动、文化多样、观点碰撞……这些外来冲击丰富了每一个社会个体的生活经历,并迫使个体与具有异质性特征的其他个体交往,适应多元化的社会环境特征。在这个交往和适应的过程中,个体会逐渐产生一种不涉及亲密关系的社会场合所适用的抽象信任(Eckstein,2000),即稀疏而具有更大覆盖面的普遍信任(Stolle,2002)。普遍信任突破了以"三缘"为核心的地域界限和心理界限,以现代社会资本为基础。现代社会资本是基于经济、生产、互利等社会交往活动而形成的社会资本,经过个体后天努力和维系获得,并根据个体网络的通达程度拥有弹性边界。现代社会资本的特征也被转移到普遍信任上,普遍信任是后天工具性利用社会资本而习得的,在实践中通过成员的交易互惠被强化,情感性较弱而理性较强,工具性应用普遍。

除了建立基础差异,特殊信任和普遍信任的社会规模也不同。

传统社会资本具有血缘、亲缘和地缘的清晰边界,因此特殊信任也被限定在传统社会资本所覆盖的地理空间和心理空间的区域范围内,具有封闭性和排他性的特征。特殊信任能够有多大规模,取决于这一有形的联系所能达到的物理边界范围,通常都具有显著的地域特征。从具体形式上看,特殊信任是一对一形式的,即每一个成员之间通过某种具体的关系(如亲缘、血缘和地缘)联系在一起。但是一对一的建立方式决定了特殊信任难以普遍化,"对于那些置身于这种家族血缘关系之外的其他人即'外人'来说,中国人普遍地不信任"[①]。

不同于以静态的人际关系作为依据的特殊信任,现代社会的普遍信任是一种依赖于动态的人际关系互动的过程信任。动态过程意味着开放和不断接纳,信任的范围和程度处在不断地放大和加深之中,甚至有可能将所有个体连接在一起。从理论上讲,普遍信任不受地理空间和心理空间的范围限定,没有物理边界范围。但是由于受到文化、制度、道德、地区经济等宏观的经济文化因素的影响,普遍信任的"普遍"只能是相对而言:不同的文化环境能产生不同的信任,"普遍"是针对相同文化情境下的范围描述。从具体形式上看,普遍信任是一对多或多对多形式的,成员之间不存在具体的关系,但是个体信

---

① [德]马克斯·韦伯:《儒教与道教》,王容芬译,商务印书馆1995年版。

任和自己处于同一文化维度之外的所有其他个体，或者一个群体信任另一个群体。在信任人和被信任人之间可能具有某种共通性，这种共通性成为彼此信任的基础。

（二）从特殊信任到普遍信任的变迁

随着经济和社会水平的发展，社会信任经历了从特殊信任到普遍信任的动态变化过程。这是因为现代社会中特殊信任的来源在减少，而普遍信任的来源渠道在增加。

如前所述，特殊信任是先天性的信任，来源于传统社会资本。天然的血缘、亲缘、地缘联系是其存在的基础。然而，随着人口流动的加剧和阶层分化的加速，特殊信任的基础被逐渐侵蚀。市场经济机制建立后，农村人口逐渐流失到城市，传统的乡土情结日趋消散，血缘、亲缘、地缘彼此间的链合日趋脆弱。不管城市还是农村，社会家庭结构从以主干家庭为主转变为以核心家庭为主，家庭规模缩小，家族长辈和小辈之间的相互依赖都在减少，这意味着家庭、家族的权威逐渐减退，传统家庭、家族社会资本存量在下降。人口的流动和家庭结构的变化瓦解了"三缘"之间的强关系，个体建立特殊信任的渠道逐渐减少。

现代生活中建立普遍信任基础日趋完善，渠道日益增多。从基础看，普遍信任能否建立和个体所具有的资源密切相关。个体所占有的资源越多，其抗拒背信弃义的风险能力也越强，因为背信弃义的潜在损失在其总资源中所占的比例很小（邹宇春，2015）。所以个体的资源越多，越容易建立普遍信任。而现代社会物质生产水平快速增长，不仅个体自身获得资源水平得到极大提高，社会公共资源的供给也越来越丰富。这意味着社会抗风险的能力普遍增强，夯实了普遍信任的社会基础。从渠道看，公民社会组织的不断涌现为孵化普遍信任提供了充足的路径。我国社会公共生活中充斥着多种社会团体组织，如以各种文化活动作为载体的群众组织，它们将有共同兴趣爱好的人集合在一起，形成了个性化特征的交往场所。如以公共利益为目的的非政府组织（NGO）、非营利性组织（NPO），这些组织的成员以普及公民精神为宗旨，以参与公共事务为目标，不断育化着组织内部成员的社会自觉性。如以服务某一特定领域的行业商会、职业群体的交流协会，以专业性或行业性搭起了成员之间沟通的桥梁。这些不同类型的公民共同体（civic community）构建了个体交往的公共领域和基层组织，在成员中间形成共同的观点、信仰和兴趣爱好，从而构建了普遍信任传递的有效渠道。

特殊信任的基础在被削弱，普遍信任的基础和渠道在不断构建，中国社会出现了从特殊信任向普遍信任转变的动向。

(三) 信任变迁和创业活动地区分异

从特殊信任到普遍信任的变迁，深刻地影响了区域的创业活动。

特殊信任曾经制造了特殊的中国式的创业情境。在传统以特殊信任为基调的中国，动员家族资源支持家族某一成员创业的做法被广泛实践。特殊信任为先创业者提供了各种便利，包括家族内部的分工合作、资源整合，减少了交易成本，降低了创业难度。而先行创业者会在特殊信任和利益互惠的驱动下，回馈家族其他成员，帮助后继者开展创业活动。这成为中国东部村镇"集群创业"的源头。而在中国西部，越来越多的农村劳动力离开家乡，到大城市中打工。虽然远离家乡削弱了他们的乡土情结，但城市中人际关系的陌生感又迫使他们借助特殊信任继续黏合在一起，获得生存和向上流动的机会，由此构建了新的特殊创业情境：农村人口在城市边缘地带聚集，进行以自雇为主的生存型创业活动。越是外来人口聚集的地区，这一类的创业活动越常见。

然而，借助特殊信任作为纽带的创业活动，存在一个显而易见的危机，就是创业的路径依赖和锁定（陈翱，2015）。"三缘"限定的小网络覆盖面小，成员之间存在直接联系纽带的概率高，容易建立普遍信任，但是合作被局限在小范围之内，传递的都是同质性的信息。显然，这种信任所能够支撑的创业格局不具有可持续性。事实上，特殊信任对生存型创业活动的支持大于机会型创业活动，对创业初期的支持作用大于创业发展期，对简单创业活动的支持大于复杂创业活动，对小规模的创业活动的支持作用大于大规模的创业活动。

现代社会创业活动分工、合作体系是建立在普遍信任的基础之上的，个体一对一的信任早已不符合其要求。创业者和不同交易主体之间、创业团队内部、创业者和创业投资者之间不可能囿于熟人社会，而是全社会范围的分工和协作。在缺乏普遍信任的情况下，需要建立高成本的监控和激励机制来克服各个市场主体的机会主义倾向，这大大增加了创业者创业活动的难度。特别是在高新技术创业领域，缺乏普遍信任阻碍了知识和信息的更新速度，抑制了经济溢出效应。因此，普遍信任是创业活动环境基础，普遍信任程度不同的地区，创业活动的规模存在明显差异。本书第七章还将就此问题进一步详细阐述。

二 创业文化价值观的动态变化

创业文化价值观是文化的一种类型，地理空间处于不同位置的国家和地区文化悬殊，会对人们的创业观念、创业行为及创业领域产生不同方向与程度的影响，因此，创业活动必然受到地区创业文化价值观的影响。比如，改革开放之后，浙江之所以创业活动兴盛，一个很重要的原因就是明清时期该地区的工商业发展迅速，形成了工商业文化的传统和观念，这些传统和观念延续下来，后来的商品经济观念和创业精神就特别容易在该地区萌芽（傅允生，2003）。

随着经济社会的变迁，我国不同区域的创业文化价值观也处在动态变化中。

创业活动是一种商业活动。中国传统的儒家思想中，对商业活动一直持有偏见，"士农工商"，商排在末位，商人被视为社会底层，地位低下。商人还经常和不义行为联系在一起，"无商不奸""为富不仁"等贬义词都是对商人的普遍看法。这种对商业活动歧视的文化价值观延续千年，甚至阻碍了中国的资本主义萌芽。直到明清时期，中国才出现了以地域命名的"十大商帮"。然而，如果仔细探究这些商帮的发源地，就会发现都是自然生产条件贫瘠、农耕产出低下不足以人均供给的地区（陈翊，2013）。可见，在封建社会，商业行为是生存压力之下的无奈之举。即使最成功的商人，在功成名就之后仍然会将子孙拉回到博取功名的"正道"。

到了近代社会,鸦片战争打开了封建中国的大门,自给自足的小农经济遭受严重破坏,口岸开放又涌入了大量的"洋货",大量农民和手工业者在里外两重夹击之下破产。残酷的市场竞争和商业环境变化迫使中国的民族资产阶级走上经济舞台,"师夷长技"地开始经济创业活动。当时的洋务派以"求富"为口号,主张利用官办、官督商办、官商合办等形式发展新型工业,增强国力。他们对新型工业的支持在社会上引起了巨大的反响,在一定程度上引导民众正确地认识商业活动,为转变国人的创业文化价值观奠定基础。

新中国成立之后,中国的社会经济结构发生重大变革,建立了以公有制为基础的社会主义计划经济体制。在经济思想领域批判物质追求,忽视个体利益,集体利益至上,所有个体利益都必须服从国家和集体利益(郑若娟,2006)。在这样的价值观指引下,所有追求个体利益的创业活动都被认为具有资本主义属性,和社会主义价值观相违背,面临着遭受阶级斗争批判的严重后果。因此这段时间成了我国创业活动的真空期,创业文化价值观也无从谈起。

到了1977年之后,我国开始着手建立社会主义计划经济体制。党和政府正视国家所面临的物质短缺问题,大力发展生产力,解决物质需求和产品供给之间的巨大矛盾。在这样的大前提下,个体创业行为得到鼓励,个人被允许从事商品生产和市场销售活动,个人创业活动的利益也可以得到有效保证。虽然从大环境上看,创业和做生意还是被视为"丢份子"的事情,但是个体开始有了追求经济利益的动力。随着国家政策的不断出台,以及早期创业者经济效益的显著增加,整个社会文化对创业活动的观感有了改变。1981年,国务院发布《关于城镇非农业个体经济若干政策性规定》,明确了个体经济的性质和经营范围,后续又出台了其他规定,放宽了对个体工商户雇佣的限制,容许雇佣两人和带五名学徒。国家通过政策和法律给个体创业活动正名,极大鼓励了创业活动的开展,创业活动和其他就业方式一样,得到国家层面的认可,进入主流价值观体系。全国的个体工商户从1981年年底的100万户飙升到1987年年底的1000万户。

1987年党的十三大明确了非公有制经济特别是私营经济的必要

性，承认"私人经济是社会主义公有制经济的补充，国家保护私营经济的合法权利和利益，对私营经济实行引导、监督和管理"。其后，邓小平南方谈话又澄清了姓"社"姓"资"的争论，进一步肯定了非公有经济在国民经济中的地位。继个体经济之后，非公经济也获得了合法性地位。创业活动从此成为我国社会经济生活中不可或缺的一部分。

随着个体工商户、私营企业、非公有制经济的正名，创业活动在我国各地如雨后春笋般出现，创业文化价值观也逐渐形成。创业文化价值观首先为创业活动做了舆论动员，因为创业文化价值观宣扬创业活动对经济发展和社会发展的积极作用和正面意义，纠正了自古以来对商业活动的偏见和歧视，鼓励区域民众解放思想，改变就业观念，跳出"等靠要"的就业模式，改为自食其力、自主创业。创业文化价值观还为创业活动提供了社会支持。在认同创业文化价值观的区域，民众对创业活动大力宣传，营造鼓励创业的氛围，以各种实际行动支持创业，以积极的态度对待创业失败。创业文化价值观形塑了全社会对创业活动的基本认知，还积极传播和扩散创业知识，在区域范围内形成创业知识的溢出效应。积极正确的创业文化价值观还能指引创业活动的正确发展方向，让创业活动符合社会伦理框架，防止价值取向走样。本书第七章还将就此问题详细讨论。

第四节 包含要素禀赋和社会资本的分析框架

要素禀赋是创业活动的硬约束，社会资本是创业活动的软环境。那么两者是如何结合的呢？本书构造了一个简单的模型，说明要素禀赋和社会资本两者叠加是如何共同作用于创业活动的。

模拟柯布－道格拉斯生产函数的形式建立要素禀赋决定创业活动数量的简单模型：

$$E = I^{\alpha_1} L^{\alpha_2} K^{\alpha_3} T^{\alpha_4} \quad (2-1)$$

式中，E 表示各个地区创业活动，I、L、K、T 分别代表制度、人力、金融和技术四个要素，在正常情况下，区域四种要素禀赋的存量都大于1。参数 α_1、α_2、α_3 和 α_4 表示四种要素的产出弹性，α_1、α_2、

α_3 和 α_4 都大于 0 小于 1，且四个参数之和大于 0 小于 1。

对其两边取对数后，式（2-1）线性化为

$$\ln E = \alpha_1 \ln I + \alpha_2 \ln L + \alpha_3 \ln K + \alpha_4 \ln T \qquad (2-2)$$

将社会资本引入式（2-2）。社会资本会通过两种途径影响创业活动数量：一是影响创业环境，二是影响创业活动的人力、金融和技术要素禀赋，所以引入社会资本之后的式子变成

$$E' = sI^{\alpha_1} L^{\alpha_2(1+s)} K^{\alpha_3(1+s)} T^{\alpha_4(1+s)} \qquad (2-3)$$

式中，E' 代表包含了社会资本的创业活动，s 代表社会资本发展程度，其值大于 0。

将式（2-3）两边去对数并进行简单的变形，会被线性化为：

$$\begin{aligned}\ln E' &= \ln s + \alpha_1 \ln I + \alpha_2 (1+s) \ln L + \alpha_3 (1+s) \ln K + \alpha_4 (1+s) \ln T \\ &= \ln s + \alpha_1 \ln I + \alpha_2 \ln L + \alpha_3 \ln K + \alpha_4 \ln T + s(\alpha_2 \ln L + \alpha_3 \ln K + \alpha_4 \ln T)\end{aligned}$$
$$(2-4)$$

将式（2-2）代入式（2-4），则

$$\ln E' = \ln E + \ln s + s(\alpha_2 \ln L + \alpha_3 \ln K + \alpha_4 \ln T) \qquad (2-5)$$

当 s 大于 0 小于 1 时，社会资本对创业活动存在正负两个方向的影响：一方面，$\ln s$ 是一个负数，说明由于创业软环境不好对创业活动造成负面影响；另一方面，$s(\alpha_2 \ln L + \alpha_3 \ln K + \alpha_4 \ln T)$ 是一个正数，这个正数意味着虽然社会资本不够强，但是毕竟有利于人力要素禀赋、金融要素禀赋和技术要素禀赋的孵化，所以对创业活动带来正面影响。$\ln E'$ 是否大于 $\ln E$，取决于 $\ln s$ 和 $s(\alpha_2 \ln L + \alpha_3 \ln K + \alpha_4 \ln T)$ 两者哪个绝对值更大。若 $\ln s$ 的绝对值更大，说明创业软环境的恶劣所造成的创业活动负效应大于由于社会资本给各个要素禀赋带来的正面效应，创业活动因而受到了影响。反之，则说明社会资本给各个要素禀赋带来的正面效应大于创业软环境的负面影响。

当 s 大于 1 时，无论 $\ln s$ 还是 $s(\alpha_2 \ln L + \alpha_3 \ln K + \alpha_4 \ln T)$ 都是一个正数，这意味着 $\ln E'$ 大于 $\ln E$，社会资本的积累一方面孵化了良好的创业软环境，直接有利于创业活动，另一方面又助推各种要素禀赋的积累，间接有利于创业活动。

要素禀赋和社会资本是决定创业活动地区分异的两个方面。经济

发展处在动态变化过程中,每一阶段创业活动的主导要素禀赋不同,同一要素在不同阶段对创业活动的作用形式不同,不同类型创业活动要求不同要素禀赋组合,要素禀赋自身也处在动态变化中,这一切,都决定创业要素禀赋在地理空间上的不均衡性。创业要素禀赋的空间不均衡性是创业活动地区分异的前提。社会资本具有塑造创业活动生发空间的功能。从传统社会资本向现代社会资本过渡的过程中,特殊信任逐渐让位于普遍信任,创业的文化价值观体系也逐渐成形。各个地区普遍信任的发育程度和创业文化价值观的成熟程度存在差异,因而决定了创业活动发生的软环境存在空间不均衡性。创业环境是创业要素禀赋生存和起作用的基础,是创业活动的土壤;而创业要素禀赋犹如种子、空气、水分和氧气,是创业活动的投入;创业环境和要素禀赋两者空间分异共同叠加,导致了创业活动的地区分异(见图2-3)。

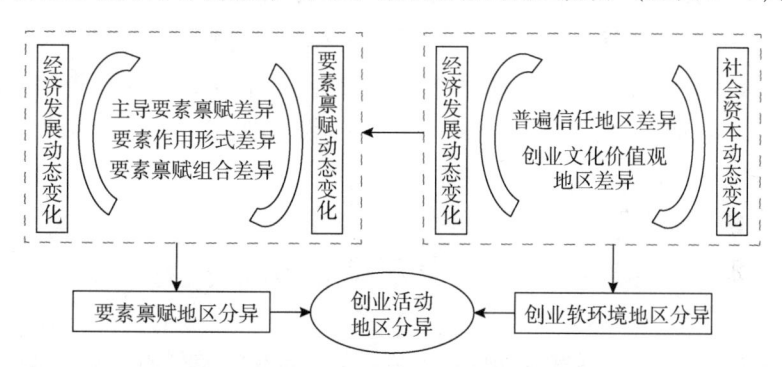

图2-3 创业活动地区分异的理论分析框架

第三章

创业活动地区分异的测度及其时空变化

中国地域辽阔,创业活动在区域之间存在巨大的水平差异。那么,到底哪些省份创业水平高?哪些省份创业水平低?全国创业水平呈现什么样的分布格局?不同板块之间有什么差异?地区和地区之间有没有相关性?不同类型的创业活动又呈现什么样的分异趋势?本章以省级行政单位作为地理单元,通过31个省份2008—2016年的数据来呈现创业活动地区分异的时间和空间格局。

第一节 创业活动的衡量指标

在开始研究创业活动的区域差异之前,首先需要说明本书创业活动的衡量指标。已有研究中对于如何衡量创业活动水平主要有四种做法。

第一种做法,使用就业数量或就业比值。使用就业数量的方法源自OECD的"自我雇佣率"。自我雇佣率是一个比值数据,其分子是自我雇佣人数,分母则可能为总劳动力、就业总人口、总人口等相关人口数量。然而,自我雇佣人数并不能直接从相关统计中获得,因此,一些学者采用了变通的手法,如李宏彬等(2009),高兴民、张祥俊(2015)在研究中使用个体和私营企业所雇佣的工人数占就业人口的比例;王琨、闫伟(2016)则使用私营和个体雇佣率的净变化率。比"自我雇佣率"进一步的是"企业主比率",即企业主占劳动力人口的比率。Audretsch和Thurik(2001)利用这个指标计算了23个OECD

国家1974—1998年的创业率。韦吉飞（2010），古家军（2012），郑可、卢毅（2018）的研究选取各地区历年农村私营企业投资者占农村就业总数的比例来表示农民的创业率。

第二种，使用新企业数量或比值。新企业的成立数是常见的创业活动的衡量指标。国外学者如Glaeser（2010）、Santarelli（2012），国内学者如林嵩（2012）、林苞（2013）、郭琪等（2014）、蒋含明等（2014）、王军辉（2014）、单鹏等（2015）皆使用该数据。该数据有时候会被除以劳动力总数或人口总数，转化成人均新企业数。

第三种，使用全球创业观察（GEM）对创业的测度。该做法其实是第一种做法和第二种做法的细化和深化。全球创业观察在测度创业水平前，首先严格定义了新生企业家和新生企业。只有已经创办企业并发薪水给员工超过4个月且低于42个月的企业主才是新生企业家，成立时间不超过42个月的企业才能算新生企业。在这一界定下，GEM建立了TEA指数和CPEA指数。TEA指数与上述第一种情况类似，又被称为全员创业活动指数，是区域成年新生企业家的数量与区域成年人口总数之比。CPEA指数与上述第二种做法类似，又被称为中国私营企业创业指数，是区域3年内连续新生企业数与区域内部15—64岁的人口数相除所得到的比值。GEM是国际上享有盛名的研究创业活动的机构，它所倡导的统计方法被广泛应用于不同国家和地区的创业水平测度，具有一定的权威性。国内学者石书德、高建（2009）、刘刚（2012）、汤勇（2014）、齐玮娜（2014）、李政（2017）等均在实证研究中采用了CPEA指数。齐玮娜（2014）还根据CPEA指数演化出了中国个体户创业指数，即3年连续新增的个体户数与区域内劳动力人口相除所得之比。

第四种做法则为融合多个指标的综合性指数。如宋来胜等（2013）私营企业工业总产值比重与个体、私营企业从业人员比重的加权值来衡量创业水平。张秀艳（2016）以创业态度、创业能力和创业意愿三者作为一级指标，融合了CPEA、就业人口等各个具体分指标构建了中国创业发展指数CEDI。

第四类指标由于计算麻烦，且指标选取不同结果差异极大，在实际运用中不具有很强的操作性,本书先将之排除在外。剩下的三种操作办法也各有缺陷。首先,使用第一种做法需要有详细的自雇人员数据或企业投资人数据。但是很多自雇活动并未登记注册,一个企业的实际投资人也往往不止一个,工商注册登记无法将这些隐形的自雇者和创业投资者涵盖进来。虽然可以变通为就业人数占总人数之比,但是不同创业活动规模中,就业人数和创业人数的比值相距甚远,所以用该方法的估计结果与实际创业水平出入较大。其次,使用新企业数量来衡量创业水平本身是一个非常好的思路,但是如何定义为"新",这是一个难题。创业是一个持续的过程,并不局限于成立当年。根据本书对创业的定义,"创业是个体、团队、组织机构等不同规模的创业主体相对于自身而言的创新性经济行为,即创业主体从事自身从未经历的经济业务的尝试之举",这意味着创业活动并不局限于新创企业。因此,无论是使用当年的新企业数还是CPEA的三年内成立的新企业数,都不可避免地窄化创业阶段,使创业活动的数值估计偏低。再次,创业活动并不仅仅被局限在私营企业,个体从事小规模的工商经营也是创业活动。新企业成立数和CPEA均只着眼于私营企业的创业活动,将个体户小规模经营性创业活动排除在外,而我国某些省份和地区仍然以个体经营性的创业活动为主,使用新企业数量将无法准确评价各个地区创业活动的水平。复次,本书实证研究将使用面板数据,而CPEA使用连续三年新增企业数量作为创业活动的代理指标,连续年份之间的数据存在严重的相关性,这会大大削弱统计分析和计量验证的准确性。最后,上述企业新增数量是一个流量指标。由于各个省份创业活动所处的阶段不同,不同地区的个体工商户和私营企业的流量变化相异甚大。比如北京和上海两地登记在册的个体工商户数量近几年持续下降,虽然登记在册的私营企业的数量在持续上升,但个体工商户数下降的绝对值大于私营企业的新增值。这意味着,无论是以个体工商户的新增数还是以个体工商户和私营企业的总数的新增数作为创业活动的衡量指标,北京和上海两地的创业水平将会是一个负数,流量指标所描述的状况和现状明显不符。

基于上述讨论,本书抛弃了新增流量的思路,使用存量作为创业活动的代理指标。具体而言，本书使用各个年度登记在册的个体工商户数和私营企业数之和作为区域创业活动的代理指标，以求如实反映不同地区的创业活动水平。经济地理学视角下的创业研究着重于不同区域中创业者和创业行为的频率和数量，以及不同区域之间创业者和创业行为频率、数量的差异，需要的是能够连续反映一段时间内区域创业水平和创业变化的统计性指标。存量指标的稳定性能够满足本书研究的要求。

第二节 创业活动绝对水平的地区分异

一 研究方法

近年来，随着计算机技术的飞跃进步，收集和挖掘海量大数据成为可能，探索性数据分析（Exploring Data Analysis，EDA）得到大量发展。探索性数据分析的特点是不对数据来源的总体做任何假设，仅使用统计图表、图形和统计概况方法对数据特征进行描述和概况，其核心是"让数据说话"。EDA 利用视觉化方式对数据做一个初步分析，在初步分析后研究者可以建立适宜的复杂模型。本节借助 ArcGIS 软件，对省域单元的创业活动的绝对数据进行探索性分析。

二 创业活动绝对水平的地区分异分析

除了港澳台地区，中国有 31 个省级行政区划单位。31 个省级行政区划单位的面积、人口、资源差异巨大，那么到底哪些省份创业活动数量大，哪些省份创业活动数量小，各个省份在全国 31 个省份中的排名又如何呢？本节使用 ArcGIS 中的 Jenks 自然断点法，将 2008—2016 年度各个省份创业活动绝对数量划分成高水平、中高水平、中低水平和低水平四个梯队，对应第一、第二、第三和第四梯队来描述全国各个省份创业活动的基本水平，结果如表 3-1 所示。

表 3-1　　各省创业活动绝对水平的梯队度划分

年份	第四梯队	第三梯队	第二梯队	第一梯队
2008	西藏、青海、甘肃、宁夏、天津、海南	新疆、内蒙古、黑龙江、吉林、山西、陕西、重庆、贵州、云南、江西、福建、上海	辽宁、北京、河北、河南、安徽、湖北、湖南、广西	四川、山东、江苏、浙江、广东
2009	西藏、青海、甘肃、宁夏、天津、海南	新疆、内蒙古、黑龙江、吉林、山西、陕西、重庆、贵州、云南、江西、福建、上海	辽宁、北京、河北、河南、安徽、湖北、湖南、广西	四川、山东、江苏、浙江、广东
2010	西藏、青海、宁夏、天津、海南	新疆、内蒙古、黑龙江、吉林、山西、陕西、重庆、贵州、福建、甘肃、上海	辽宁、北京、河北、河南、安徽、湖北、湖南、江西、广西、云南	四川、山东、江苏、浙江、广东
2011	西藏、青海、宁夏、天津、海南、新疆、甘肃	内蒙古、黑龙江、吉林、山西、陕西、重庆、贵州、云南、江西、福建、北京、河北、上海、安徽、湖南、广西	辽宁、山东、河南、湖北、浙江、四川	江苏、广东
2012	西藏、青海、甘肃、宁夏、新疆、天津、海南	内蒙古、黑龙江、吉林、山西、陕西、重庆、贵州、云南、广西、江西、福建、北京、上海	辽宁、河北、河南、安徽、湖北、湖南、四川	山东、江苏、浙江、广东
2013	西藏、青海、甘肃、宁夏、新疆、海南、天津	内蒙古、黑龙江、吉林、辽宁、北京、河北、山西、陕西、河南、安徽、重庆、贵州、云南、湖南、广西、江西、福建、上海	山东、四川、湖北、浙江	江苏、广东
2014	西藏、新疆、青海、甘肃、宁夏、天津、海南	内蒙古、黑龙江、吉林、辽宁、北京、河北、山西、陕西、安徽、重庆、贵州、云南、湖南、江西、福建、广西、上海	四川、河南、湖北、浙江	山东、江苏、广东

续表

年份	第四梯队	第三梯队	第二梯队	第一梯队
2015	西藏、新疆、青海、甘肃、宁夏、天津、海南	内蒙古、黑龙江、吉林、辽宁、北京、山西、陕西、安徽、重庆、贵州、云南、湖南、江西、福建、广西、上海	四川、河南、湖北、浙江、河北	山东、江苏、广东
2016	西藏、新疆、青海、甘肃、宁夏、天津、海南	内蒙古、黑龙江、吉林、辽宁、北京、山西、陕西、安徽、重庆、贵州、云南、湖南、江西、福建、广西、上海	四川、河南、湖北、浙江、河北	山东、江苏、广东

第四梯队即低水平梯队主要包含了西藏、青海、宁夏、新疆、甘肃、海南和天津7个省份。其中，西藏、青海、宁夏、天津和海南在2008—2016年一直处于低水平梯队；新疆在2008—2010年尚处于中低梯队，2011年跌入了低梯队；甘肃曾经在2010年跃入第三梯队，但只是昙花一现。西藏、青海、宁夏、新疆和甘肃位于我国的西部地区，属于我国经济发展落后的省份，周边也没有其他强省可以带动它们发展创业活动，因此，这些省份创业活动处于水平最低梯队，是和它们经济发展状况的现实相符合的。海南省面积较小，经济发展水平也不高，但是它地处我国南海，与之相邻的是我国创业活动最发达的省份广东。可能因为相对独立，又与广东不直接接壤，受到广东的辐射效应较少，所以海南省整体创业水平也比较落后。但是，天津既不是西部省份，也不是经济发展落后的地区，还是我国的四大直辖市之一，其创业活动水平列在第四梯队，着实让人吃惊。但是，考虑到其他三大直辖市的创业活动水平也大多处于水平相对较低的梯队，说明直辖市在创业活动上并没有优于其他省份。另外，天津国有经济发达，个体工商户和私营企业处于被抑制状态，其创业热情较低，所以创业数量较少有其根源。

第三梯队是创业活动中低水平梯队，也是包含省份数量最多的梯队。从地理位置上看，位于我国北方的内蒙古，东北的黑龙江、吉林，中部的山西、陕西、重庆、贵州，南部的云南、广西，以及东部江西、福建等和上海，均落入该梯队。第三梯队也是波动最大的梯队，包含省份数量在 2010 年最少，只有 11 个，占全国 1/3；在 2013 年数量最多，有 18 个省份，占全国将近 60%。在所有的这些省份中，北部、东北、中部、南部省份的 GDP 水平总体不高，创业活动位列第三梯队的现实与其经济发展水平相符合，但是东部上海和福建却是例外。观察期内，上海在 31 个省份中 GDP 水平居于 7—11 位，福建的 GDP 水平居于 9—14 位，如果与经济发展水平相适应，那么创业活动应该可以在某些年份进入第二梯队。但是这两个省市一直处于第三梯队。从现实来看，福建人的创业热情并不低，但是福建人"行商"的特性很强，即很多人走出本地、走出福建到全国其他地方创业，这可能影响了福建本土创业活动的数量。而上海作为我国最发达的城市，人才、资源高度集聚，竞争极其强烈，无形中提高了创业活动的准入门槛，这可能限制了上海创业活动的总体数量。北京是在 2011 年开始才跌入第三梯队的。从这一年开始，第一和第二梯队的省份数量减少，两个梯队加总约 10 个省份。按照北京在全国 GDP 排名第 12、13 的位置，其创业活动水平掉入第三梯队也符合情理。从总体看，第三梯队的省份数量随着年份逐渐增加，有扩容的趋势。

第二梯队是创业活动中高水平梯队。第二梯队的发展经历了三个阶段。第一个阶段是 2008—2010 年，这个阶段第二梯队所包含的省份比较稳定，主要是辽宁、北京、河北、河南、安徽、湖北、湖南、广西八个省份，2010 年还加上了江西和云南。第二个阶段是 2011—2014 年。这一阶段第二梯队变化频繁，有一些省份如北京、河北、湖南、辽宁离开第二梯队掉入了第三梯队，又有一些省份如浙江、四川、山东从第一梯队掉入了第二梯队。第三个阶段是 2015 年后，第二梯队在动荡变化后保持稳定，浙江、四川、河北、河南、湖北的地位稳固。总体而言，第二梯队的总体规模存在明显缩小的趋势，观察期初维持在 8—10 个省份，到了观察期末只剩下 5 个省份。从具体省份看，辽宁省 2013 年后创业活动数量跌出了第二梯队，这为后来该省 GDP 增速断崖式下跌埋下了伏笔。河南的 GDP 总量排名在 2008—2010 年居于全国第六，2011—2016 年居于全国第五，创业活动水平仅在 2013 年跌出了第二梯队，说明创业水平和经济水平密切相关。倒是安徽，经济总量在全国处于第 14、15 名的位置，创业活动在 2012 年前基本上维持在第二梯队，直到 2013 年才跌出第三梯队。

第一梯队是创业活动高水平梯队，也是包含省份数量最少的梯队。第一梯队最主要的成员是江苏、广东和山东。前两者一直处于第一梯队，山东仅在 2011 年和 2013 年落入第二梯队。三者稳固地代表着全国省域单元创业活动的最高数量水平，也代表着创业活动增速的最高水平。四川和浙江在 2008—2010 年也位列第一梯队，但 2010 年后，四川彻底跌入第二梯队，浙江也只在 2012 年出现在第一梯队。这表明，与广东、江苏、山东三省强有力的增长势头相比，四川和浙江的增长速度略逊一筹。与这些省份创业活动的高水平相呼应的是，广东、江苏、山东和浙江也是中国经济总量水平最高的四个省。相形之下，四川的经济总量能够从 2008 的全国第 11 位上升到 2014 年的全国第 8 位，与该省规模巨大的创业活动应该密不可分。

创业活动水平四个梯队的分布，蕴含了以下规律性。

首先，创业活动水平和各个省份的经济总量有很大的关系。经济总量较高的省，创业活动基本上也处于较高的梯队。经济发展水平较弱的省，创业活动更可能处于水平较低的梯队。但是这两者之间的关系不是一一对应的。比如四川、安徽等省份，都出现了创业活动较之经济总量更偏向活跃的现象，而直辖市天津、上海、北京和重庆，创业活动较之经济总量更偏向不活跃。

其次，我国创业活动的绝对值差异在扩大，出现了"强者更强、弱者更弱"的马太效应。总体上看，第一梯队和第二梯队所包含的省份数量在下降，而第三、第四梯队在扩容。全国各个省份创业活动绝对数量都在增长，但是越来越多的省份却跌入了低一个层次的梯队，这间接说明了各个省份创业活动数量增长的速度并不一致。更多省份创业活动增长速度低于平均水平，因而从上一个梯队掉入了下一个梯队，导致高水平梯队的省份数量减小，低水平梯队的容量更大。

再次，从时间上看，2008—2010年我国创业活动绝对水平的格局基本保持不变，但是2011年后波动较大，2014年后又趋向稳定。2008年和2009年四个梯队的分布态势完全相同，2010年略有变化，甘肃、云南、江西都跃升到上一个级别。但是到了2011年，第一梯队的四川、山东、浙江落入了第二梯队，第二梯队有7个省份跌入了第三梯队，第三梯队增加到了16个省份。此后的2013年也出现了比较明显的梯队变动。这说明2011年后各个省份创业活动的固定格局被打破了，省份之间的发展和变动差异较大，尤其是2013年和2014年，各省创业活动蓬勃兴起，形成了一些新的格局。至于2015年和2016年的稳定状态，还需要后续年份数据补充进一步观察。

最后，创业活动的绝对数量水平从我国西部往东部逐渐上升，呈现梯度变化。西部省份整体上创业活动绝对数量较低，主要分布在第四梯队；北部和中部省份大多落入第三梯队；第二和第一梯队的成员主要是东部省份。整个观察期内虽然各个梯队内部成员有所变动，但是这一整体趋势没有得到改变。

另外需要说明的是北京和上海。传统上，我们认为像北京、上海这样的一线城市，人口密集，集聚效应突出，充斥着高科技人才和大量的金融资本，应该是创业活动最活跃的地区。但是数据告诉我们，这不是事实。创业活动和经济体量有直接关系，北京、上海的总体经济体量尚无法和广东、江苏、浙江媲美，人、财、物的大量集聚又推高了创业准入门槛，因此创业活动的数量上并不比其他省份更突出。我们之所以更多关注到这两个城市，是因为一线城市的创业形式更加新颖，创业内容更加前沿，创业规模更加巨大，创业效果更加突出，创业活动的国际性更胜一筹，媒体报道更加聚焦。另外，本书关注的创业活动是私人领域的创业活动，以个体工商户和私人企业的数量来衡量创业活动水平。而北京和上海的国际性是其他地区无可比拟的，每年新增的外资企业、中外合资企业数量非常多，这一部分被排除在本书的研究之外，也使北京、上海的创业活动不那么凸显。总而言之，创业活动是具有多维度视角的经济活动，本书关注普遍的、一般性的创业活动，而北京和上海在一般性创业活动的数量上并没有特别的优势。

第三节 创业活动相对发展水平的地区分异

上一节主要通过各个年份的绝对数量来反映创业活动水平的地区分异情况。考虑到省域单元的基础不同,绝对数量的分析不能全面准确反映各个省份的不同发展情况。本节从创业活动数量变化的相对发展视角出发,利用相对发展率指标来观察创业活动的地区分异。

一 测度指标

测度不同地区的创业活动发展,可以使用 NICH 指数。NICH 指数是相对发展率的指标,表示某一地域单元在特定时期内特征值的变化与同一时期内整个地区特征值变化的比值,其公式为

$$\text{NICH} = \frac{x_{it} - x_{it-1}}{x_t - x_{t-1}} \tag{3-1}$$

其中,NICH 表示相对发展率指数,x_{it} 表示第 i 个地域单元在第 t 年的特征值,x_{it-1} 表示第 i 个地域单元在第 $t-1$ 年的特征值,x_t 表示整个地区在第 t 年的特征值,x_{t-1} 表示整个地区在第 $t-1$ 年的特征值。

具体到本节研究的问题上,NICH 指数是各个省份创业活动数量的相对增长速度,x_{it} 和 x_{it-1} 表示第 i 个省在第 t 年和第 $t-1$ 年的创业活动数量,x_t 和 x_{t-1} 表示全国在第 t 年和第 $t-1$ 年的创业活动数量。

二 创业活动相对发展水平的地区分异分析

根据式(3-1),计算全国31个省份在2008—2016年创业活动数量的 NICH 指数。在 ArcGIS 中使用 Jenks 自然断点法,将各个年份的 NICH 指数按其大小分成四类,分别为创业活动高增长、中高增长、中低增长和低增长四个梯队,得到表3-2。

表 3-2　　　　　　各省创业活动相对发展率的梯队划分

年份	低增长	中低增长	中高增长	高增长
2008	新疆、西藏、青海、宁夏、天津、云南、江西	甘肃、内蒙古、黑龙江、吉林、辽宁、北京、山西、陕西、安徽、重庆、贵州、广西、海南	四川、河北、山东、河南、湖北、湖南、浙江、福建、上海	江苏、广东
2009	新疆、西藏、青海、宁夏、天津、陕西、河北、海南	黑龙江、吉林、甘肃、山西、北京、重庆、贵州、广西、福建、上海	内蒙古、辽宁、四川、云南、河南、湖北、湖南、安徽、江西、浙江	山东、江苏、广东
2010	新疆、西藏、青海、宁夏、甘肃、陕西、重庆、贵州、广西、海南、北京、天津、河北	内蒙古、黑龙江、吉林、辽宁、山西、安徽、湖北、福建、上海	四川、云南、山东、河南、浙江、江西、湖南、广东	江苏
2011	新疆、西藏、青海、宁夏、广西、海南、北京、天津	内蒙古、甘肃、陕西、山西、黑龙江、吉林、辽宁、安徽、江西、贵州、云南、福建、上海	四川、重庆、湖南、河北、山东、浙江	河南、湖北、广东、江苏
2012	新疆、西藏、青海、甘肃、宁夏、北京、天津、海南	内蒙古、黑龙江、吉林、辽宁、河北、山西、陕西、安徽、江西、福建、广西、上海	四川、云南、重庆、贵州、湖南	江苏、广东、浙江、山东、河南、湖北
2013	新疆、西藏、青海、宁夏、山西、河南、北京、天津、辽宁、海南	甘肃、内蒙古、黑龙江、吉林、河北、陕西、安徽、浙江、上海、重庆、云南、贵州、湖南、江西、福建、广西	山东、江苏、四川	湖北、广东
2014	新疆、西藏、青海、四川、宁夏、天津、江苏、海南	甘肃、内蒙古、黑龙江、吉林、辽宁、北京、山西、重庆、江西、云南、广西、上海	陕西、河北、安徽、浙江、湖南、贵州、福建	广东、山东、河南、湖北
2015	西藏、青海、宁夏、湖南、黑龙江	内蒙古、吉林、辽宁、北京、天津、山西、河南、安徽、江西、湖北、广西、贵州、重庆、陕西、甘肃、云南、新疆、上海、海南	河北、江苏、浙江、福建、四川	广东、山东

续表

年份	低增长	中低增长	中高增长	高增长
2016	西藏、青海、内蒙古、宁夏、江西、湖北	新疆、甘肃、四川、云南、广西、贵州、重庆、陕西、山西、湖南、吉林、辽宁、黑龙江、海南、北京、天津、上海	河南、安徽、浙江、福建	河北、山东、江苏、广东

观察表 3-2，可以发现几个变化趋势。

首先，高增长梯队有逐渐扩容的趋势，从最初的 2 个省到后期的 4 个省。广东和江苏是所有省份中相对发展率最高的省份，但两者发展率的态势不同：广东仅在 2010 年跌入中高梯队，其余年份一直处在第一梯队，无论是创业活动的绝对数量还是创业活动的相对增长，始终保持领头羊的姿态，理所当然是我国创业活动最发达的地区。江苏省的创业活动的绝对数量也在全国各省中遥遥领先，但是其创业活动的相对发展率出现了波动：2008—2012 年一直处于高发展率的第一梯队，2013 年后下降到第二梯队，2014 年更是跌到了低增长的第四梯队，此后又分别在 2015 年和 2016 年回归到中高梯队和高增长梯队，这种波动性应该引起相关部门高度重视，是偶然因素造成的还是存在长期隐患。此外，湖北、河南、山东等省份发展态势强劲，山东、湖北、河南在观察期内进入高增长梯队的次数分别是 5 次、4 次和 3 次，说明这些省份的创业活动数量在高速发展。值得注意的是，所有在高增长梯队的省份都是东部沿海或在我国版图中偏东的省份。

其次，中高增长梯队波动较大。中高增长梯队所囊括的省份数量较少，在 3 个到 10 个之间波动。其中地位最稳定的是四川和浙江，两者在中高增长梯队中分别出现 8 次和 7 次，这和它们创业活动绝对数量在全国的排名保持一致。浙江省的经济体量大，创业活动起步早，创业人数多，能够保持高的绝对数量和高的增长率有其历史基础。四川的经济发展水平较浙江要弱，创业活动的历史也不长，其周边省份的创业活动活跃度也相对较低。在这种情况下，四川创业活动不仅能够有高的基数，还有高的增长率，实属不易。除了这两个省，湖北、河南、山东等省份也经常在高增长梯队和中高增长梯队中徘徊。

再次，中低增长梯队是四个梯队中的主力军。除了 2009 年和 2010 年，中低增长梯队在其他年份所包含的省份数量都位居第一，尤其是 2013 年、2015 年和 2016 年，梯队成员数达到了中国省份总数的一半以上。中国北方省份诸如内蒙古（除 2009 年、2016 年）、甘肃（除 2010 年和 2012 年）、黑龙江（除 2015 年）、吉林、辽宁（除 2009 年和 2013 年）、山西（除 2013 年），以及南方的广西（除 2010 年和 2011 年），均为中低增长梯队的常客。安徽和贵州在中低增长梯队中出现了六次，其中，安徽在中低增长梯队和中高增长梯队中摇摆，贵州则在低增长、中低增长和中高增长梯队中跳跃。云南和福建在中低增长梯队出现了五次，其中，福建在 2014—2016 年间始终停留在中高阶段，表现了向中高增长跃迁的趋势。而云南仅有 2008 年停留在低增长梯队，其余年份主要在中低增长和中高增长之间徘徊。四大直辖市中，北京（在 2010—2013 年间处在低增长梯队）、上海（2008 年为中高梯队）、重庆（2010 年低增长梯队，2011 和 2012 年中高增长梯队）也常常名列中低增长梯队。中低增长梯队的成员分布和创业活动绝对发展水平的第三梯队分布基本保持一致。

最后，低增长梯队波动最小，稳定性强，且数量在缩小。西藏、青海、宁夏等西北省份是低增长梯队的固定成员，新疆（2015—2016 年为中低梯队）和海南省（2008 年、2015 年和 2016 为中低梯队）在低增长梯队和中低增长梯队中变动，但是以低增长梯队为主。它们不仅是中国创业活动绝对数量最低的省份，也是发展速度最慢的省份。要重点关注的是北京。北京的创业活动的绝对数量从中高梯队跌入了中低梯队，与之对应的是创业活动的相对增长率从中低增长集团跌入了低增长集团（2010—2013 年）。如果继续按照这个趋势，很可能北京的创业活动相对中国的其他省份来说，所占的比重会越来越小。当然，仅仅从创业活动的绝对数量和增长数量来衡量北京的创业水准并不科学，毕竟作为中国的首都，在人力资本、科学技术水准、金融发达程度和制度环境规范都明显高出我国其他省份的情况下，北京的创业门槛显然比其他省份要高出很多。

分析创业活动相对发展率的四个梯队的状况，大致可以得到如下结论：

第一，创业活动绝对数量水平和创业水平相对发展率之间存在一定的对应关系。研究发现，很多省份在相同的年份所属的梯队是一样的，即创业活动绝对数量高的省份，也经常是创业活动相对发展率比较高的省份，比如广东和江苏；创业活动绝对数量低的省份，也经常是创业活动相对发展率比较低的省份，比如新疆、西藏、天津、海南等。强者越强、弱者越弱的马太效应比较明显。

第二，我国总体上创业活动相对发展率还比较低。2008—2016年，低增长和中低增长梯队的省份数目在18—26个之间波动，中高增长和高增长梯队的省份数目在5—13个之间波动，低增长和中低增长梯队的省份数量大约是中高和高增长梯队省份数量的2倍左右，这说明低速率梯队是主力军。

第三，低增长和中低增长梯队的创业活动相对发展率在观察期内没有出现显著变化，但是中高和高增长梯队的变化比较明显。低增长和中低增长梯队的数量没有发生太大变化，省份跃进的迹象也不明显。而中高增长梯队的数量逐渐缩小，高增长梯队的省份数量逐渐扩大，两者出现了你减我增的相反趋势。中高增长梯队的省份如湖北、山东、河南向高增长梯队跃进的态势比较明显，这是一个好的现象，表明这些省份要加速增速发展创业活动。但我们也要注意到从中低梯度跃入中高梯队的省份很少，表明这个层次的跃进存在一定阻碍。

第四，创业活动相对发展率在东、中、西部地区不一致，呈现从西往东逐渐升高的状态。对照各个年份不同省域单元创业活动相对发展率的梯队划分表，发现西部省份整体增长率较低，北部和中部省份集中表现为中等增速，而快速增长的省份一般都是靠近东部的省份。这说明西部地区相对发展率总体较低，中部地区的创业相对发展率居中，东部地区总体更高一些。整个观察期内虽然各个梯队内部成员有所变动，但是这一整体趋势没有得到改变。

另外需要说明的是四个直辖市。直辖市的创业活动相对发展率始终处于低水平状态。北京一直徘徊在低增长或中低增长梯队，上海在2008年尚处于中高梯队，此后跌入中低增长梯队，没有反弹。重庆身处内陆，但是和周边四川相比，创业活动增长也显得较弱，除了2011年和2012年进入了中高增长梯队，其余年份都停留在低或中低梯队。天津在四个直辖市中表现最弱，除了2015年和2016年进入中低梯队，其余年份都停留在低增长梯队。当然，如果仅仅从创业活动数量的增长率考虑，这4个城市创业活动增长率的低水平是可以理解的：毕竟和其他省份的总体体量相比，4个城市的体量相对较小，创业活动的数量也可能相应减少，创业活动的相对发展率主要还是由其创业活动的基数决定的。当然，我们也应该意识到，创业活动数量和创业活动的规模并不成比例。总体而言，这些城市创业活动数量虽少，但是单体创业活动的规模会更大一些，创业活动的经济效应也会更强一些。

第四节 创业活动地区分异的总体趋势

上两节从省域单元角度出发，审视各个省份创业活动的绝对数量和相对发展率的排名和梯队。这一节站在国家层面，审视所有省份之间创业活动地区分异的总体变化趋势，即随着时间的推移，地区分异到底是继续扩大，还是趋向收敛。

一 测度指标

地区差异分绝对差异和相对差异两个方面，其中绝对差异是不同地域单元之间发展水平的实际差异，可以使用平均数、最大值、最小值、极差、方差、标准差等统计指标予以度量；相对差异是指不同地域单元发展水平与平均水平的分异程度，可以使用变异系数（Coefficient of Variation，CV）、泰尔指数（Theil Index）、基尼系数（Gini Coefficient）、赫芬达尔-赫希曼指数（Herfindhal-Hirschman Index，HHI）等统计指标予以度量。

（一）平均数

平均数，又称均值，是统计学中最基本、最常用的一种平均指标，反映总体的集中趋势，具有反应灵敏、确定严密、简明易解、计算简

单、适合进一步演算等优点,但是容易受极端数据的影响。平均数中最常用的是算术平均数,其计算公式为:

$$\bar{x} = \frac{x_1 + x_2 + \cdots + x_n}{n} = \frac{\sum_{i=1}^{n} x_i}{n} \quad (3-2)$$

式中,$\bar{x}$ 表示平均数,x_i 是总体内部各个观测值,n 为观测值的个数。本书中的 x_i 即为各个省域单元创业活动的数量,n 为被观测的省域单元个数。

(二) 标准差

标准差是总体中各个观测值与其平均数离差平方的算术平均数的平方根。它反映总体内部各个观测值之间的离散程度。其计算公式为:

$$\sigma = \sqrt{\frac{\sum_{i=1}^{n}(x_i - \bar{x})^2}{n}} \quad (3-3)$$

式中,σ 是标准差,x_i 是总体中各个观测值,$\bar{x}$ 是 x_i 的平均值,n 为观测值的个数。

(三) 变异系数

变异系数又称标准差率,是衡量总体中各观测值变异程度的一个统计量,采用标准差和均值的比值来表示。变异系数的优点是消除了不同量纲的影响,因此能够在不同数据分布之间进行比较,变异系数越大,表明观测值分布的差距程度也越大。具体计算公式为:

$$cv = \frac{\sigma}{\bar{x}} = \frac{\sqrt{\frac{\sum_{i=1}^{n}(x_i - \bar{x})^2}{n}}}{\bar{x}} \quad (3-4)$$

式中,cv 为变异系数,其他符号含义同上。

(四) 基尼系数

基尼系数是指国际上通用的、用以衡量一个国家或地区居民收入差距的常用指标。基尼系数是比例数值,在 0 和 1 之间,其公式为:

$$G = \frac{1}{2n^2 \bar{x}} \sum_{i=1}^{n} \sum_{j=1}^{n} |x_j - x_i| \quad (3-5)$$

式中,G 为基尼系数,$|x_j - x_i|$ 是任何一对观测值差的绝对值,其他符号含义同上。

虽然基尼系数最开始被用于衡量收入分配的公平程度，但是目前已经被广泛借鉴到其他领域，用于描述事物在不同区域之间发展的均衡程度。本书使用该系数来描述各个省域单元之间创业活动水平的相对均衡性。

（五）赫芬达尔-赫希曼指数

赫芬达尔-赫希曼指数简称赫芬达尔指数，是测量产业集中度的综合指数，其计算公式为：

$$HHI = \sum_{i=1}^{n} (X_i/X)^2 = \sum_{i=1}^{n} S_i^2 \qquad (3-6)$$

式中，X 和 X_i 表示市场总规模和第 i 个企业的规模；$S_i = X_i/X$ 表示第 i 个企业的市场占有率；n 表示该产业企业数。HHI 取值在 $1/n$ 和 1 之间。若企业发展水平完全不均衡，HHI 为 1；当所有企业规模相同时，该指数等于 $1/n$；当 n 很大，且企业发展水平趋向平衡时，HHI 将趋向 0。

虽然 HHI 最开始用于描述产业集中度，但其他领域可以借鉴其方法计算不同事物在一定空间范围内的集聚程度。本书以各个省域单元的创业水平作为 x 值代入公式，可以验证创业活动在省域单元是否高度集中。

（六）泰尔指数

泰尔指数又名泰尔熵标准（Theil's entropy measure），是泰尔利用信息理论中的熵概念来计算收入不平等而得名，其表达式为：

$$T = \frac{1}{n} \sum_{i=1}^{n} \frac{y_i}{\bar{y}} \log\left(\frac{y_i}{\bar{y}}\right) \qquad (3-7)$$

式中，y_i 与 $\bar{y}$ 分别代表第 i 个体的收入和所有个体的平均收入。

泰尔指数有一个非常优良的性质，当总体包含多个子样本时，它能够将总差距分解成组间和组内差距，以判断两者对总差距的影响。记 T_b 与 T_w 分别为组间差距和组内差距，则泰尔指数进一步分解如下：

$$T = T_b + T_w = \sum_{k=1}^{K} y_k \log \frac{y_k}{n_k/n} + \sum_{k=1}^{K} y_k \left(\sum_{i \in g_k} \frac{y_i}{y_k} \log \frac{y_i/y_k}{1/n_k} \right) \qquad (3-8)$$

泰尔指数可以被分解的这个性质在解释实际问题时非常有用。我国区域辽阔，各个不同区域之间差异巨大，所以全国层面的总体差异可以被分解为不同区域之间的差异和区域内部的差异，从而分析不同差异的变化过程及其对总体差异的影响。比如将全国分成东、中、西三大板块，三大板块之间的差异就构成了组间差异，三大板块内部各个省份的差异就构成了组内差异，可以分别观察这两种差异的变化，以及这两种差异对全国总差异的贡献度。

二 创业活动地区分异的总体趋势

利用 R 语言中用来计算不均衡指标的扩展包 ineq，计算出全国 31 个省份创业活动数量的总量、增长率、标准差、变异系数、基尼系数和赫芬达尔指数，结果如表 3－3 和图 3－1 所示。

表 3－3　　　　全国 31 个省份创业活动地区分异指数

年份	均值	标准差	变异系数	基尼系数	赫芬达尔指数
2008	115.3145	84.3348	0.7313	0.3851	0.04951
2009	127.0177	92.7356	0.7301	0.3831	0.04945
2010	138.6581	101.3157	0.7307	0.3824	0.04948
2011	152.3906	110.3859	0.7244	0.3794	0.04918
2012	165.9677	118.3041	0.7128	0.3749	0.04865
2013	183.5548	130.6496	0.7112	0.3716	0.04860
2014	210.6584	147.5689	0.7005	0.3698	0.04809
2015	236.0058	166.8622	0.7070	0.3706	0.04838
2016	265.7781	192.6463	0.7248	0.3766	0.04921

观察表 3－1 和图 3－1，可以总结全国不同省份创业活动的地区分异的趋势。

首先，创业活动数量在不断上升，增幅上扬。

图 3－1 显示，2008—2016 年，全国创业活动数量逐年稳步增长，从 3574.75 万户增加到了 8239.12 万户，增长了 130.48%。从增速来看，每年的增幅维持在 8.5%—15%，年平均增长率为 10.74%。从增长趋势来看，2008—2012 年创业活动的增幅维持在 10% 以下小幅波

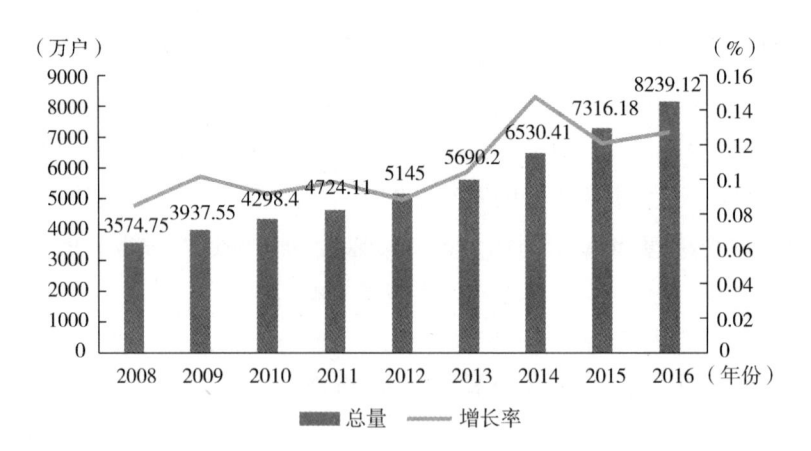

图 3-1　2008—2016 年全国创业活动总量及增长率

动，但是 2013 年后增幅上升，2014 年增幅将近 15%，此后维持在 12% 的水平以上。显然，2013 年后"大众创业、万众创新"的浪潮开始席卷中国大地，创业活动发展进入新阶段。

其次，各省之间创业活动绝对差距呈扩大趋势。

在创业活动整体数量不断上升的同时，2008—2016 年全国各个省份创业活动的标准差也在稳步的、不间断地攀升，从 84.3348 扩大到 192.6463，上涨了 128.43%。标准差反映了各个观察值离均值的距离，这一数值扩大，意味着不同省份之间创业活动的绝对数量差距在增长。我们可以从广东和西藏之间的对比得到验证。广东是我国创业活动绝对数量最大的省份，西藏则是我国创业活动绝对数量最小的省份。2008 年广东的创业活动数量比西藏多 367.07 万户，到 2016 年，这一差距扩大到 840.66 万户。省域单元创业活动强者越强的态势非常明显。

再次，各省之间创业活动相对差距先缩后扩。

变异系数是相对均值的标准差的平均距离。从变异系数来看，我国各个省份创业活动数量的相对差距呈缩小趋势。2008—2014 年变异系数在波动中下降，从 0.7313 减少到 0.7005，下降 4.21%。但是 2015 年和 2016 年该系数又再次扩大，回升到 0.7248。无论缩小还是扩大，各个省份创业活动相对差距变化幅度都很小，变异系数的变化几乎都在小数点之后第二和第三位才能观察得到,这说明目前已有创业活动格局比较固定。另一方面,该数值在 2014 年后再次扩大,提示我们,2014 年后的创业热潮在各个省份的热度不一,在创业强省的热度上升可能更快。

最后,创业活动的总体差距和空间集中度下降后上升。

2008—2014 年,中国各个省份创业活动数量的基尼系数从 0.3851 下降到了 0.3698,下降了 3.97%。基尼系数下降表明中国各个省域单元创业活动的分布不均衡的差距在缩小,也说明各个省份鼓励创业活动的政策取得了一定的成效。创业活动的赫芬达尔指数在 2008—2014 年从 0.04951 下降到了 0.04809,表明中国各个省份创业活动的集中程度在下降,虽然这种下降非常微弱,但至少意味着创业活动在地理空间上的趋同。两者的同步变化说明中国各个省域单元的创业活动的总体差距在 2014 年前以非常缓慢的速度在缩小,呈现了微弱的的空间趋同性。然而,2014 年后,无论是基尼系数还是赫芬达尔指数都重新呈现上升的势头,超越了 2011 年的水平。结合前面变异系数的变化,可以判断,2014 年是一个转折点,创业强省对"大众创业"口号的响应甚于创业基础薄弱的省份。另外,需要说明的是,基尼系数被用于收入分配差距时,通常以 0.382 作为贫富差距的警戒线。而目前我国创业活动的基尼系数值在 0.38 左右,说明各个省份之间的差距还是相当可观的。

三 创业活动地区分异的板块比较

如前所述,不管创业活动的绝对数量还是相对发展率,自西向东都存在着显著差距。我国地域辽阔,各个省份之间差别很大。为了更清楚地了解创业活动地区分异的特征,本书依据我国区域规划发展战略和国家统计局的统计标准,将全国分成东部、中部和西部三大板块,进行板块之间的比较分析。具体划分如表 3-4 所示。

表 3-4　　　　　　　　东部、中部和西部省份划分

区域	省份（自治区、直辖市）
东部	北京、天津、上海、河北、山东、江苏、浙江、福建、广东、海南、辽宁
中部	黑龙江、吉林、山西、河南、湖北、安徽、湖南、江西
西部	内蒙古、新疆、宁夏、陕西、甘肃、青海、重庆、四川、西藏、广西、贵州、云南

（一）三大板块创业活动的基本特征

东、中、西三大板块包含的省份数量不同，不能计算总量指标。分别计算三大板块各个省份创业活动数量的平均值及其增长率，结果得到图 3-2。可以看出，三大板块的创业活动水平是不一样的，东部板块最高，中部板块其次，西部板块最低，这一结论印证了本章第一节绝对发展水平的梯度分布。三大板块创业活动的均值在观察期内都持续不断地增长，2014 年前同步变化水平较高，2014 年后分化扩大。从增长率来看，东部板块的增长率比较规律，呈先抑后扬的趋势，2012 年前逐步下行，此后大力攀升，年均增长率为 10.79%。考虑到东部地区创业水平的基数，这种幅度的增长率实属惊人。中部地区在 2013 年前较为平稳，此后剧烈波动，尤其是 2015 年降幅惊人，具体原因有待进一步考察，但即便如此，年均增长率也达到了 11.04%，在三个板块中名列前茅。西部地区在观察期内平均增长率为 10.42%，其中，2008—2010 年呈明显的倒 V 形，此后增幅稳步上升，在 2015

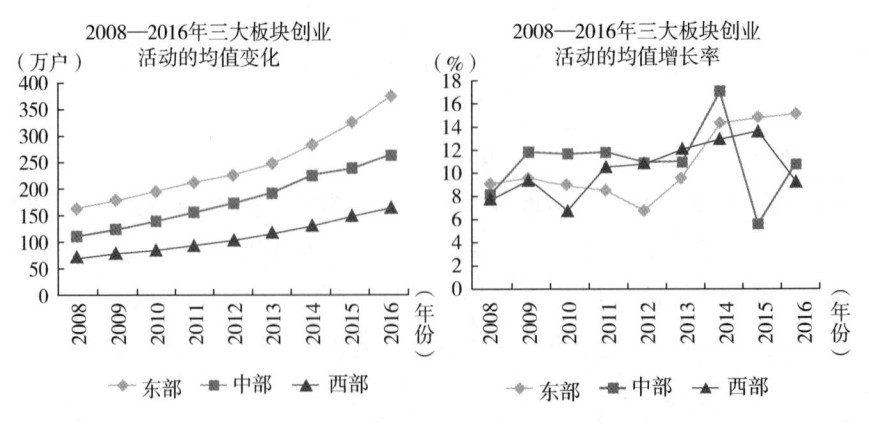

图 3-2　2008—2016 年三大板块创业活动的均值变化和增长率

年达到顶峰,随后大幅下挫。是东部地区的挤出效应还是西部地区自身的原因,仍有待于进一步考察。

(二)三大板块创业活动的结构分析

为了进一步对三大板块的差异程度进行分析,使用 matlab 计算全国层面和三大板块的泰尔指数,并进行一级嵌套分解,分别计算组内、组间差异的贡献,结果如表 3-5 和图 3-3 所示。

表 3-5　　　　创业活动 Theil 系数及三大板块贡献度

年份	全国	三大板块 数值	三大板块 贡献度	东 数值	东 贡献度	中 数值	中 贡献度	西 数值	西 贡献度
2008	0.2515	0.0560	0.2225	0.2302	0.4590	0.0439	0.0439	0.2793	0.2746
2009	0.2483	0.0577	0.2322	0.2281	0.4631	0.0431	0.0435	0.2643	0.2613
2010	0.2465	0.0575	0.2332	0.2301	0.4684	0.0397	0.0409	0.2603	0.2575
2011	0.2466	0.0597	0.2421	0.2304	0.4681	0.0347	0.0366	0.2617	0.2532
2012	0.2439	0.0570	0.2336	0.2328	0.4724	0.0389	0.0423	0.2556	0.2517
2013	0.2389	0.0521	0.2179	0.2343	0.4759	0.0421	0.0476	0.2528	0.2586
2014	0.2371	0.0492	0.2075	0.2385	0.4840	0.0460	0.0526	0.2447	0.2559
2015	0.2327	0.0507	0.2179	0.2324	0.4786	0.0565	0.0671	0.2254	0.2364
2016	0.2340	0.0523	0.2233	0.2278	0.4784	0.0564	0.0628	0.2224	0.2354

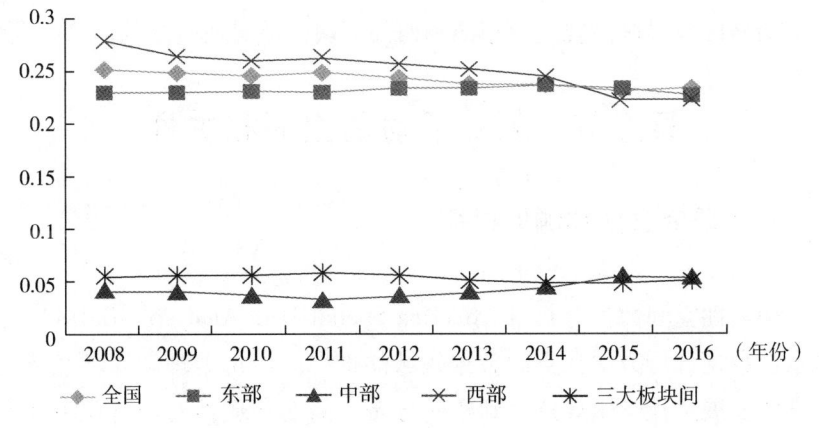

图 3-3　2008—2016 年全国及三大板块创业活动的 Theil 系数

总体来看，全国层面的泰尔指数在波动中下降，从 2008 年的 0.2515 下降到 2016 年的 0.2340，下降了 6.96 个百分点，表明创业活动地区分异在逐渐缩小。三大板块内部的泰尔指数变化趋势则不尽相同。东部地区泰尔指数在 0.2278—0.2385 波动，没有表现出明显的规律。中部地区泰尔指数在 2008—2011 年下降，而后反转回升，且回升速度较快，特别是 2014—2015 年，泰尔指数从 0.0460 跳到了 0.0565，上升了 22.83%，表明中部各个省份对 2014 年掀起的大众创业热潮的回应分化较大。西部地区则在波动中缓缓收敛，从 2008 年的 0.2793 下降到 0.2224，表明西部各个省份创业活动的上升趋势比较一致。三大板块之间的泰尔指数则螺旋式下降，其中 2012—2014 年下降明显，2015 年和 2016 年又有所回升。

从不同地带差异对全国总差异的贡献来看，东部各省间创业活动数量的差异对全国整体差异的影响最突出，泰尔指数的贡献度逐渐上升，从 2008 年的 45.90% 上升到 2016 年的 47.84%。同样呈上升趋势的是中部板块的贡献率，从 2008 年的 4.39% 上升到了 2016 年的 6.28%，但是中部板块对全国差异的总体贡献度很小。西部板块对全国差异的总体贡献度居中，在观察期内呈下降趋势，从 2008 年的 27.46% 下降到了 2016 年的 23.54%。三大板块之间差异贡献率在 20.75% 和 24.21% 间波动，无明显规律，在所有差异贡献率中位列第三。可见，全国创业活动地区分异则主要是由东部和西部板块的差异所贡献的。

第五节 创业活动的空间相关性

一 研究方法和测度指标

探索性空间数据分析（Exploring Spatial Data Analysis, ESDA）是探索性数据分析方法在空间数据领域的推广。经济地理学和新经济地理学的发展，让学术界意识到空间分布上的非均质性对经济现象和发展的重要作用。因此，概述空间数据的特征、探索空间数据中的模式、识别异常数据的分布位置、识别不同地域单位之间的空间联系等成为经济研究中重要的内容。探索性空间数据分析结合地理信息系统,将统计学的数值信息和图形图表相结合,形成可视化的空间信息以供分析和鉴别。目前比较流行的进行探索性空间数据分析的软件包括 GeoDa 和 ArcGis,这两种软件提供了多种进行探索性空间数据分析的工具。本书主要使用全局空间相关和局部空间相关的指标来分析创业活动在省域单元之间的联系。

(一) 全局空间相关性指标

描述全局性的空间相关关系的指标是 Moran's I 指数,该指数能反映出地理事物之间集聚、规则或随机的分布关系。Moran-I 指数计算公式如下:

$$I = \frac{n \sum_{i=1}^{n} \sum_{j=1}^{n} w_{ij}(x_i - \bar{x})(x_j - \bar{x})}{\sum_{i=1}^{n} \sum_{j=1}^{n} w_{ij}(x_i - \bar{x})^2} \qquad (3-9)$$

式 (3-9) 中,I 代表全局 Moran's I 指数,n 代表总体内的地域单元数量,X_i 和 X_j 是地域单元 i 和地域单元 j 的属性值,$\bar{x}$ 是各个地域属性值的平均值,w_{ij} 为空间权重矩阵,通常采用邻近标准或距离标准。本书采用一阶 ROOK 权重矩阵,以是否拥有共同边界判断两者之间的相邻关系,具有共同边界 $w_{ij}=1$,否者 $w_{ij}=0$。需要说明的是,在我国的 31 个省份中,海南省因为是海岛,不和陆地上的任何一个省份接壤,但是实际上它仍然受到周边省份的影响。因此在设定空间权重矩阵时,参考已有文献,将其设定为与广东省相邻。[①]

一般采用 Z 检验对 Moran-I 指数进行统计检验,其公式为:

$$Z_i = \frac{I_i - E(I_i)}{\sqrt{VAR(I_i)}} \qquad (3-10)$$

其中,$E(I_i)$ 为数学期望值,$VAR(I_i)$ 为方差。

Moran's I 统计量的取值范围为 [-1, 1]。如果大于 0,则表明呈现正相关,系数越大,相关性越强,意味着属性相似的地域单元在空间上聚集,即高—高 (H—H) 或低—低 (L—L) 地域单元聚集状态;

---

① 王庆喜、蒋烨、陈卓咏:《区域经济研究使用方法:基于 ArcGIS、GeoDa 和 R 的运用》,经济科学出版社 2014 年版,第 39 页。

如果小于 0，则呈现负相关关系，表示地域单元与其相邻的地域单元之间的属性值存在显著差异，即高—低（H—L）或低—高（L—H）地域单元聚集。如果指数接近于 0，表示空间分布是随机的，不存在空间自相关。

（二）局部空间相关性指标

局部空间相关性使用 Local Moran's I 指数（局部 Moran's I 指数，简称 LISA）来描述。该指数用来揭示空间地域单元与其相邻空间地域单元在特征值上的相似性或相关性，可以用来识别热点区域以及数据的异质检验。某一地域单元的 Local Moran's I 指数被定义为：

$$I_i = \frac{(x_i - \bar{x})\sum_{j=1}^{n} w_{ij}(x_j - \bar{x})}{\sum_{i=1}^{n}(x_i - \bar{x})^2/n} = Z_i' \sum_{j=1}^{n} w_{ij} Z_j' \quad (3-11)$$

其中，I_i 代表某一地域单元的 Local Moran's I 指数，分母 $\sum_{i=1}^{n}(x_i - \bar{x})^2/n$ 实际上是各个地域单元属性值的方差，Z_i' 和 Z_j' 是经过标准差标准化的地域单元属性值，其他符号含义同上。

Local Moran's I 指数的正负有重要意义。该值若为正，表示一个高值地域单元被另一个高值地域单元包围（高—高），或一个低值地域单元被另外的低值地域单元包围（低—低）。该值若为负，则意味着周边地域单元的属性特征和本地域单元的属性特征相反，即高值地域单元被低值地域单元包围，或低值地域单元被高值地域单元包围。

局部 Moran's I 指数和全局 Moran's I 指数之间存在联系，所有地域单元 Local Moran's I 指数的总和与全局 Moran's I 指数成比例。

如果在笛卡尔直角坐标系中，以 Z_i' 作为横坐标的取值，以 Z_j' 对应的空间滞后向量 w_z 作为纵坐标的取值，可以得到四象限的 Moran 散点图。第一象限表示 H—H 空间集聚关系，第二象限表示 L—H 空间集聚关系，第三象限 L—L 空间集聚关系，第四象限表示 H—L 空间集聚关系。

Local Moran's I 指数检验的标准化统计量为：

$$Z_i = \frac{I_i - E(I_i)}{\sqrt{VAR(I_i)}} \quad (3-12)$$

其中，$E(I_i)$ 为数学期望值，$VAR(I_i)$ 为方差。通过该显著性检验的区域以 LISA 显著性水平图显示。

二　创业活动的空间相关性分析

（一）全局空间相关性

运用 R 计算全局 Moran's I 指数得到表 3－6。结果显示，观察期内 Moran's I 由负转正，指数逐渐增大。但是所有年份的 Moran's I 指数在统计学意义上均不显著，说明 31 个省份的创业活动数量不存在确定性的空间联系。

表 3－6　　　　创业活动数量的全局 Moran's I 指数

年份	2008	2009	2010	2011	2012	2013	2014	2015	2016
MORAN'S I	－0.0194	－0.0053	0.0306	0.0388	0.0492	0.0389	0.0580	0.0569	0.0682
Variance	0.0132	0.0132	0.0132	0.0133	0.0133	0.0133	0.0134	0.0132	0.0131
p-value	0.4517	0.4035	0.2890	0.2655	0.2376	0.2653	0.2152	0.2165	0.1878

（二）局部空间相关性

运用 GeoDa 绘制局部空间相关的 Moran 散点象限图。虽然全局空间相关性不太显著，但象限图 3－4 仍然显示了某些规律。2008—2016 年，大多数省份分布在第一、第三象限，说明创业活动的数量大致上表现为正相关性。第三象限的省份数量较多，表明我国创业活动的整体数量仍然较少。总体来看，观察期内中国创业活动数量差异的空间局面基本维持稳定，H—L 区域散点数量有所减少，L—H 区域散点数量略有增加，表明创业活动两极分化的趋势并没有大的改变。

进一步看，2008—2016 年我国各个省份创业活动空间局部相关性有 4 个片区。首先是新疆，该省不仅自身的创业活动数量不多，与其相邻的周边省份的创业活动数量也不多，在观察期内自始至终都是 L—L 正相关空间关联模式，说明整片区域的创业活动都有待加强。其次是四川，该省为 H—L 负相关空间关联模式。四川是创业活动比较活跃的地区，该省与周边省份的创业活动的数量差距极大，极化效应明显，这种格局从 2008 年一直延续到 2016 年。作为地区的领头羊，四川未能带动周边省份的创业活动,始终只能一枝独秀,说明四川创业活动对外辐射效应非常小。再次,上海、江西、福建、海南等省市呈现L—H负空间相关模式,因为它们周边有创业活动数量非常高的省份。上海被浙江和江苏包围,江西和福建被浙江和广东夹击,海南靠近广东,相邻省份的高活跃度凸显出一市三省的不活跃,成为区域创业活动的洼地。所幸的是,福建在2016年突出重围,进入H—H区域。最后,H—H正相关空间关联模式在观察期内略有变化,山东和安徽是"常客",江苏也经常与之连成一片,2016年还增加了福建。

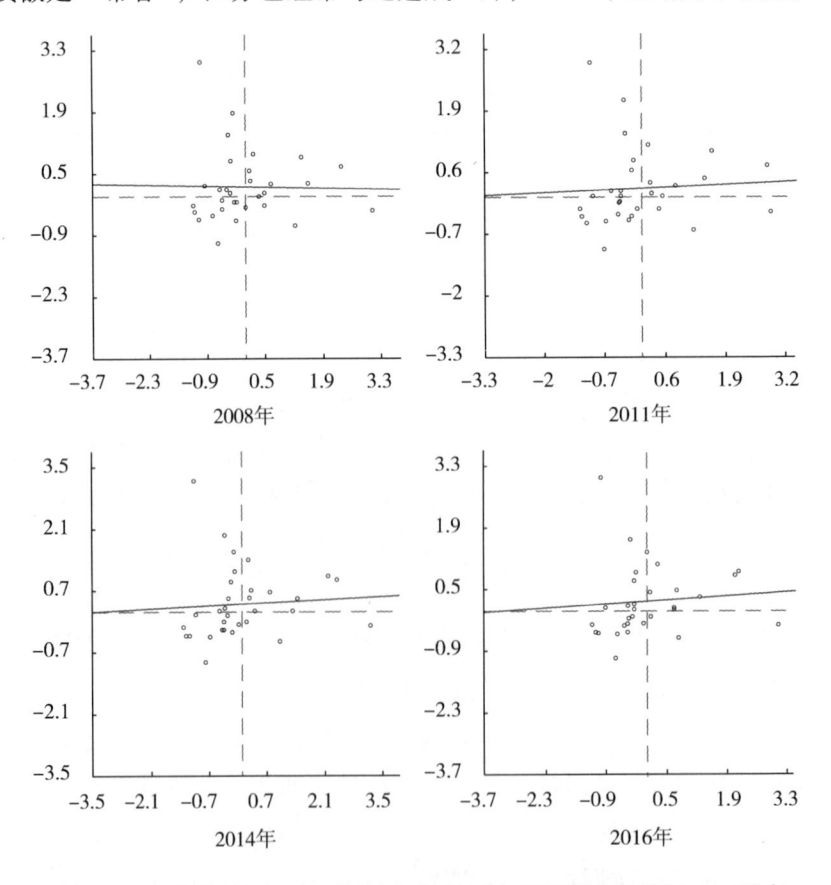

图3-4 2008年、2011年、2014年和2016年创业活动数量Moran散点

第六节 不同类型创业活动的地区分异

创业活动被分成生存型创业和机会型创业,两种类型的创业活动在创业目的、人员规模、启动资金、创业内容上都有很大的差别。本书以登记注册的个体工商户数量和私营企业数量分别作为生存型和机会型创业活动的代理变量,对两者的地区分异格局做一个描述。

一 生存型和机会型创业活动的时间演变趋势

图 3-5 给出了全国 31 个省份 2008—2016 年生存型创业和机会型创业活动的数量,图 3-6 给出了相应的年度增长率,图 3-7 给出了生存型创业和机会型创业占创业活动总水平的百分比,从中我们可以观察出不同创业类型在全国层面上的时间演变趋势。

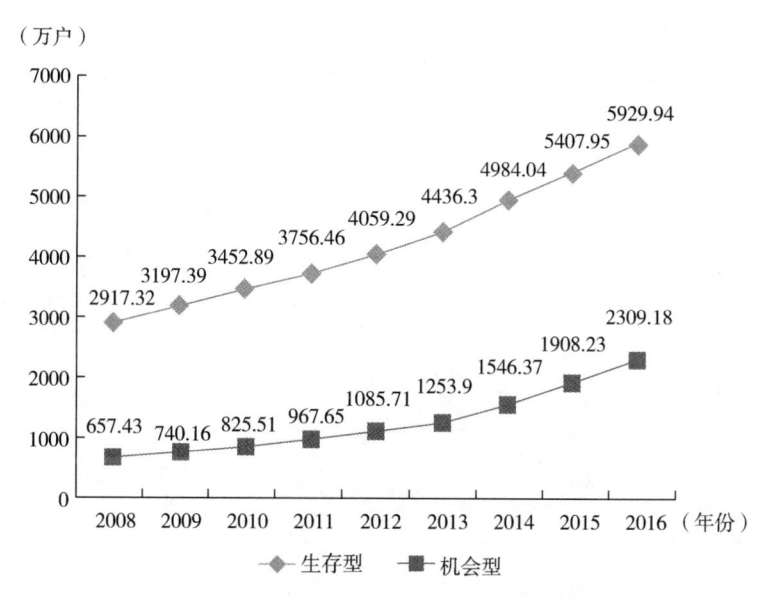

图 3-5 2008—2016 年不同类型创业活动数量

第一,生存型创业和机会型创业活动数量均处于快速增长的状态,两者之间的绝对差值在扩大(见图 3-5)。2008 年我国生存型创业活动的数量为2917.32万户，2016年该数值增加到5929.94万户，增长了一倍多。同一时期，机会型创业活动的数量从657.43万户增加到2309.18万户，后者是前者的3.5倍。生存型创业和机会型创业的年均增长水平都很快，大于同期经济总量的增长速度。尽管机会型创业活动的年均增长率大大高于生存型创业活动的年均增长率，但是鉴于生存型创业活动的基数较大，每年新增的生存型创业活动的绝对数量还是大于机会型创业活动的绝对数量，因此两者之间的绝对差距不是在缩小，而是在扩大。

第二，生存型创业和机会型创业活动均有增幅先加速后放缓的迹象（图3-6）。生存型创业活动的增长率从2008—2016年依次为6.41%、9.60%、7.99%、8.79%、8.06%、9.29%、12.35%、8.51%和9.65%，年平均8.96%。机会型创业活动在2008—2016年的增长率依次为19.25%、12.58%、14.23%、14.45%、12.20%、15.49%、23.32%、23.40%和21.01%，年平均17.33%。其中，2014年的变化幅度非常显著，生存型创业和机会型创业活动数量的增幅在该年都达到峰值。究其原因，该年度我国政府最高层在公开场合宣讲"大众创业、万众创新"，各

2008—2016年不同类型创业活动增长率

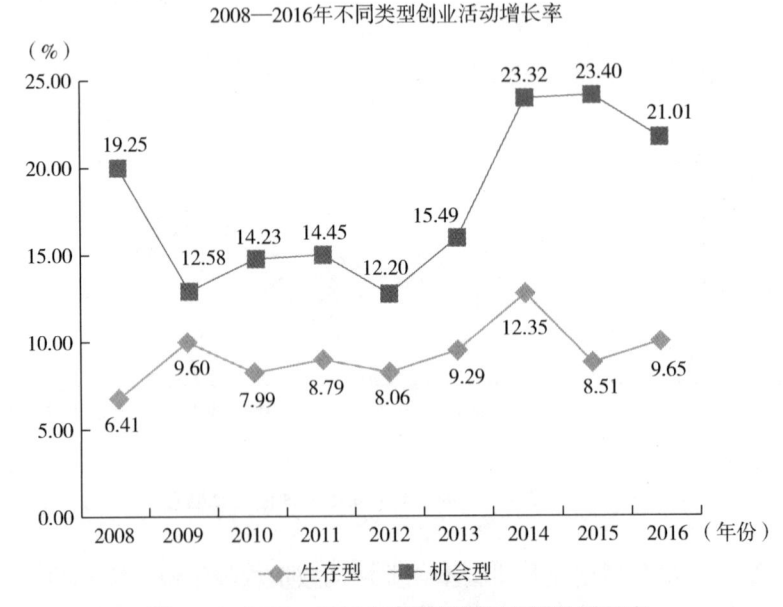

图3-6　2009—2016年不同类型创业活动增长率

第三章　创业活动地区分异的测度及其时空变化

级政府部门为此出台了很多扶持鼓励政策，由此在全国范围内拉开了新一轮创业活动的热潮，创业活动加速增长。

第三，生存型创业是创业活动的主要形式，这一事实在短期内尚不能改变（见图3-7）。2008年，生存型创业活动占总创业活动数量的4/5强，虽然此后比重每年都在下降，但是比重下降的速度缓慢，2008—2014年每年大约下降1个百分点，2014年后每年下降2个多百分点，到2016年仍然占据总创业活动数量的70%以上。与此同时，机会型创业活动在总体创业活动中的比重稳步上升，从2008年的18.39%上升到2016年的28.03%，但尚不到全部创业活动数量的1/3。尽管机会型创业比重在上升，鉴于生存型创业的总体基数还远远大于机会型创业的总体基数，生存型创业仍然是创业活动的主要形式，短期内机会型创业还难以赶上生存型创业活动的数量。

不同类型创业活动所占比重

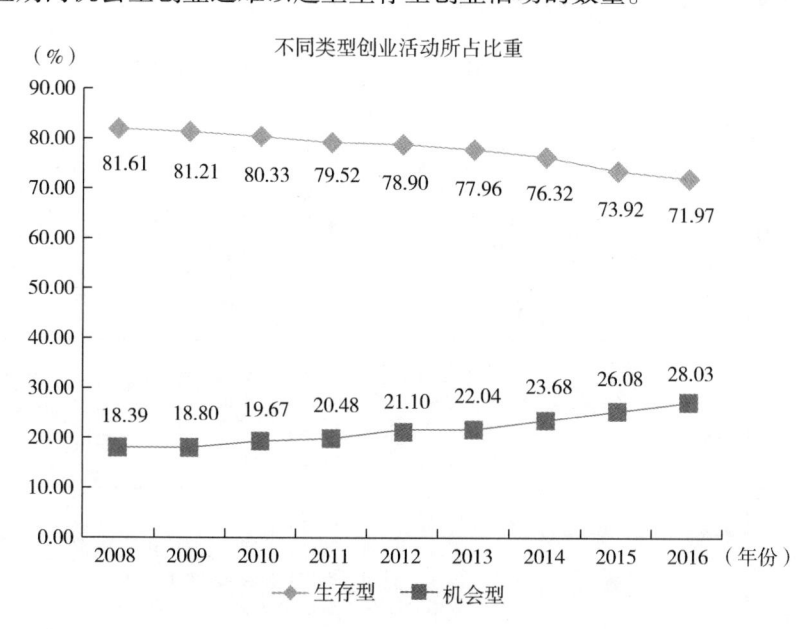

年份	生存型	机会型
2008	81.61	18.39
2009	81.21	18.80
2010	80.33	19.67
2011	79.52	20.48
2012	78.90	21.10
2013	77.96	22.04
2014	76.32	23.68
2015	73.92	26.08
2016	71.97	28.03

图3-7　2008—2016年不同类型创业活动所占比重

第四，创业活动增长的主要动力来自机会型创业（见图3-6）。比较生存型创业和机会型创业活动的增长率，发现各个年份的机会型创业活动数量的增长率都高于生存型创业数量的增长率。从增长率曲线的形态上看，生存型创业活动的增长率曲线比较平缓，在一定区间内上下波动；而机会型创业活动增长率曲线在2012年达到低谷后有一个急速上扬的过程，2014年后又略有下降，其增幅水平远远高于生存型创业活动的增幅水平。可见，机会型创业活动增长的后劲大于生存型创业活动的增长后劲，是推动创业活动增长的主要动力。

二 生存型创业活动的地区分异

（一）生存型创业活动的梯队划分

在ArcGIS中使用自然断点法将2008年、2011年、2014年和2016年各个省份的生存型创业活动分成高水平、中高水平、中低水平和低水平四个梯队后，得到结果如表3-7所示。

表3-7　2008年、2011年、2014年和2016年各省生存型创业绝对水平的梯队划分

年份	低水平	中低水平	中高水平	高水平
2008	西藏、青海、甘肃、宁夏、天津、上海、海南	新疆、内蒙古、黑龙江、吉林、北京、陕西、山西、重庆、贵州、云南、江西、福建	辽宁、河北、河南、安徽、湖北、湖南、广西	山东、江苏、浙江、四川、广东
2011	西藏、青海、宁夏、北京	新疆、内蒙古、黑龙江、吉林、甘肃、陕西、山西、天津、重庆、贵州、广西、江西、福建、上海、海南	云南、湖南、湖北、河南、安徽、河北、辽宁	山东、江苏、浙江、广东、四川
2014	新疆、西藏、青海、甘肃、宁夏、北京、天津、上海、海南	内蒙古、黑龙江、吉林、辽宁、河北、山西、陕西、重庆、云南、贵州、湖南、广西、安徽、江西、福建	四川、河南、湖北、浙江	山东、江苏、广东
2016	西藏、青海、宁夏、北京、天津、上海	新疆、内蒙古、黑龙江、辽宁、甘肃、陕西、山西、重庆、贵州、云南、广西、海南、江西、福建	四川、湖南、湖北、河南、安徽、浙江、河北、辽宁	山东、江苏、广东

将表3-7的结果和表3-1相比较，我们发现各个省份生存型创

业活动的梯队划分基本上和创业总水平的划分保持一致，略有差别的是上海和北京，这两个城市在生存型创业活动中的所在梯队比创业总水平中更低，落入了第四梯队。

（二）生存型创业活动地区分异的总体特征

使用 R 语言计算生存型创业活动的均值、标准差、变异系数、基尼系数、泰尔指数和赫芬达尔指数，结果如表 3-8 所示。

表 3-8　　全国 31 个省份生存型创业活动地区分异指数

年份	均值	标准差	变异系数	基尼系数	泰尔指数	赫芬达尔指数
2008	94.11	68.0694	0.7233	0.3892	0.2507	0.04916
2009	103.14	74.5598	0.7229	0.3883	0.2493	0.04912
2010	111.38	80.2681	0.7206	0.3878	0.2488	0.04901
2011	121.18	86.4368	0.7133	0.3860	0.2468	0.04867
2012	130.94	92.2417	0.7044	0.3845	0.2445	0.04827
2013	143.11	100.5794	0.7028	0.3822	0.2436	0.04819
2014	160.78	111.8778	0.6959	0.3810	0.2415	0.04788
2015	174.45	121.8654	0.6986	0.3807	0.2419	0.04800
2016	191.29	134.7655	0.7045	0.3836	0.2455	0.04827

观察表 3-8，总结生存型创业活动地区分异的特征如下。

第一，各省生存型创业活动数量不断上升，省域之间绝对差距继续扩大。2008—2016 年，全国 31 个省份创业活动数量平均值逐年稳步增长，从 94.11 万户增加到了 191.29 万户，增长了一倍多。在生存型创业活动数量不断攀升的同时，各个省份之间的标准差也稳步的、不间断地攀升，从 68.0694 扩大到 134.7655，上涨了 97.98%。标准差反映了各个观察值离均值的距离，这一数值扩大，意味着不同省份之间生存型创业活动的绝对数量差距在增长。对比生存型创业活动数量最多的广东省和创业活动数量最小的西藏自治区，两者在 2008 年的极差为 294.35 万户，到了 2016 年极差变为 527.02 万户，省域单元创业活动强者越强的态势非常明显。

第二，各省生存型创业活动相对差距先缩小后扩大。变异系数是相对均值的标准差的平均距离。从变异系数来看，我国各个省份生存型创业活动数量的相对差距呈先缩小后扩大的趋势。2008—2014 年变异系数持续下降，从 0.7233 减少到 0.6959，下降 3.79%。但 2014 年后又上升，到 2016 年达到 0.7045，回复到 2012 年的水平。当然，各个年份之间的变异系数的差异几乎都在小数点之后第二位或第三位才能观察得到，这也说明目前已有生存型创业活动的省域格局比较固定，变化不大。

第三，生存型创业活动分化先缩小后放大，空间大体趋同。2008—2014 年，中国各个省份生存型创业活动数量的基尼系数先从 0.3892 下降到了 0.3807，后又回升到 0.3836；泰尔指数从 0.2507 降到了 0.2415，后又回升到 0.2455；赫芬达尔指数从 0.04916 下降到了 0.04788，后又回升到 0.04827。三个指数前期一致下降，印证了 2008—2014 年生存型创业活动在省域之间的分化在缓慢地、逐渐地缩小，空间上的集中程度有所下降，地理上有一定程度的趋同。然而这种趋同现象在 2014 年后受到了干扰，此后基尼系数、泰尔指数、赫芬达尔指数都开始回升，回复到了 2012 年的水平。可见，2014 年的创业热潮在不同省域得到了不同程度的回应。

（三）生存型创业活动的三大板块比较

计算不同年份各个板块生存型创业活动数量的平均值和增长率，得到图 3-8。可以看出，三大板块的生存型创业活动水平是不一样的，东部板块最高，中部板块其次，西部板块最低。虽然在观察期内三大板块生存型创业活动平均数量持续不断地增长，但发展态势并不一样。东部和中部板块的数量水平更加接近一些，而且中部地区凭借强劲的增长幅度在缩小与东部地区的绝对差值，但这一差距在 2014 年后又被扩大了。而西部地区的增长幅度虽然也不小，但由于起点基数太低，以至于在整个观察期内与中部板块、东部板块的绝对差距越来越大。

从增长率来看，中部板块的增长率水平最高，在 2009—2012 年、2014 年均位列三个板块之首，年平均增长率达到 9.75%。东部板块创业活动的基数较大，因此增长率相对较小，平均年增长率为 8.70%。西部板块的平均增长率大体与东部持平，为 8.69%。从增长率曲线的

2008—2016年三大板生存型创业活动均值变化

2008—2016年三大板生存型创业活动均值变化增长率

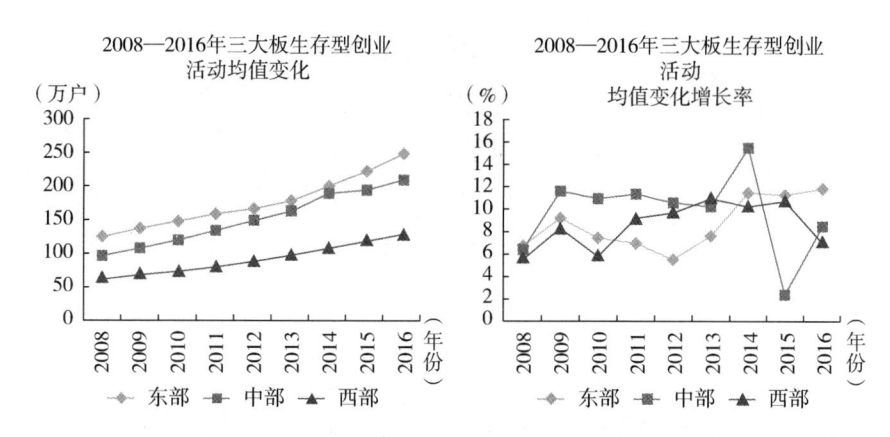

图3-8 2008—2016年三大板块生存型创业活动均值及增长率

形态来看，中部地区的增长曲线在2013年之前相对平稳，2013年后大起大落，特别是2015年有一个大幅度的下降，2016年又有所反弹。西部板块的增长曲线相对平稳，在4%—12%水平上小幅波动。东部板块的增长率则呈现V形，2012年降到增长率的最低点，此后一路上扬。

（四）生存型创业活动的空间相关性

1. 全局空间相关性

计算全国31个省份生存型创业活动的Moran's I指数，结果如表3-9所示，发现各个年份数值变化较大，正负不定，且每一个年份的p值都远远大于0.1，无法通过统计学检验，故判断生存型创业活动不存在全局性的空间相关性。

表3-9　　生存型创业活动数量的全局Moran's I指数

年份	2008	2009	2010	2011	2012	2013	2014	2015	2016
MORAN'S I	-0.0806	-0.0596	-0.0229	-0.0136	0.0011	-0.0062	0.0321	0.0287	0.0441
Variance	0.0134	0.0134	0.0136	0.0137	0.0138	0.0138	0.0139	0.0138	0.0138
p-value	0.6584	0.5898	0.4642	0.4331	0.3847	0.4088	0.2894	0.2987	0.2549

2. 局部空间相关性

在局部空间相关的Moran散点图中（见图3-9），发现在各个年份，除了第二象限分布的散点数量比较少，其他三个象限分布的

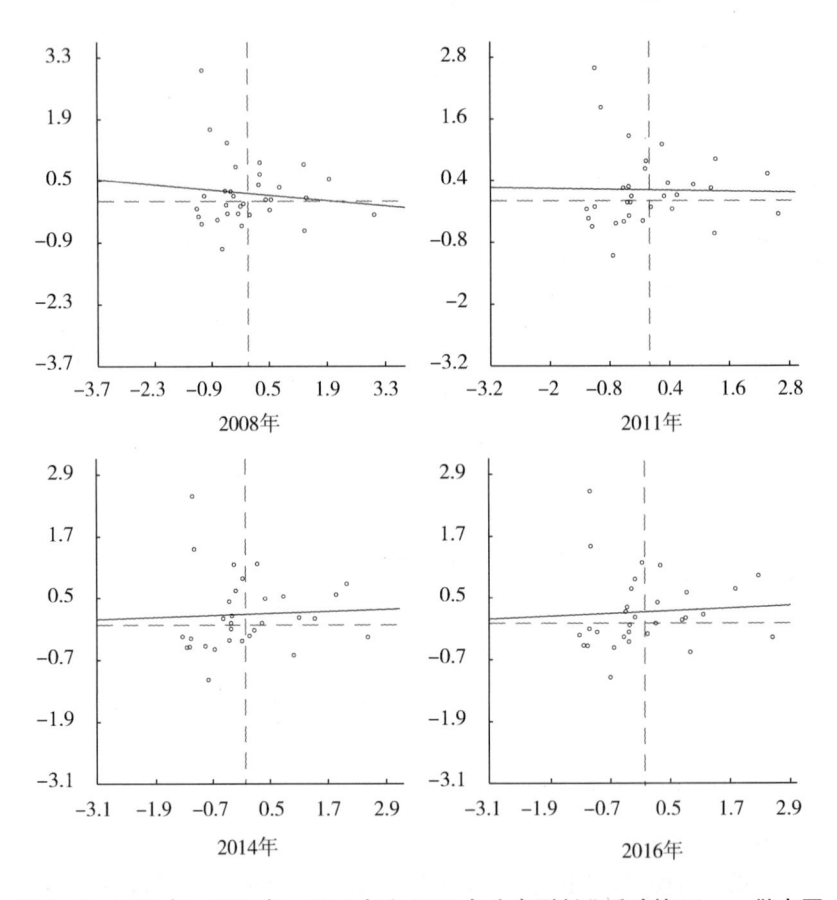

图 3-9　2008 年、2011 年、2014 年和 2016 年生存型创业活动的 Moran 散点图

散点数目不相上下。这说明生存型创业活动的空间相关模式不太明显，除了 H—L 模式较少，具备 H—H、L—L、L—H 模式的省份数量都差不多。

进一步观察发现，2008—2016 年，除了 2015 年的河南省例外，其他年份我国各个省份生存型创业活动空间局部相关模式十分固定。新疆始终保持 L—L 正相关空间关联模式，不仅自身的生存型创业活动数量不多，与其相邻的周边省份的生存型创业活动数量也不多，整片区域的创业活动水平都有待提高。四川为 H—L 负相关空间关联模式，周边省份始终没有和四川一起形成 H—H 片区，说明四川创业活动的对外辐射效应很小。山东和安徽连成 H—H 正相关空间关联模式，成为生存型创业活动的核心区域。福建、江西、上海和海南则呈现 L—H 负相关模式，这些省份与浙江、江苏、广东等创业活动及其发达的省份相邻，因此成为特别显眼的创业活动数量洼地。四片区的局部空间关联模式在整个观察期内一直续存。

三　机会型创业活动的地区分异

（一）机会型创业活动的梯队划分

在 ArcGIS 中使用自然断点法将 2008 年、2011 年、2014 年和 2016 年各个省份的机会型创业活动分成高水平、中高水平、中低水平和低水平四个梯队后，结果如表 3-10 所示。

表 3-10　　2008 年、2011 年、2014 年和 2016 年各省机会型创业活动绝对水平的梯队划分

年份	低水平	中低水平	中高水平	高水平
2008	西藏、青海、甘肃、宁夏、贵州、海南	新疆、内蒙古、黑龙江、吉林、北京、陕西、山西、重庆、云南、湖南、广西、安徽、江西	辽宁、天津、河北、河南、湖北、山东、福建、四川	江苏、浙江、上海、广东
2011	西藏、新疆、青海、甘肃、宁夏、贵州、海南	黑龙江、吉林、内蒙古、陕西、山西、重庆、云南、广西、湖南、江西、安徽、北京	四川、湖北、河南、河北、辽宁、山东、福建、天津	广东、浙江、江苏、上海
2014	新疆、西藏、青海、甘肃、宁夏、海南	内蒙古、黑龙江、吉林、天津、山西、陕西、云南、贵州、湖南、江西、广西	辽宁、北京、河北、河南、安徽、湖北、重庆、四川、福建	山东、江苏、上海、浙江、广东
2016	新疆、西藏、青海、甘肃、宁夏、内蒙古、黑龙江、吉林、山西、贵州、海南、北京	广西、云南、四川、重庆、湖南、江西、福建、湖北、陕西、河南、河北、安徽、辽宁	山东、江苏、浙江、天津、上海	广东

将 3-10 的结果和表 3-1 相比较，我们发现各个省份机会型创业

活动的梯队划分和创业总水平的划分大体上保持一致，但是有几个方面的差别：第一，上海的机会型创业活动水平处于靠前梯队，福建（除2016年）、天津（除2014年）都处于中高水平梯队，这些省市的机会型创业活动数量所处的梯队都高于它们同期创业总水平所处的梯队。可见，生存型创业水平拖低了它们在创业总水平中的排名。尤其是上海，生存型创业活动只能排在最低水平梯队，但是机会型创业活动排在最高水平或中高水平梯队，形成鲜明的对比。第二，截至2015年，机会型创业活动各个梯队所包含的省份数量更加均衡，中低水平和低水平行列的省份随着时间推移在减少，中高水平和高水平行列的省份数量在增加，空间发展态势更加平衡。第三，2016年的机会型创业活动水平发生了比较大的变化，明显呈现自西北向东南递减的趋势，低水平梯队倍增，达到12个省份，而高水平梯队仅压缩至广东一个省。考虑到自然断点的属性，可以说明，这一年各个省份的机会型创业活动极差扩大，强者增长幅度大大快于弱者的增长幅度。

（二）机会型创业活动地区分异的总体特征

计算全国31个省份机会型创业活动的均值、标准差、变异系数、基尼系数、泰尔指数和赫芬达尔指数，结果如表3-11所示。

表3-11　　　全国31个省份机会型创业活动地区分异指数

年份	均值	标准差	变异系数	基尼系数	泰尔指数	赫芬达尔指数
2008	21.21	20.1718	0.9512	0.4701	0.3775	0.06144
2009	23.88	22.1955	0.9296	0.4621	0.3636	0.06013
2010	27.27	25.4202	0.9320	0.4615	0.3639	0.06028
2011	31.21	28.8683	0.9248	0.4568	0.3574	0.05985
2012	35.02	31.7243	0.9058	0.4478	0.3438	0.05873
2013	40.45	36.6063	0.9050	0.4451	0.3408	0.05868
2014	49.88	43.9093	0.8802	0.4412	0.3298	0.05725
2015	61.56	53.9540	0.8765	0.4388	0.3259	0.05704
2016	74.49	67.5062	0.9062	0.4477	0.3403	0.05876

观察表3-11的结果，可以总结机会型创业活动地区分异的总体特征。

第一，省域单元机会型创业活动数量不断上升，绝对差距继续扩大。2008—2016 年，全国 31 个省份机会型创业活动数量平均值逐年稳步增长，从 21.21 万户增加到了 74.49 万户，后者是前者的 3.5 倍。在机会型创业活动数量不断攀高的同时，各个省份标准差也稳步上升，从 20.1718 扩大到 67.5062，上涨了 234.66%。标准差反映了各个观察值离均值的距离，这一数值扩大，意味着不同省份之间机会型创业活动的绝对数量差距在增长。机会型创业活动数量最小的是西藏，2008—2016 年的数量分别为 0.48 万、0.63 万、0.73 万、0.85 万、1.04 万、1.3 万、1.77 万、2.42 万和 3.53 万户。机会型创业活动数量最多的省份，2008—2012 年为江苏省，数量分别为 81.64 万、91.16 万、104.81 万、119.79 万、131.29 万户，2013—2016 年为广东省，数量分别为 153 万、194.83 万、248.12 万和 317.17 万户。机会型创业活动数量最多的省和数量最小的省的极差，在 2008 年为 81.16 万户，在 2016 年为 313.64 万户，省域单元机会型创业活动强者越强的态势明显。

第二，各省机会型创业活动相对差距在缓慢缩小后又扩大。2008—2015 年各个省份机会型创业活动的变异系数在波动中下降，2008 年为 0.9512，2015 年为 0.8765，下降 7.85%。但 2016 年该系数回升到 0.9062，回升幅度达到 3.39%。结合 2008—2015 年机会型创业活动相对差距缩小越来越慢的趋势以及 2016 年的回升态势，有必要在后续年份进一步观察，以确认 2016 年是否形成转折点。

第三，机会型创业活动分化先缩小后上升，在空间上由收敛走向分化。2008—2015 年，省域单元机会型创业活动的基尼系数从 0.4701 下降到 0.4388，下降了 6.66%；泰尔指数从 0.3775 变为 0.3259，降幅为 13.67%；赫芬达尔指数从 0.06144 下降到了 0.05704，下降了 7.16%。三个指数一致下降，表明 2008—2015 年省域之间机会型创业活动的分化在缩小，空间上的集中程度在下降，地理上存在一定的趋同现象。然而，这一趋势在 2016 年发生反转。基尼系数、泰尔指数、赫芬达尔指数都出现回升现象，回升幅度分别为 2.03%、4.42%、3.02%。结合前面变异系数的变化，2016 年机会型创业活动在不同省域单元出现了分化现象。

（三）机会型创业活动的三大板块比较

计算不同年份各个板块机会型创业活动数量的平均值和增长率，得到图 3-10。可以看出，机会型创业活动水平在东部板块最高，中部板块居中，西部省份最低。观察期内，三大板块机会型创业活动平均数量都在持续不断地增长，但增长态势迥异：中部板块和西部板块走势比较平稳，两者的增长绝对数也比较接近，中部板块增长的绝对数略大于西部板块，故两者绝对距离缓慢增加。而东部板块不仅在绝对数量上远远高于中部和西部板块（甚至高于中部和西部板块的加总），随着时间的推移，增长态势更是一骑绝尘，将与中部和西部板块的绝对差距越拉越大。

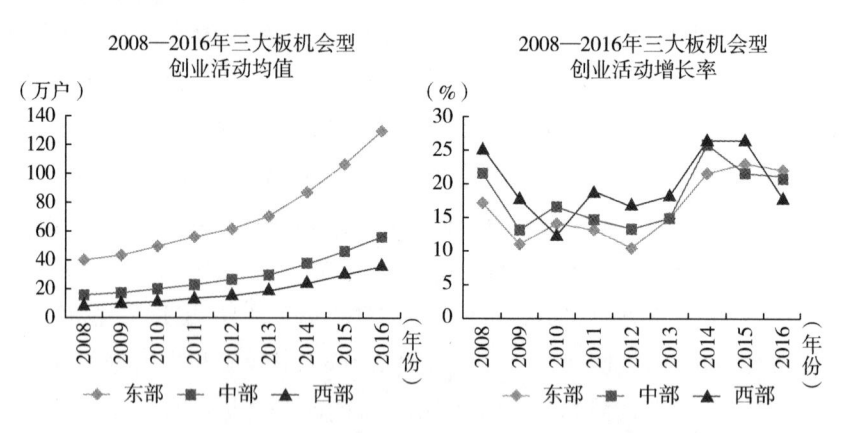

图 3-10　2008—2016 年三大板块机会型创业活动均值及增长率

从增长率来看，西部板块的增长率水平最高，除了 2010 年和 2016 年低于其他两个板块，其他年份在三个板块中都排名第一，年平均增长率达到 20.08%。东部板块创业活动的基数较大，因此增长率相对较小，平均年增长率为 16.38%，仅在 2015 年和 2016 年比较突出，其他年份均在三个排名中垫底。中部板块的增长率大体上居中，平均年增长率为 18.15%。从增长率曲线的形态来看，西部板块的增长率曲线波动较多，在 2009—2010 年呈明显的 V 形，2011—2013 年再呈平缓的 V 形，2014 年迎来巨大增幅，2016 年又巨幅下降，回到 2012 年的水平。中部地区的增长率曲线升降交错，2009—2013 年在一定范围内上下波动，2014年则明显翘首，2015和2016年又回落。东部板块的增长率曲线大体呈U形，2012年降到增长率的最低点，此后在三大板块中率先发力，进入增幅高涨阶段。

（四）机会型创业活动的空间相关性

1. 全局空间相关性

使用R计算各个年度的全局Moran's I指数得到表3-12。可以看出，全国31个省份机会型创业活动数量的Moran's I指数全部为正，证明了不同省份之间的机会型创业活动存在正向空间关系，即周边省域的机会型创业活动数量越高，本省域的机会型创业活动数量也越高，空间溢出效应十分明显。2008—2013年所有Moran's I指数P值都通过了1%的统计检验，2014年和2015的P值则通过了5%的统计检验，2016年的P值通过了10%的统计检验，证明了空间溢出效应。但我们也注意到，Moran's I指数的数值很小，表明各个区域单位之间的空间相关性不大，区域差距依然很大。另外，Moran's I指数在研究期内逐渐下降，说明各个省域之间的空间溢出效应在逐渐减弱。

表3-12　　　　机会型创业活动数量的全局Moran's I指数

年份	2008	2009	2010	2011	2012	2013	2014	2015	2016
MORAN'S I	0.2866	0.2728	0.2718	0.2616	0.2506	0.2358	0.1946	0.1686	0.1480
Variance	0.0130	0.0130	0.0129	0.0127	0.0127	0.0126	0.0126	0.0124	0.0121
p-value	0.0025***	0.0036***	0.0036***	0.0045***	0.0059***	0.0083***	0.0213**	0.0350**	0.049*

注：***、**、*分别代表在0.01、0.05、0.1统计水平上显著。

本章前面曾经讨论过生存型创业活动的空间相关性，发现生存型创业活动Moran's I指数都不具有统计学上的显著意义，表明各个省域之间的生存型创业活动之间不存在显著的空间联系。在这一点上，机会型创业活动和生存型创业活动表现了明显的差异。生存型创业是基于生活基本需要而开始的创业活动，具有规模小、资金要求低、技术水平和人力资本储备要求不高、创业难度小的特点，且不太容易受到外在的制度环境、法律法规的限制。创业者进行生存型创业活动，更多的是基于个体的就业选择，因此，在创业行为上表现出相对的独立性，和外在的联系较少。机会型创业是基于机会、基于理想、基于创业热情而开始的创业活动，其平均规模比生存型创业要大，门槛资金要求高，对技术水平和人力资本储备有相应的要求，创业难度较大，而且容易受到外在的制度环境和法律法规的约束。因此，机会型创业活动与外在的人、财、物、环境联系更紧密，受外界的激励和制约都比较明显。只有时刻与外界保持正反馈和互动机制，才能有力促进机会型创业活动的开展。基于这一点考虑，我们就不难理解，为什么生存型创业活动没有发现空间相关性，而机会型创业活动有明显的空间联系倾向。至于总创业水平也没有表现出空间相关性，是因为机会型创业在总创业活动数量中所占的比重太小，全国创业活动数量中至少3/4以上都是生存型创业活动，生存型创业活动的高权重导致总创业水平也无法呈现空间相关的局面。

2. 局部空间相关性

运用GeoDa绘制机会型创业活动局部空间相关的Moran散点图。观察Moran散点图3-11可以看出，2008—2016年，大多数省份分布在第一、第三象限，说明机会型创业活动的数量在空间上表现出正相关性。第三象限的省份数量最多，显示我国机会型创业活动的整体数量仍然较少。总体来看，观察期内中国机会型创业活动的空间状况基本维持不变，L—H象限数量略减，H—L象限数量略增，说明机会型创业活动溢出效应有所增加。

机会型创业活动的空间相关性有如下几个特征。首先是以新疆为核心的L—L区域正在扩张。2008—2010年，只有新疆一个省份呈现L—L的正相关空间模式，但是2011年，L—L区域涵盖了甘肃和宁夏，2012年延伸到了青海，2013年后又扩大到了内蒙古。可见，虽然这些省份的机会型创业活动也在增长，但是和周边其他省份的高速增长相比，它们的增速明显落后很多，因而L—L区域扩大。当然，L—L区域扩大也说明了这些省份之间相互联系、相互影响的作用力在增强。其次，四川从2008年开始即为H—L负相关空间关联模式，这种格局从2008年一直延续到2016年。这说明，四川作为我国中部地区的机会型创业活动的领头羊，与周边省份的创业活动的数量差距极大，

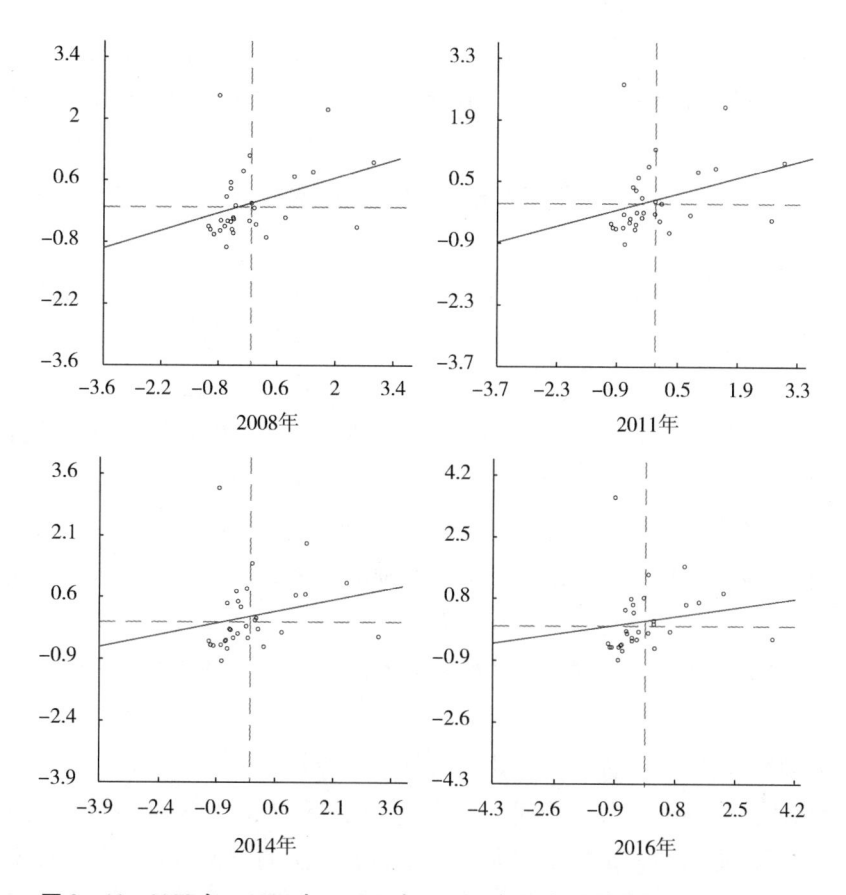

图3-11 2008年、2011年、2014年、2016年机会型创业活动Moran散点

极化效应明显,但是,周边省份始终没有和四川一起形成H—H片区,四川创业活动的对外辐射效应很小。更明显的是,随着以新疆为核心的L—L区域扩大到了甘肃和青海,H—L区域和L—L区域连成一片,形成了鲜明的对比。再次,江苏、浙江和上海形成了H—H的正相关空间模式。江苏和浙江是我国机会型创业活动水平最高的省份,它们在地理空间上又连接在一起,连同上海一起形成了高溢出、高辐射效应,是我国机会型创业活动的核心区域。但2015年后福建后来居上,取代了浙江的地位。最后,进入L—H模式的省份在各个年度略有变化,但是主要集中在安徽、福建和海南。福建邻近浙江和江苏,海南则邻近广东,浙江、江苏、广东都是全国机会型创业水平最高的省份,

因此，福建、安徽和海南被贴上 L—H 的标签，也就不难理解了。但是2014年后福建创业活动水平提速，因而离开了 L—H 区域。

第七节 本章小结

本章首先站在省域单元的角度，对各个省份创业活动的绝对数量和相对发展速度进行梯队划分和分析。结果显示，创业活动的绝对数量水平和各个省份的经济总量有很密切的联系，经济总量较大的省份，创业活动的数量也会更多。像广东、江苏、浙江、山东等经济实力强的省份，也是创业活动数量最庞大的省份；而像西藏、青海、新疆、海南等经济体量小的省份，属于创业活动数量最小的梯队。所有直辖市在创业活动数量上并没有表现出特别的优势。和经济发展水平的阶梯状类似，创业活动的绝对水平在我国地域上也呈现从西往东逐渐上升的局面。各个省份创业活动的相对发展速度则与其已有创业活动绝对数量存在正相关，即创业活动绝对数量大的省份，通常也是创业活动相对发展率大的省份，因此，创业活动的相对发展率也在地理上呈现从西往东逐渐上升的局面。另外，无论是绝对数量还是相对发展速度，低级梯队的省份数量都大大多于高级梯队的省份数量，表明处于均值之下的省份数量大于处于均值之上的省份数量，可见创业活动两极分化、强者更强的现象比较严重。

在考察了省域单元的梯队和排名后，本章又立足全国层面，审视各省之间创业活动的差异到底是在扩大还是在收敛。从绝对数值看，各省创业活动的数量普遍上涨且增幅加速，各省之间创业活动的极差在扩大，绝对差距越来越大。从相对差距来看，根据变异系数、基尼系数、赫芬达尔指数、泰尔指数等指标所提供的信息，发现2014年以前相对差距在缩小，省域单元创业活动的空间集中度下降，分化逐渐缩小，存在一定的收敛趋势，但2014年后各个省份创业数量的相对差距重新扩大，空间集中度上升，分化逐渐扩大。从东、中、西三大板块来看，中部板块的内部差距在拉大，东部和西部板块的内部差距在缩小，三大板块之间的差距也在缩小，全国层面的分化减少主要是由东部和西部的差距缩小带动的。

本章还分析了生存型创业和机会型创业活动的时间演变趋势。结果表明，两者均处于快速增长的阶段，且加速增长的迹象明显。生存型创业活动是我国创业活动的主要形式，占创业总数的70%以上，但是机会型创业活动的增长幅度更加惊人，是创业活动增长的主要动力。短期内两者之间的绝对差值愈来愈大，长期来看机会型创业活动增长潜力更大。具体到地区分异特征，生存型创业活动和机会型创业活动省域单元绝对差距在不断加大，但相对差距在观察期前段缓慢缩小，空间集中度有所下降，地理分化逐渐缩小，存在着一定程度的收敛；在观察期后期这一趋势被扭转，空间集中度上升，分化扩大。两者在三个板块的数量对比上都是东部板块最高，中部板块其次，西部板块最小。但是生存型创业活动在中部板块的增长率最高，西部其次，东部最低；机会型创业活动在西部板块增长率最高，中部其次，东部最低。

本章还研究了省域创业活动在空间上的关联性。研究结果表明，机会型创业活动存在非常明显的全局空间相关性，而生存型创业活动不存在全局空间相关性，鉴于生存型创业活动在创业活动中所占的比重很大，所以创业活动总水平也未能表现出全局上的空间相关性。从局部的空间相关性观察，江苏、浙江构成的H—H片区是机会型创业活动的核心区域，空间溢出效应比较明显；山东和安徽连成的H—H片区是生存型创业活动的核心。其他片区的局部空间关联模式在生存型和机会型创业活动中表现相同：以新疆为首的西部和西北部片区都是L—L关联模式，四川都是H—L关联模式，而与江浙、江苏、广东紧挨的省份则经常处于L—H关联模式。

从时间段看，整个观察期以2014年为界可以被分成两个阶段。2008—2014年创业活动的空间分异格局和变化趋势比较稳定，相对差距缩小，空间趋同，但2014年后，前期的变化规律被打破，相对差距扩大，空间分化。这表明，随着大众创业热潮的到来，创业活动地区分异的格局出现更多的变化。

第四章

要素禀赋对创业活动地区分异的影响

第三章全面地梳理了我国 31 个省份创业活动地区分异的格局和时空演变。在完成现实表象的探索后，本书要从要素禀赋和社会资本两个角度去探究创业活动地区分异的形成原因，第四章、第五章和第六章集中讨论要素禀赋，第七章和第八章集中讨论社会资本。本章是要素禀赋是作用于创业活动地区分异的理论分析，主要完成两项工作：一是选择合适的代理变量说明要素禀赋内容，建立实证的基本假设，二是对每个要素禀赋如何作用于创业活动地区分异进行详尽的说明。

第一节 要素禀赋与创业活动地区分异的理论假说

任何一项经济活动都需要基本的要素禀赋支持。作为微观个体所实施的经济行为，创业者需要拥有一定的人、财、物等要素禀赋，才能顺利开展创业活动。熊彼特将创业定义为"实现资源的重新组合"，即认为创业者所拥有的特殊能力能够将已有要素禀赋进行创新型的配置，从而达到更适意的经济结果。

本书研究的是创业活动在不同地区之间的差异，讨论的是微观创业活动在宏观层面上的异质性问题。因此，需要从区域层面考虑创业要素禀赋的差异性。人是创业活动的主体，资金和技术是创业活动主体作用的客体，而人的活动会受到不同区域制度环境的制约。因此，本书将制度、人力、金融、技术四项要素禀赋视为影响创业活动地区分异的基本要素禀赋。不同区域的人力、金融、技术和制度存在差异化配置，必然会导致创业活动在地区间的不同水平。

一 制度要素禀赋

诺斯（1981）将制度界定为人类所制定出来、旨在对经济主体追求最大化利益的行为产生约束的一系列规则（包括秩序、道德及规范等），它为人们的经济交往、经济合作和经济竞争提供了基本的秩序规则。诺斯（1991）还将制度划分为正式制度和非正式制度，正式制度是指成文的法律、法规、政策等，其实施与否会得到国家权力机构和组织的监督，以强制方式对人的行为产生制约。非正式制度与其相对，是非成文的习俗、文化、氛围和道德规范等，以非强制的方式对人的行为形成约束力。正式制度和非正式制度的供给对创业有重要影响（Stephen，2015）。因为创业活动必须关注所处的环境，创业企业只有将其所处环境中的法律、规范和惯例有效地体现在自身的形式、结构、内容和活动中，才能获得存在的意义（Meyer & Brain，1977）。制度环境越成熟，市场化水平越高，越能够激励创业活动的开展（刘伟等，2014）。然而，并非只有好的制度才能够促进创业。在制度环境较差的国家，拥有良好政治资源的人因为其所占据的有利地位，可以违反法律获得他人无法获取的资源，这一资源优势也可能开启创业活动（吴一平、王健，2015）。某些组织或者个人甚至有能力改变现有制度从而获取盈利机会（Maguire et al.，2004）。这意味着不规范的制度中可能存在大量能够带来灰色创业报酬的"寻租"空间，会刺激"寻租者"的创业热情（李雪莲等，2015）。

制度好有利于创业，制度差也有利于创业，那么制度到底在创业中起到什么作用呢？本书将制度视为创业的一种要素禀赋。既然是要素禀赋，就必然涉及量多量少、质优质劣的问题。制度寻租进而获利当然是一种可能的创业方式，但以此为渠道的创业者必然有特殊的创业素养和特殊的制度获取渠道。而本书要讨论的是一般性的规律，即基于要素禀赋地区配置差异性去探索创业活动地区差别的一般性规律，因此制度寻租这种非一般性的创业活动不符合本书所要总结的一般性规律的要求，非本书讨论的内容。

除了正式制度，非正式制度安排中的社会网络对创业也具有积极影响（Djankov et al. 2006）。考虑到非正式制度的量化难有客观标准，本章仅仅讨论正式制度对创业活动的影响，将非正式制度的问题放到后面的章节。在所有的正式制度中，法律法规是最典型的代表。法律法规对创业活动的作用可以体现在几个方面。首先，法律法规可以规范经济主体的市场行为，明确规定产权所属，有效避免恶性竞争的行为，营造公平公正的市场竞争环境，为创业者公平加入市场竞争保驾护航；其次，法律可以明确规定进入和退出机制，为创业创新行为设立行为和产业边界；再次，法律作为准绳可以解决经济纠纷，建立正常的、有秩序的市场环境，为创业活动减少风险和不确定性；最后，创业过程中经常蕴含着"实然之既得权利与应然之发展权利"的冲突，利用法律进行合理的权利配置，促进创新制度安排，突破利益固化藩篱，可以促进大众创业创新（张东，2016）。

由此提出假设 4-1：区域法律制度越完善，区域创业活动越活跃。

二 人力要素禀赋

人是创业的主体，没有人就没有创业活动。什么样的人偏好创业，什么样的人能够成为企业家一直是创业研究中的热点主题。心理学领域一直试图总结创业者的人格特质，管理学领域则侧重人力资本和创业决策、创业意向、创业绩效之间的联系。Davidsson 和 Honig（2003）研究了人力资本对创业意向的影响，表明受教育年限、工作经验、创业经历都能够起作用。Blanchflower（2000）、Evans（1989）、Arenius（2005）的研究得出了相似的结果，受教育程度越高，创业的可能性越大。具体到中国的实际情况，创业活动和创业者受教育情况也息息相关。教育培训有效地激发了农民工的创业意愿（汪三贵等，2010），2000 年以后中国的创业者主要是以高学历的海归和工程师为主（胡永刚、石崇，2016），以大学生比例衡量的人力资本对创业人数具有积极的正面作用（苏长安、苏丽锋，2013）。还有人认为创业者受教育程度和创业企业规模成正比（丁小浩、伍银多，2017），对创业质量也有显著的正向关联（钟卫东、张伟，2014），并导致创业活动在城乡家庭间的差异（赵朋飞等，2015）。

然而，本书是从宏观层面上来研究人力要素禀赋与区域创业水平之间的联系。从这个视角出发，本书更关注区域内潜在创业者的人力资源储备，因为区域内潜在创业者的人力资源储备越充裕，在相同的概率下，区域出现创业活动的数量就会越高。前述研究大多数赞同受教育年限和创业行为发生存在相关性，对照中国的现实情况，随着海归创业和技术人员创业活动的增加，越来越多的高学历者成为创业活动的主角。而近几年全国高校又普遍开展创业教育，高校大学生的创业自主性和创业积极性得以空前激发。这些高学历者正是区域创业活动的主要人才储备。范晓光和吕鹏（2017）的研究也表明，受过高等教育的创业者越来越多地直接进入市场领域开始创业活动，而不是先进入体制内（政府或国企）而后在下海创业。

由此提出假设 4-2：区域高学历受教育者越多，区域创业活动越活跃。

三　金融要素禀赋

创业活动需要资金支持。创业活动的资金支持来自两个方面：一是内部融资，即创业者自身积累的原始经济资本；二是外部融资，来自创业者之外其他途径的资金支持。

（一）个人资本积累

在创业初期，创业者往往更多的依赖的是自身所拥有的资本积累。大量文献证明个人的初始财富水平对于创业来说具有积极的正向的意义。Evans 和 Leighton（1989）、Evans 和 Jovanovic（1989）、Holtz-Eakin 等（1994）、Blanchflower 和 Osward（1998）、Dunn 和 Holtz-Eakin（2000）都实证了这一点。随着各项微观数据调查的兴起，中国学者张龙耀和张海宁（2013）、甘宇等（2015）、李江一和李涵（2016）开始寻找这个问题在中国的答案，结论也基本大致相同：自有财富水平和创业概率之间存在正向联系，特别是拥有可抵押的完全产权住房，显著提高了家庭参与创业的可能性。虽然这些学者是从微观个体的角度来研究个人资本积累与个体创业概率之间的联系，但是当把这个问题上升到地区层面，两者之间的联系同样存在。

由此提出假设4-3：区域个人资本积累的平均水平越高，区域创业活动越活跃。

(二) 正规金融体系

当个体自身资本积累不能完全应付创业活动所需要的资金需求，外部融资必不可少。银行作为现代正规金融体系的支柱性机构，是创业者获取创业资本的重要来源。King和Levine（1993）的研究证明了金融系统的功能：通过评估创业者的潜力，动员储蓄为创业活动提供支持，进而提高生产力和经济增长。此后，在正规金融如何推动创业活动的微观机制上，学者们进行了探究。一部分学者认为，金融约束会对家庭创业决策产生影响（Evans，2004；Karaivanov，2012），良好的金融环境能够增加创业者信贷的可获性，从而激发创业意愿，良好的金融知识可以显著推动家庭参与创业活动（尹志超等，2015）；而另一些研究则认为金融约束并不直接作用于创业决策，而是影响创业规模或水平（Hurst & Lusardi，2004；程郁、罗丹，2009）。总体而言，创业者需要创业资金，从正规金融机构获取资金支持的意愿强烈。这意味着，正规金融的信贷约束对家庭创业有显著的负向影响。然而，创业者要获得正规金融支持，存在一系列的障碍。首先，正规金融一般要求各种形式的抵押和保证，所以正规金融机构倾向于为个人资产较多的创业者提供贷款（肖华芳、包晓岚，2011）。而个人资产不足以支持创业活动是创业者经常面临的困境，所以创业者融资难成为一个普遍性问题（唐礼智等，2013；杨军等，2013；刘宇娜、张秀娥，2013）。为了打破正规金融融资困境，创业者们会采取一些迂回的方法，比如对从正规金融体系获取的资源进行"再分配"，将家庭消费信贷用于生产经营活动，这种"混合融资"的方法被视为破解创业贷款难的路径之一（陈岩、崔婧，2016）。只要区域层面的正规金融贷款规模足够大，总有一部分会直接或间接地流入创业活动，形成对创业活动的支持。

由此提出假设4-4：区域正规金融贷款规模越大，区域创业活动越活跃。

(三) 非正规金融体系

运行良好的金融体系是经济发展的关键。既有研究发现，不同于依赖正规金融，中国经济发展过程中非常依赖非正规金融，非正规金融是支撑中国经济增长的主要方式（Allen et al.，2005）。非正规金融已经成为运行在中国经济社会各个角落的隐形金融体系。非正规金融体系具有借贷步骤简单、操作形式灵活、伸缩弹性大的特点，创业者在难以获得正规金融体系对创业活动的支持时，会求助于非正规的金融渠道，具体形式包括亲朋好友的个人借贷、高利贷、地下钱庄等。丁东等（2013）发现，新生代农民工创业筹资基本依赖民间借贷。李祎雯、张兵（2016）则证明非正规金融可以缓解信贷约束从而影响家庭创业决策和创业动机。还有学者发现，非正规金融体系的功能在很大程度上得益于创业者对自身社会资本的运作，因此，社会资本存量高、社会网络广的创业者往往在创业活动中占有先机（吴本健等，2014；王超恩、刘庆，2015；张博等，2015；张鑫等，2015），金融约束越强，社会资本和社会网络的意义就越大（胡金焱、张博，2014）；越是正规金融缺乏的农村地区，社会资本和网络的替代作用也越强（郭云南等，2013）。非正规金融渠道作为创业者的支持手段，尤其是那些自身资本积累不够又无法从正规金融体系获取贷款的创业者的支持手段，有效激励了区域创业活动。

由此提出假设4-5：区域非正规金融规模越大，区域创业活动越活跃。

四 技术要素禀赋

关于技术要素禀赋和创业活动之间的联系，管理学方面的研究汗牛充栋，如技术造就个体和组织的创业机会、引发个体和组织的创业意愿以及提高创业绩效，等等。已有研究表明，技术能够有效地促进创业活动的开展，技术能力也是影响创业成功的关键（Kissan et al., 2012）。

从区域层面看，技术要素禀赋推动创业活动开展，存在三种路径。

第一种路径是创业者凭借独有的专业技术如发明、专利和专有技术开展创业活动。这种独有的技术为其他生产者进入该行业设置了行业壁垒，创业者可以凭借独有的专业技术取得竞争优势，专有技术是创业活动的核心。专业技术和创业者之间的关系是一对一的，即专业技术只为某一创业者独有，也只有此创业者能凭借此专有技术创业，创业围绕专业技术展开。该类创业者通常被称为技术创业者，该类型的创业活动被称为技术创业。

第二种路径源于基础性的技术变革。基础性的技术变革所能带来的好处是多样性的，可能提高工作效率，可能改进生产方法，可能重组生产过程，也有可能创造新的业态和新的商业模式。但是基础性变革本身并不是为创业服务的，之所以能够诱发创业，是因为创业者将基础性的技术变革和实际应用结合起来，以技术变革为契机改造已有的产业模式，优化社会经济的组织运行方式。从这个角度看，基础性的技术变革对创业来说比专有技术具有更重要的意义，因为它所引发的要素禀赋的重组和商业模式的变革，能为众多的创业者所利用。此时创业并非围绕技术本身进行，而是利用因技术变革而产生的商业变革而展开。我国近年来在新一代的信息通信技术上有了长足的进展，由此衍生了大量的"互联网+"产业。而"互联网+"产业这种新型业态中蕴含了大量的创业机会，使得众多创业者前赴后继，纷纷投身互联网创业的大潮。在这种情况下，基础性的技术变革成为创业机会的孵化器，本书将这一类技术称为普惠性的技术。

第三种路径是技术变革所带来的成本下降。还是以"互联网+"为例子。"互联网+"具有的轻资产和开放性的特征，大大降低了该领域新创业的初期投入（蔡跃洲，2016），使得那些受困于资金负担的创业者也能开启创业的梦想。从这个角度看，技术要素禀赋在一定程度上替代了金融要素禀赋，成为推动区域创业活动的新势力。

总之，专业技术可以让创业者获得核心竞争优势从而开展创业活动，普惠性技术可以创造商业新业态和新模式，从而诱发创业者大规模的创业活动，技术变革还可能降低成本从而鼓励创业活动。从区域层面看，专业技术水平越高，技术变革的力量越大，创业活动发生的可能性也越大。而区域专业技术水平的高低，离不开区域技术方面的投入。

由此得到假设 4-6：区域技术要素投入越高，区域创业活动越活跃。

第二节 制度要素对区域创业活动的影响

在新制度经济学之前，制度被排除在经济增长的因素之外，被视为外生的变量。新制度经济学重视制度在经济发展中的作用，将制度变量纳入经济理论体系中，认为制度和人力、资本、技术要素禀赋一样都是内生的。新经济制度学的代表人物诺斯将制度定义为"用于规范人们之间相互行为的正式约束和非正式约束"，并对制度的不同层次进行区分。他认为，我们通常所认为的比较高层次的制度实际上是体制，如社会主义制度或资本主义制度，政治体制或经济体制，英语中对应的是 system，诺斯称为"制度环境"。而我们通常所认为的比较细化的制度，是"一系列被制定出来的规则、服从程序和道德、伦理的行为规范"，英语中对应的是 institution，诺斯称为"制度安排"。事实上，不论是制度环境还是制度安排，都会影响区域创业活动的开展和进程。制度为创业活动提供了一个协作和竞争的框架，构成有序的经济秩序。根据制度层次的差异，我们从宏观、中观和微观三个方面来探究制度对区域创业活动的影响机理。

一 宏观层面制度对区域创业活动的影响

宏观层面的制度，如经济体制和社会体制，其转变能够从根本上改变创业活动的政策和氛围，从而深刻地影响区域创业活动，即"宏观制度—体制改革—创业增长"。

1949 年新中国成立之初，个体小商贩的创业活动曾经一度兴盛，"小商小贩数量在全国范围内有显著增加"（冯筱才，2009）。彼时刚刚解放，新中国工作重心在接收和改造具有官僚资产阶级和民族资产阶级属性的私营企业上，对个体创业无法顾及。小商小贩不仅牵涉大量穷苦民众的就业问题，也与千家万户的日常生活紧密相连，故政府在商贩问题上态度谨慎，只是通过市场整顿、税收征收、建立摊贩组织等办法加以管理。到了1953年，过渡时期总路线公布，政府开始着手对私人商贩进行公私合营改造，剥夺和硬性排挤了一些个体性的创业活动。但即便如此，根据官方统计，到1954年年底，全国农村地区还有小商贩约241万户，合计350万人。对小商小贩创业活动的限制在1955—1956年达到顶峰，社会主义改造全面完成，个体经济和私营经济在中国不复存在，所有创业活动都被清理。当然，实际情况是，当时相当一部分小商贩要么只是在形式上参加合作组织的"准个体商贩"，要么是没有证照的"非法商贩"，彻底沦为经济体系的"边缘人"。[①]

到了1957年，以"阶级斗争为纲"的理论和口号被提出来，阶级斗争成了社会生活的头等大事。内耗加剧，削弱了发展经济的力量。这种局面下，物资匮乏成为常态，人们的基本物质需要无法得到满足。1966—1976年的"文化大革命"更是把中国经济拖到了崩溃的边缘。在这一时期，中国人所面临的不是"如何创业"的问题，甚至也不是"能不能创业"的问题，而是"敢不敢创业"或者"能不能想一想创业"的问题。创业活动完全被抹杀了，因为这一举动明显具有资本主义属性，是投入社会主义敌对阵营的行为。这一阶段是中国创业历史上的空白期。

1977年后，"以经济建设为中心"取代"以阶级斗争为纲"，成为我党我国核心问题，形成了创业历史上的重大转折。此后我国出现过四次大的创业浪潮，每一次都和我国的经济体制改革和社会体制改革密切相关。

第一次浪潮始于1978年的农村家庭联产承包责任制改革。生产效率在短期内的跃升解放了原来被迫束缚在农业领域的劳动力。为了吸

---

① 冯筱才：《"社会主义"的边缘人：1956年前后的小商小贩改造问题》，新中国建国史国际学术研讨会会议交流稿，香港中文大学，2009年。

收消化这些富余劳动力，以村支书、生产为代表的一批农村能人，将在20世纪60年代被打压的社队企业进行扩张，发展成为农村经济新的增长点，1978年社队企业总产值只有493.07亿元，1983年就达到1016.83亿元。然而，由于束缚颇多，社队企业虽然在经济规模上有所扩大，但数量上并未得到扩张。1984年，中央颁布1号和4号文件，允许农民创办个体企业或者联合办厂，并将农民个体或联合创办的作坊与社队企业置于同一起点上，统称为乡镇企业。虽然只是名称上的改变，但是表明了中央政府鼓励个体创业、扶持乡镇企业的态度，各级政府积极响应，齐心协力推动乡镇企业发展。1984年，全国乡镇企业数量增加了3.5倍，尤其在浙江省，当年5月就创办了两万多个乡镇企业。而原来社队企业的领导人、社队企业的管理者摇身一变，自办企业，成为第一批创业者。除了农村地区乡镇企业创业活动大发展，在城市里，还有一大批返乡青年由于无法就业，只能自谋生计，从事小商小贩或投机倒把的生意，也带动了城市创业活动的开展。

第二次创业浪潮是在1992年之后。1989—1991年，我国国民经济经历了三年治理整顿，经济增长率降到4%左右。1992年邓小平南方谈话，提出"社会主义国家不开展市场经济只有死路一条"，紧接着党的十四大又全面确立了建设社会主义市场经济体系的方针。政治风向的改变将广大民众的创业热情从内心深处激发出来，一时之间"下海经商"成为潮流。这一时期的创业者，主要是嗅觉灵敏的体制内人员，包括国企、科研院所和政府机构任职的管理者、知识分子、科研人员和政府官员。他们纷纷辞职下海，在他们的带动下，其他民众也积极参与到创业活动中，全民"下海"变成当时的常态。与乡镇企业的创业者不同，此时的创业者受教育水平更高，能紧跟欧美的经营理念，商业视野开阔，接受新事物很快，创业成绩斐然，后来被称为"92派"。

第三次创业浪潮始于2000年后。2001年，中国成功加入WTO，与世界市场的距离被缩短了。由于此前几年扩大生产的累积效应开始释放，制造业又在WTO的刺激下蓬勃发展，中国经济增长再次步入"快车道"。中国经济的快速增长，以及由此产生的大量财富机会，吸引了大批海外学子归国创业。他们大多经过国外20世纪90年代末互联网创业浪潮的洗礼，深谙计算机和互联网技术，又熟悉资本市场运作规则，挟持着国外风险资本，在中国国内将互联网推进了千家万户。

而目前我国正处在第四次创业浪潮中。自经济转入"新常态"以来，优化经济结构、转换经济增长动力成为我国经济发展的新需求。如何设定新常态下宏观调控的理论基础，是党中央一直在考虑的问题。2014年9月，李克强总理在夏季达沃斯论坛上初次提出"大众创业、万众创新"的理念，并将之写入了2015年政府工作报告。这体现了中央对形势的洞察和治国理政思路的转变。群众创业、草根创业浪潮随即在全国铺开，"我们创业吧！"变成时下我国最时尚的一句话。根据国家工商总局的数据统计，2017年第三季度我国平均每天新增企业1.65万户。可见，大众创业、万众创新已经成为时代潮流，指引着创业者将创业活动在中国大地的每个角落铺陈开来。

梳理中华人民共和国成立之后的创业活动的整个历史，发现每一次创业浪潮的出现，都和经济发展的新局面联系在一起，都和重大的经济体制改革和政治体制改革联系在一起。只有宏观层面体制上的巨大改变，才能从根本上改变创业政策和创业氛围，才会引发全社会创业活动的开展。

二 中观层面制度对区域创业活动的影响

中观层面，制度通过影响要素投入和要素效率进而影响了区域创业活动增长，即"中观制度—要素投入—创业增长"的路径。

正常情况下，要素投入的数量和组合取决于要素供给和要素需求之间的强度。而制度安排具有改变要素供给价格和要素需求强度的能力，并进一步影响要素组合效率，从而影响创业产出。制度本身是一种要素禀赋，但是制度要素禀赋的供给和其他要素禀赋不同，主要由决策者和政府供给，也不遵循通常的价格机制，供给与否、供给多少并非由需求强度决定，而更多取决于决策者和政府的意志。在这种情况下，制度要素禀赋有了影响其他要素禀赋的特权。制度要素可以作用于人力要素禀赋、金融要素禀赋和技术要素禀赋，进而间接决定创业活动的增长。

(一) 制度要素对人力要素禀赋的作用

制度对中国人力资本市场的影响是非常巨大的。在计划经济时代，中国实施严格的户籍制度，劳动力人口被禁锢在出生地，不得随意流动。农村剩余劳动力无法摆脱地域禁锢从农村走出来，城镇居民也不得流动到别处就业。这种禁锢限制了人们观察地域差异、发现调剂余缺市场机会进而创业的可能。即便偶尔出现了创业者，也无法从劳动力市场上获得人力资源，因为整个劳动力市场的供给和需求严重不匹配。改革开放后，户籍制度的执行开始放松，中国出现了庞大的流动人口，从1982年的657万人增长到2014年的2.53亿人，农村劳动力迁移至城镇，城镇劳动力供给市场逐步形成。而国家又放松对工资水平的限制，工资能够根据人力要素禀赋的供给和需求情况随时调整，工资价格机制生成。在这两方面制度变革的共同作用下，城乡创业者雇用了大量下岗工人和农村劳动力，使创业活动摆脱了劳动力供应不足的束缚，减少了创业障碍。户籍制度改革连同就业体制改革还改变了城乡二元体制下不可跨越的身份鸿沟，传统的"靠户口吃饭"变为"靠能力吃饭"，这大大改变了劳动者的就业心态，等待雇用变成了自谋出路、自筹生计，普通民众的创业意识进一步觉醒，极大地提高了我国潜在创业者的基数。更重要的是，户籍制度改革允许人力要素禀赋在流动中进一步合理配置，劳动力随着价格机制从报酬低、生产率低的产业转移至报酬高、劳动力生产率高的产业，这也引导着创业者理性选择创业方向，提高创业水平和档次。可见，户籍制度方面的改革，既为创业者提供了足够的劳动力，也鼓励了一般民众的创业意识，还引导了创业者的创业选择方向，为创业活动提供了足够的便利。

(二) 制度要素对金融要素禀赋的作用

金融资本是约束创业活动最直接、最重要的要素禀赋之一，金融体系的发展对创业活动有直接的、明显的促进作用。但是金融要素禀赋也受到制度要素禀赋的严格制约。

计划经济体制下，我国的金融市场被严重管制，无法发挥资金杠杆的作用。1978—1992 年，中央政府"放权让利"，让银行部门推进金融分权改革，建立了以人民银行为领导、四大专业银行为主体的银行体系（谢平，1997），并允许地方政府成立股份制商业银行，初步形成了国有银行、地方银行和外资银行竞争的局面（谢宗藩、陈永志，2015）。1997 年的金融危机后，政府进一步强化金融监管，实行监管集权，并进一步推进分权改革，剥离四大国有银行的政策性业务，向真正的商业银行转变，还成立了一批新的股份制商业银行。同时地方政府也成立了一大批区域性的商业银行、村镇银行，打破了国家银行垄断的局面，金融行业出现竞争局面。到中国加入 WTO 之后，政府又推进了银行股份制改革，取消对外资银行的业务限制；而这几年改革的步伐更大，允许民营资本进入金融系统，创办民营银行。与银行业改革同步的还有资本市场的建立和发展。1980 年后，社会上出现了企业自发股票募集资金的现象，股票交易粗具雏形。到了 90 年代初，上海证券交易所和深圳证券交易所开始登上资本市场的舞台，证监会等监管机构也开始履行功能。1999 年实施的《中华人民共和国证券法》将证券发行和交易行为推上规范化道路，资本市场的法律地位也更加明确。进入 21 世纪之后，与股票市场、证券市场相关的法律法规层出不穷，资本市场日趋壮大。可以说，40 多年的金融深化改革取得了很大的成果，我国正规金融部门已形成多层次的金融市场部门、多元化的市场主体和竞争性的市场结构。我国还在利率、外汇和资本市场管制改革方面取得了巨大的成效，逐步取消了金融抑制政策。正是这一系列金融制度的改革，为创业者的创业活动提供了支持。

不仅如此，我国还出台了一系列促进金融深化改革的法律法规。好的法律实施质量与金融发展之间存在正向联系（Porta et al.，1998）。Demetriades 和 Hussein（1995）的经验研究表明，当金融体系植根于健全的制度框架，金融发展对经济增长能够产生巨大的正效益。卢峰和姚洋（2004）通过中国省级数据发现，在中国金融压抑的条件下，加强法治有助于提高私人部门获得的银行信贷份额，推动银行业的竞争。

皮天雷（2010）在排除政府行为这一制度因素后，发现法治水平的提高对地区金融发展具有有限的促进效应。崔巍和文景（2017）的研究则发现，当一个地区的社会资本和法律制度都处于较低水平的情况下，社会资本和法律制度能够相互补充，在促进金融发展中共同发挥作用；而当社会资本和法律制度单独一方发挥作用就能够促进金融发展，社会资本和法律制度表现为替代效应。这些研究都说明，恰当的制度供给可以提升地区金融水平，进而鼓励创业活动。

但是问题在于，我国制度的供给主要掌握在国家和政府手中，金融制度供给也是如此：中国金融监管制度主要由全国人大及其常委会、国务院、金融监管部门颁布（王煜宇，2014）。政府金融监管制度的供给是根据自身对金融市场的判断予以投放的，因此常常存在着不适应金融市场需求、供给过剩的情况，具体表现就是政府行政指令性的信贷资源配置现象较多，从而挤占了对私人部门和创业者的创业支持。在这种情况下，创业者会转向非正规金融体系寻求支持。非正规金融体系的发展与创业活动形成良性循环机制，即非正规金融体系支持创业活动的发展，而创业活动的需求也有力地促进了非正规金融体系的规模。因此，创业活动越发达的地区，通常也是非正规金融越发达的地区。这意味着，当地区制度供给水平不够以至于正规金融无法满足创业需求时，创业者会倾向于采用非正规金融方式融通资金（邓路等，2014）。

（三）制度要素对技术要素禀赋的作用

科技发展是有其制度诉求的。"为什么中国古代对自然科学知识的应用非常有效，却无法促使近代科学的产生？为什么是欧洲孕育现代科学而不是中国？"20世纪中叶的李约瑟之问激发了学者从多维角度刨根溯源，也充分说明了制度要素禀赋在科学技术发展中决定性的作用。具体而言，良好的制度将从以下几个方面促进技术要素禀赋的产生，进而有效激励创业活动。

首先，制度要素禀赋催化了技术要素的产生。根据新制度经济学的制度决定论，技术能否进步取决于制度和制度变迁的有效性。英国在1623年就颁布了世界上第一部专利法《独占条例》，大大刺激了技术的产生，一跃成为现代工业中最强大的国家。事实上，直接和非直接针对技术要素的制度都可以催化技术要素的产生。直接针对技术保护的制度安排营造了保障技术进步收益的制度环境，让技术拥有者确信技术应用和外溢能够获得确定性的经济补偿，对技术研究成果有了合理的经济预期，减少了技术研究投入和产生不成比例的担忧，从而激发出技术研究和开发的热情，促使技术要素的积累。而非直接针对技术本身的制度安排可以为技术研发提供便利，如制度安排强化金融体系对技术创新项目的支持，增加资本对技术创新的支持力度（徐浩等，2016）。制度从周边环境入手，为技术发明和利用提供了必要条件，激励技术要素的积累。

其次，制度要素禀赋催化了技术要素的扩散。制度环境不仅对技术所有者和技术研发行为本身产生影响，还对与技术所有者连接的其他市场主体产生影响。良好的制度要素禀赋使各个市场经济主体的行为具有可预测性，能够增强技术所有者对外部经济主体的信任与信心，激发他们与外部主体交换资源、交换信息与知识的动力，促使外部合作，并将自身的技术传播到外部环境中。强化与其他市场经济主体的合作必然会催化技术要素的扩散。

最后，制度催化了技术要素向生产的转化。制度不仅催生了技术要素和技术要素的扩散，还催化了将技术要素应用于生产实践的新技术应用范式，从而为创业活动服务。技术要素积累的目标是将技术应用于社会生产和实践，应用于市场消费和共享，从而让更多的人实实在在享受到技术进步的好处，推动社会经济发展与进步。因此，如何将技术要素转化为技术应用范式，并实现与市场的对接，是技术要素能否为创业活动服务的关键。制度对技术和新技术范式具有市场导向的作用，如专利制度使大量原本保密的技术资料得以公开，成为其他人进行研究和发明的原始材料，也使后续技术人员了解技术的市场应用价值，继续在该领域深耕细作，这对于促进科学研究和技术创新具有十分重要的意义。在良好制度的推动下，从研究型的技术成果到企业的技术创新与产业应用转化过程比较顺畅，有利于从实验室到市场机制的质性转变（雷逸飞，2017）。从这个意义讲，目前日趋流行的技术创业正是制度环境催化技术要素转向生产行为的新技术应用范式的胜利。要让技术创业走上轨道，离不开制度环境的保障。

制度要素是对技术要素禀赋的保障和规范（杨发庭，2016）。当然，制度和技术之间的关系不是单向线性的，制度规范着技术的生产、扩散和转化，技术发展本身也会改变既有利益格局，对制度水平提出更高的诉求。两者相辅相成，存在协同演化的关系（眭纪刚，2013）。

总之，制度要素作为一种人为的规范，与创业的其他要素禀赋存在密切关系，可以催化区域人力要素禀赋、金融要素禀赋和技术要素禀赋的积累，从而在中观层次上推进创业活动的开展，表现出"制度—要素投入—创业增长"的作用路径。

三 微观层面制度对区域创业活动的影响

微观层面上，制度影响创业活动有两条路径，一是先影响创业者再影响创业活动，二是影响所有微观经济主体的行为进而影响创业，即"微观制度—创业者—创业活动"路径和"微观制度—市场经济主体—创业活动"路径。

首先看第一条路径。诺斯（1994）曾经指出，创业者是制度变化的主要代理人，他们所创建的组织会通过创业活动和创业战略的调整去适应由正式和非正式制度框架所带来的机会和约束。Baumol（1990）和 Sobel（2008）也认为，制度提供了激励人们从事不同类型经济活动的重要架构，创业者会根据自身所处的不同的制度环境来决定是从事生产性的创业活动以创造新财富，还是进行非生产性的寻租活动，在财富的重新分配中获利。Jiangyong Lu 和 Zhigang Tao（2008）发现，中国的创业决策和制度环境、创业者个人特性（如政党属性、国企地位）均相关，且制度环境会和创业者个人特性互相影响。作为外部环境，制度影响创业者个人特质，与创业者特质一起共同影响创业动机、意愿和机会感知（孙红霞、刘冠男，2016）。在制度体系中拥有丰富资源或占据网络优势的个体在识别到创业机会后会更主动地采取策略开发机会并获利（尹珏林、张玉利，2009）。制度转型中常见企业发生相应的战略改变，这是创业者为适应制度变化而做出的努力。另外，不同类型的法律、制度和规范会影响不同的创业者。在低收入国家，进入管制和合约管制只会影响到生存型创业者，而劳动力管制则会同时影响生存型创业者和机会型创业者（Ardagna et al. 2009）。

制度影响创业活动的第二条路径是以市场经济活动中的所有微观经济主体为中介的。事实上，法律、制度、规范从来就不是只针对创业者，而是针对所有的市场经济行为主体。制度对其他市场经济主体的约束和规范会直接影响到创业组织的业务行为和经济行为，因为制度拥有改变初始权利、设定规则和裁判结果的能力。不同法律制度规定可以改变市场竞争的运行、过程和结果，进而直接影响到创业活动的财务状况和绩效，导致创业活动的成功或失败。制度还影响了既有企业获得认知和社会政治合法性的过程，从而影响绩效（蒋春燕、赵曙明，2010）。成熟、良好的制度环境还意味着政府政务和立法透明，腐败程度低，能够为市场经济主体设定良好的竞争平台，保障他们的基本权益，为创业活动的开展提供公平公正的环境。成熟、良好的制度环境还能够有效降低经济活动的成本，激发创业活动。如地区行政审批手续越烦琐、需要经历的部门越多，那么创业倾向就会越低，还会进一步降低创业规模（张龙鹏等，2016）。

综上所述，制度可以从宏观、中观和微观三个层次，通过体制改革、要素供给和微观主体三个中介来影响创业活动（见图4-1）。理论上，一个统一经济体的制度环境应该类似。但是，中国的制度变迁主要由政府主导和推动，依靠政策规范和法令来推动，属于诺斯所说的"强制性制度变迁"。为了减少阻碍，中央政府会根据实施难易程度和各地基础选择非均衡推进的策略；而各级政府对自上而下的强制性变迁也采取不同的态度，具体施行过程和结果都存在差异，这势必造就了各个省份制度环境的异质性。创业活动地区分异的结果与各个省份制度环境的差异存在密不可分的关系。

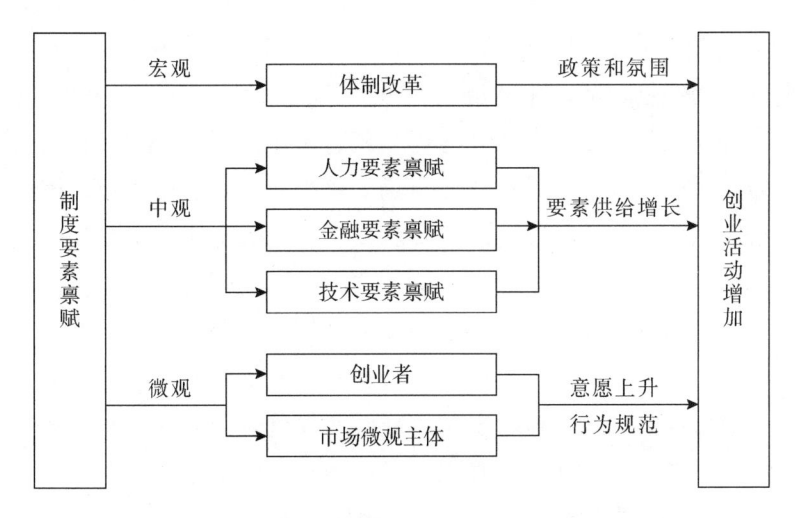

图 4-1 制度要素禀赋促进区域创业活动的作用机理

第三节 人力要素对区域创业活动的影响

一 潜在创业者和区域创业活动

充裕的人力要素禀赋意味着区域众多的潜在创业者。虽然各个地区出现创业者的概率不同,但是一个地区如果整体民众受教育水平更高,那么具有创业活动意愿的人数就会越大,能够识别创业机会的人就会越多,而这些具有创业活动意愿、能够识别创业机会的人都是潜在的创业者。研究已经证明,创业活动和人力资本的积累水平之间关系密切,更高的人力资本有助于创业活动开展,受教育年限越高,创业的概率也越大(赵朋飞,2015),在农民工群体中如此(王兴国、高原,2015;芮正云、方聪龙,2017),在大学生群体中如此,在海归创业者中也是如此(朱晋伟、胡万梅,2015),海归创业者的学历水平和其是否创业之间尤其存在紧密联系(苗琦等,2015)。当然,人力资本的积累不一定只依靠学校教育,见识、工作经验、职业培训、社会教育也都能够成为累积人力资本的途径,从而对创业产生正面效应。有研究表明,外出务工经历将农村居民创业的概率提高了 1.8 个百分点（周广肃，2017），因为他们在外出务工过程中形成的知识、经验和能力在创业活动中能够发挥积极作用（张立新，2016），在外务工时间越长创业绩效也越好（赵德昭，2016）。但是也有研究认为，受教育水平较高人群容易在就业市场上谋得令人满意的职位，因而创业偏好反而下降。龚红等（2017）就发现知识型老年员工更偏向从事稳定的工作。受教育程度和创业绩效之间也存在不确定性关系。赵德昭（2016）发现中部地区拥有大专以上学历的农民工更容易获得较高创业绩效，而西部地区拥有初中学历的农民工更容易获得较高创业绩效。但总体而言，人力要素禀赋的高低不仅代表创业者已有的知识水平结构和创业能力，还意味着创业者在洞察创业机会和取得创业成功之间是否能够顺利过渡和链接。一个地区的人力要素禀赋的累积越高，意味着该地区总体潜在创业素养较强，个体或群体创业的概率也越高。可见，人力资本的积累确实可以促进创业意愿上升、创业机会识别能力提高、创业管理能力改善以及创业绩效的增长，因此充裕的人力要素禀赋可以有力地促进地区创业活动。地区人力要素禀赋的提高，涌现出来的创业活动实践就会相应增加。

二 劳动力供给和区域创业活动

充裕的人力要素禀赋意味着区域创业者可以比较容易获得创业活动所需要的劳动力人力资源。不管是生存型创业活动还是机会型创业活动，创业者总需要获得一般劳动力的支持。劳动密集型创业活动要求足够大的劳动力数量，技术密集型创业活动要求不同技术水平层次的劳动力人员。一般劳动力供给紧缺已经成为制约我国东部创业活动密集地区的瓶颈。如果区域人力要素禀赋充裕，劳动力市场供给充分，创业活动不受劳动力供给的约束，那么无疑可以大大促进创业活动的开展。

三 异质性人力资本和区域创业活动

现今创业活动越来越趋向知识化发展，创业活动不再是创业者的单打独斗,而演变成为由不同创业者合作组建创业团队的共同努力,人力资本密集型企业(Human-Capital Intensive Firm,HCIF)创业成为常见的现象。这种企业以人力资本作为主要的创业资本,将具有异质性的人才聚集在一起组成创业团队,按照技术型人力资本和管理型人力资本专用的原则分工合作,发挥人力资本团队合作生产的特征,从而获得最大化的创业绩效。因此,只有能够提供不同技能、不同特性、不同层次的人力要素禀赋的区域,才能涌现这种新型的创业活动形式。换句话说,如果一个地区人力要素禀赋充裕,且人力资本之间的异质性很大,就意味着各个水平层次和专有技能的人力要素禀赋都具备一定的规模和数量,这就越能够促进现代化的创业形式发展。

可见,人力要素禀赋可以通过扩大地区潜在创业者基数、放松劳动力供给制约和扩大人力资本异质性等路径促进区域创业活动的开展(图4-2)。当然,不可否认的是,区域人力要素禀赋很难单独发挥作用,它通常要和金融、技术等其他要素禀赋合作,构建多维的创业资本,才能共同促进区域创业活动的持续发展。

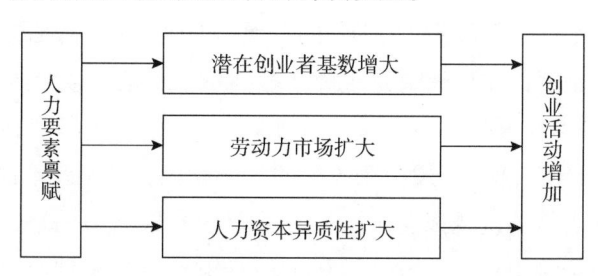

图4-2 人力要素禀赋促进区域创业活动的作用机理

第四节 金融要素对区域创业活动的影响

金融要素禀赋影响创业活动有两个视角。一是金融信贷的视角,正规、非正规金融体系为创业活动提供足够的资金,孵化创业活动的开展,即"金融信贷—资金提供—创业增加";二是金融保障视角,保险市场为创业活动失败提供了兜底机制,从而激发了创业者的冒险精神，即"金融保障—平滑风险—创业增加"。

一 金融信贷对区域创业活动的影响

创业活动需要资金，但是创业活动的初始资金从何而来？创业者一般有对内融资和对外融资两个渠道。对内融资主要依靠的自身的资本积累和家庭支持，比如自身的积蓄和家庭成员的积蓄，而对外融资则是借助家庭之外的其他渠道获取资金。对创业者来讲，个人资本积累当然会影响是否创业的决策，Banerjee 和 Newman（1993）认为，个人初始财富对其后代的初始财富和职业选择存在决定性影响。杨军等（2013）提出农户家庭财富水平对创业选择有正向影响，张海洋等（2015）的研究也同意创业概率和个人财富高度相关，个人财富越大，创业概率越高，且在财富少时，这种决定作用更甚。然而，从资金规模上看，个人资本积累所能够提供的资金总量毕竟有限。在当前创业活动外在竞争越来越激烈、创业门槛越来越高的情况下，对外融资所能获得的资金总量支持大大高于对内融资的总量，因而成为创业者主要的融资渠道。对外融资的主要通道是正规金融体系和非正规金融体系。

（一）正规金融体系对创业活动的支持

近30余年，随着正规金融体系的发展壮大和体制改革深化，其对创业活动的支持力度越来越大。第一，正规金融体系的格局由垄断转向竞争，股份制银行、地方性银行、外资银行以及新型金融机构的加入打破了四大国有银行一统天下的局面，银行业竞争加强。为了保证市场份额，各个银行纷纷推出小额贷款项目，加大对创业企业的支持力度。还有一部分银行进行差异化经营，将目光瞄准初始的创业活动，推出专门针对创业活动的贷款项目。金融发展程度的提高有效降低了银行业的垄断水平（王军辉，2014），增大了对创业的支持力度，对创业起到了直接促进作用。第二，政府专门出台了扶植创业活动的金融政策，2012年国务院颁布的《关于进一步支持小微企业健康发展的意见》，明确要求正规金融机构加大对小微企业创业活动的支持，此后又有了专门鼓励创业的贷款贴息项目，降低了创业者获得创业资金的成本。第三，利率的市场化改革使各个银行在资金价格杠杆的使用上有了弹性，优秀的创业项目可以获得优惠的贷款利率，从而减轻成本负担。第四，资本市场的发育为创业者提供了新的融资方式，从主板、创业板、新三板到地方性的股权交易中心，高科技创业企业、中小型创业企业都有了融资变现的新渠道。这极大地激发了创业者、特别是科技型创业者的创业热情，增强了他们创业成功的财富预期，催化了一大批创业者的创业行动。第五，正规金融行业的发展，也为创业者提供了进入金融业的契机。随着国家对正规金融行业管制的放松，金融市场进入门槛逐渐降低，已有所成的创业者将再次创业的目光对准了金融行业。他们的进入，一方面成就了自己的再创业行为，另一方面也格外关注新创业者的资金需求，为新创业者的创业实施分担了资金负担。总而言之，正规金融体系对创业活动的资金支持力度在慢慢增强，并且已经从单纯的资金支持发展到提升创业预期以及提供创业路径上来。金融改革深入的程度和创业倾向成正比（邵传林，2014）。正规金融体系的贷款可获得性越大，离正规金融体系的核心越近，创业活动越多（杨军等，2013）。

（二）非正规金融体系对创业活动的支持

虽然正规金融体系对创业活动的抑制作用逐步减弱（张龙耀等，2013），但仍然只有少部分创业者能够获得正规金融机构的贷款，更多人还需要依赖非正规金融体系。非正规金融体系能够支持创业的首要原因是创业在正规信贷市场面临的信贷约束。金融市场的信息不对称会导致逆向选择和道德风险，正规商业银行为了减少风险，倾向于信贷配给，对创业活动的贷款供给数量非常有限。而且，正规商业银行与创业者发生信贷交易的交易成本过高：首先是创业者分散、贷款需求小，其次是创业者在创业初始阶段的信息匮乏且不透明，既无法出示财务报表信息，也没有良好信誉的证明，更缺乏固定资产抵押物，正规金融体系所依赖的正式制度安排会面临高额的交易成本（李祎雯、张兵，2016）。信息不对称和交易成本过高的直接后果就是正规金融机构对创业支持的贷款供给意愿降低。而供给意愿降低带来的另一后果就是，一部分创业者因"无信心申贷"而退出了正规金融体系

（张龙耀、张春，2011）。因此，对创业者而言，存在供给型和需求型两种信贷约束（程郁等，2009）。

非正规金融则与正规金融相反。第一，它有信息获取方面的优势。非正规金融在地理和社会关系上比正规金融更靠近创业者，能够有效甄别借款者的信息，判断个人信誉的优劣，创业者无财务信息、无实物担保不会构成是否获取贷款的限制，因而大大增加了创业者获得资金的可能性。第二，它有契约执行方面的优势。非正规金融通常和熟人网络联系在一起，格雷夫定义的"多边声誉机制"在熟人网络中运作良好，若创业者因为不还款声誉受损，则可能遭受到网络的孤立或拒绝合作，以此作为对不守信者的处罚（陈翊，2014）。熟人网络又以共同价值观和群体信任为文化导向（陈翊，2013），能够简化贷款手续，降低交易成本，从而有助于创业者和非正规金融机构之间信贷交易的达成。郭云南等（2013）证明了以宗族组织为基础形成的民间借贷网络能够显著促进自主创业。第三，它有交易规则上的优势。非正规金融的信贷交易灵活机动，操作简便，在贷款金额、贷款时限、贷款利息支付手段、贷款利率以及还款手段上都能够融通便宜处理，这大大减少了对创业者的限制，提高了对创业活动的支持力度。

从现实来看，非正规金融已经成为创业者的首选金融支持渠道。在经济转型期间，很多创业者在新建以及经营过程中遇到资金方面问题的解决方案是高利贷，只有出于政治原因才会向银行这些正规金融机构借款（Luthans et al. 2011）。在正规金融越不发达的地方，非正规金融对创业活动的支持作用就越大（马光荣、杨恩艳，2011）。不仅是在新创业阶段，在中国农村地区，如果农户的创业活动进行到一定阶段需要继续扩大规模，正规信贷将不能满足农户需求，而只能依靠民间借贷（张海洋、袁雁静，2011）。陈刚（2015）则从侧面证明了非正规金融体系对创业的作用：金融规模扩张并未显著地影响个人的创业概率，但金融多样性与创业发生概率之间存在正向相关关系。按此观点，非正规金融的发展丰富了我国金融行业的多样性，从而有利于创业活动的开展。

二 金融保障对区域创业活动的影响

创业是一项高风险的经济行为。美国的研究统计，23.7%的创业活动两年内失败，50%的项目四年内失败，而超过63%的项目在六年后失败（Johnson，1991）。创业的高风险显然会让很多创业者望而却步，若存在一项制度可以平滑创业活动失败的风险，为创业者提供基本的生存保障，那么自然可以鼓励创业者的冒险精神，一方面将更多的个人资本积累投入创业活动，另一方面创业决策也不会那么保守。Baumol（1990）就指出，英国社会中社会精英愿意从事高风险的创业活动，一个重要原因就是完善的社会保障制度和专利保护制度，这些完善的制度为创业回报提供了担保。Velamuri（2012）的实证发现社会保险参加率与创业率正相关。在中国，各种不同的保险制度对创业活动总体呈正面影响，但是影响效率不太一致。陈怡安、陈刚（2015）的结论是参加社会保险促使个人创业概率提高2.1—2.5个百分点，周广肃（2016）的研究证明参加新农保能使农村家庭创业的概率提高1.9个百分点，郭云南（2016）则提出参加新农合的农民自主创业的可能性增加了约5个百分点，张玲玲（2017）发现参加城镇居民基本医疗保险的家庭比没有参加的家庭创业可能性大4.8%左右，周德水（2017）则区分了不同的保险类型，显示养老保险和医疗保险对居民家庭创业均有着明显的正面激励作用，而养老保险对家庭创业形成了"枷锁效应"。

理论上，完善的保险制度可以从两个方面促进创业。一是保险有助于创业者获得安全感，从而放松预算，将更多的个人资本积累或家庭财富积累投入到创业活动中去，提高了创业的资金投入。二是保险平滑了创业失败的风险，减少创业者对未来不确定因素的担忧，从而在创业决策时比较少受到非创业因素的困扰。当然，在目前阶段，我国农村很多地方的参保行为由政府给予补贴，使农村创业者降低了开支，将收入直接转化为创业的资金，也促进了创业活动数量的提升。

然而，金融市场不仅仅增加创业者的个人安全感从而为创业失败兜底，还能够通过金融创新来直接减少创业风险。通常认为创业者的风险偏好高于常人,但是西方学者 Brockhaus(1980)、Masters & Meier (1988)、Miner & Raju(2004)都发现创业者的风险偏好不仅和经理人类似,和普通人也是相似的。因此,创业者显然也具有分担风险的内在需求。若缺乏有效的风险分担机制,创业者就不得不过度承担创业风险,这很容易将一部分有才能的潜在创业者阻挡在创业门槛之外(赵征,2012)。早期的创业者主要依靠多元化经营等手段分散风险,而随着金融体系的发展,金融制度安排的多样化以及金融产品的不断创新,银行体系和资金市场上都有了一些新的金融合约安排,让资金供给者在提供融资的同时,也分担创业者一定程度的风险,从而形成创业活动的风险分担模式。而多元化的金融合约交易也让现代金融体系形成了多层次的风险配置机制,为创业者提供了专业化的风险承担机制。这无疑会激励创业实践的产生。

综上所述,金融要素禀赋从增加创业资金的金融信贷角度和减少创业风险的金融保障两个角度双管齐下,共同促进了区域创业活动的开展。

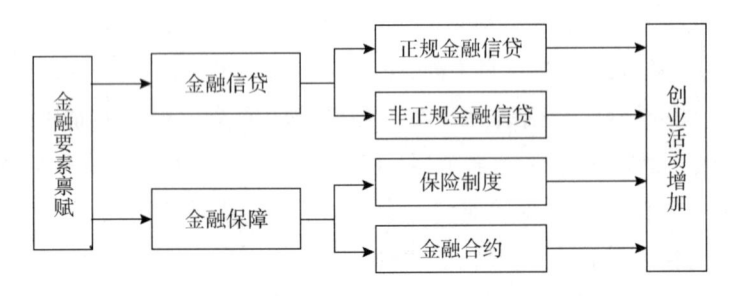

图4-3 金融要素禀赋促进区域创业活动的作用机理

第五节 技术要素对区域创业活动的影响

一 专有技术和区域创业活动

市场形势的转变让技术要素禀赋在创业活动中的地位突显出来。改革开放初期,创业活动刚刚开始兴起时,我们面临的市场是卖方市场，产品供不应求，所以创业者只要创业，只要进入生产领域生产出产品，就能够卖到市场并且获利。因此，创业活动更依赖于传统要素禀赋，比如土地、资金和劳动力。然而，目前我们的市场环境发生了巨大的变化，生活条件不断改善，物质水平极大提高，消费升级、产业升级的呼声越来越高，创业者的生产活动处于激烈的市场竞争中。因此，创业者必须形成自己的核心竞争优势，而技术则是核心竞争优势最重要的来源。创业者凭借独有技术、专利，创办新企业或开拓新业务，并借助差异化供给获得消费者和市场的认可，才能从创业活动中获利。从这个意义上讲，现在的创业活动和创新之间的联系越来越紧密，创业活动必须要提供新功能、新服务和新产品，否则就无法在激烈的市场环境中生存。创新活动越频繁的地区，创业活动也越容易涌现。

二 基础技术变革和区域创业活动

产业模式的变化突出了技术要素禀赋在创业活动中的作用。如果说，在创业者凭借独有的技术作为核心优势开展创业活动的情况下，一项技术只能支持一项创业活动，技术对创业活动的促进作用还比较小，那么技术与产业的结合则有可能引发产业模式的变革，出现一项技术支持大量的创业活动的局面，技术对创业活动的促进作用就大大放大了。一个典型的例子是，互联网技术、信息技术、大数据技术在商业领域的应用彻底改变了存在多年的实体销售模式，从根本上改变了商业生态环境，销售者借助互联网开设网店，消费者借助互联网购买商品，商业模式的变更孕育了无数的创业机会，带来大量的创业活动。事实上，"互联网＋"的模式不仅仅被运用在商业销售领域，还被广泛运用到交通、医疗、卫生、餐饮、金融等多个领域，带来了无数的利润增长点，孵化了大量的产业内创业者、为产业配套服务的创业者和为产业技术改进服务的创业者。当然，能够激发产业模式变更的技术要素禀赋必然是基础性的技术变革。基础性技术变革的特征是，它本身可能并不为创业直接服务，但是它具有诱发创业的能力。创业者将基础性的技术变革和实际应用结合起来，以技术变革为契机，改造已有的产业模式，优化社会经济的组织运行方式，进而创造新的业态和新的商业模式。从这个意义上讲，基础性的技术变革比专有技术对创业活动具有更重要的意义，它能为众多的创业者所利用，在技术和创业之间呈现一对多的关系，成为创业活动的大规模的孵化器，带有普惠性功能。因此，对基础性科技活动投入越多的区域，基础性科技活动产出越大的区域，创业活动越容易涌现。

三 知识溢出和区域创业活动

知识溢出让技术要素禀赋在创业活动中的作用得以彰显。知识创业已经成为现阶段创业活动的主流。土地、资本、劳动力等要素是传统创业活动的主要支柱，而知识创业的支柱是知识本身（代明等，2017）。Senges（2008）指出，知识创业不以利润最大化为目标而以知识生产为核心目标，期望能够提高应用知识产品的能力进而提高知识生产的绩效。Schartinger 等（2001）认为新知识是创业机会的重要源头，创业活动往往会围绕知识源头产生集聚效应。新知识不仅会带来创业机会，还会形成知识溢出的创业环境。Audretsch 和 Keilbach（2007）提出，知识丰富的环境或地区会孕育创业机会，继而引发高创业率。实践也证明，创业活动发生最频繁的产业是高新技术产业和信息技术产业。林苞（2013）用中国 30 个省份的面板数据的实证支持了知识溢出创业理论，丁明磊等（2010）认为，知识创业的本质是知识溢出效应扩散造就的"机会型"创业。知识溢出越多的区域，创业活动越容易涌现。因此，也越容易形成创业活动空间集聚的现象。

可见，区域创新所孵化的专有技术，区域基础性技术研发的投入，和区域知识溢出的程度，让技术要素禀赋在区域内富裕程度不一，这将导致创业活动在地理空间上的不均衡性（图 4-4）。

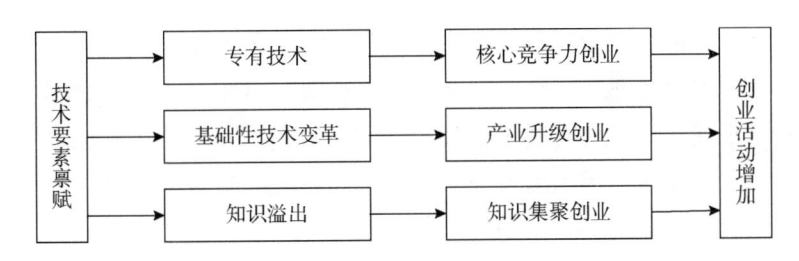

图 4-4　技术要素禀赋促进区域创业活动的作用机理

第六节　本章小结

制度、人力、金融和技术是影响创业活动的四大要素禀赋。本章从四大要素禀赋的地区差异性出发，讨论了它们对创业活动的影响，构建了六个基本假设，即区域法律制度越完善，区域高学历受教育者越多，区域个人资本积累的平均水平越高，区域正规金融贷款规模越大，区域非正规金融规模越大，区域技术投入越高，区域创业活动都会越活跃。

在假设的基础上，本章详细阐述了这四大要素禀赋是如何促进地区创业活动增加，并导致区域创业活动的非均衡性。

制度要素禀赋从宏观、中观和微观三个层次影响创业活动。宏观层面政治体制和经济体制的改革，从根本上改变创业政策和创业氛围，解决了创业活动能不能存在的问题；中观层面上，制度影响区域人力、金融和技术等要素禀赋的积累和孵化，从而间接影响了创业活动水平；微观层面上，正式的法律法规制度影响了创业者和市场经济主体的行为，直接导致了创业活动的生发。

充裕的人力要素禀赋意味着区域内部民众受教育较高，直接决定了区域潜在创业者的基数。充裕的人力要素禀赋还意味着能够为创业活动提供足够的劳动力。异质性的人力要素搭配在一起，能够更合理地组建创业团队，有利于人力资本密集型创业活动开展。

金融要素禀赋利用正规金融和非正规金融两个体系为创业活动提供信贷，从而解决创业的资金约束；金融要素禀赋还为创业活动提供金融保障，减少创业者后顾之忧和创业风险，从而鼓励创业活动开展。

技术要素禀赋从三个方面激励创业活动。技术所有者可以借助专有技术形成核心优势开展创业活动；基础性的技术与产业相结合导致产业模式的变更，进而引发大规模的创业活动；以知识为核心的知识创业已成为现阶段创业活动的主流。

当然，每一种要素都不能单独发挥作用，区域创业活动的分异其实是区域各种要素供给量的差异组合的共同结果。

第五章

要素禀赋与创业活动地区
分异的实证研究

第四章对要素禀赋如何导致创业活动地区分异的从理论上做了阐述,并设定了要素禀赋影响地区创业活动的六个基本假设。本章要利用计量方法,对这六个假设进行验证,并进一步分析和说明计量结果。

第一节 要素禀赋影响创业活动的实证分析

一 模型设定和估计方法

本章设计以下计量模型:

$$Ent_{it} = \alpha + \beta institution_{it} + \beta lnhuman_{it} + \beta lnincome_{it} + \beta ploan_{it}$$
$$+ \beta pinformal_{it} + \beta lnqsry_{it} + \beta Con_{it} + C_i + u_t + v_{it} \quad (5-1)$$

其中,i 表示省份,t 表示年份,因变量 Ent_{it} 为省份 i 在 t 期的创业水平,用工商登记注册的私营企业和个体户的数量之和的对数来表示。$institution_{it}$、$lnhuman_{it}$、$lnincome_{it}$、$ploan_{it}$、$pinformal_{it}$、$lnqsry_{it}$ 分别表示法律制度水平、创业者人才储备、个人资本积累、正规金融规模、非正规金融规模和要素禀赋投入这六个核心变量,Con_{it} 表示控制变量,C_i、u_t 分别为个体固定效应和时间固定效应,v_{it} 为随机误差项。

从模型可以看出,本书使用面板数据进行实证。对面板数据的估计主要有混合估计(OLS)、固定效应估计(FE)和随机效应估计(RE)三种方法。三个估计方法的选择,需要分两步。第一步是看个体效应是否明显。若个体效应不明显，使用混合估计即可，反之则使用固定效应估计。具体看 F 统计量指标，F 检验的原假设是混合估计和固定效应估计无差别，若拒绝了原假设，则使用固定效应。在确定固定效应优于混合估计后，需要进行第二步的判断，判断使用固定效应还是随机效应，判断依据是 Hausman 检验。Hausman 检验的原假设是随机效应和固定效应的系数无系统性差异，拒绝原假设则意味着使用固定效应模型。

二 变量选择和说明

（一）变量选择

1. 制度要素禀赋

制度是一个抽象的、难以量化的指标，但聚焦于法律法规时，制度要素禀赋在度量时有了更加客观的标准。王小鲁、樊纲在设计中国的市场化进程指数时，考虑了政府与市场关系、非国有经济、产业市场发育程度、要素市场发育程度、市场中介组织和法律制度五个子方面，并为每个子方面提供了具体的数值指标。目前该指标已经成为国内学术界公认的比较权威的指标，大量学者在研究中加以运用。本书即采用其中法律制度这一子指数作为正规制度要素的代理变量。需要说明的是，王小鲁和樊纲的市场化进程研究分两个阶段：第一阶段是从 2000 年到 2011 年，其间共出了六个报告，报告了 1997—2009 年度中国的市场化指数；第二个阶段在 2014 年后，以 2014 年出版的《中国市场化八年进程报告》和 2016 年出版的《中国分省份市场化指数报告（2016）》为代表，报告了 2008—2014 年的中国市场化进程的各项指数。但是第二阶段的指数以 2008 年作为基期，其数据处理方式和前一阶段不一致，因而不能合并。本书采用 2008—2014 年的数据进行研究。

2. 人力要素禀赋

一个地区所拥有的高学历人才存量越大，该地区创业活动发生的可能性也越大，接受高等教育的人数是一个地区人力要素禀赋的主要标志。而在我国，高等教育指的就是大学教育。近几年，随着中国高校普遍开展创业教育，越来越多受过高等教育的大学毕业生加入了自主创业的行动行列中。以本专科大学毕业生的数量作为一个地区潜在创业者储备的代理变量，具有理论和现实依据。

3. 金融要素禀赋

为了全面考察金融要素禀赋对创业的影响，本书需要考虑三个指标：反映创业者自身原始资金积累的指标、反映正规金融支持的指标和反映非正规金融支持的指标。

反映创业者自身原始资金积累的指标，本书选用了地区个人可支配收入。原因在于，本书着眼于宏观层面创业活动水平的差异，所选用的指标要充分考虑到地区人口所拥有的平均财富水平，而个人可支配收入有效地显示了这一内涵。

反映正规金融发展规模的指标，本书选用了年末金融机构贷款余额占GDP的比重。因为正规金融机构接受中国人民银行的管辖，有向其申报各项经济活动业务数据的义务，因此该数据比较客观和准确。而金融机构贷款的大部分是用于生产性的经营活动，在一定水平上显示了各省正规金融体系支持创业活动的力度。

非正规金融规模的估计是一个现实难题。国内已有研究中对非正规金融规模测度指标，大致可以分成三种思路。第一类思路是根据已有的正规体系的数据对非正规体系的数据进行测算。郑兰祥（2006）等采用资本形成与国民储蓄的偏离度度量非正式金融的影响；李建军（2010）按照已知的贷款增量和GDP的一定比例来估算未观测贷款增量；冯海红（2015）假设北京的民间金融为零，以北京的资金投入和GDP比例为参照，其他省份按此比例推断非正规金融的规模。这一做法从已知推导未知，比较客观，但缺点也显而易见：已知指标和未知指标之间要存在比较苛刻的比例关系，否则估算偏差会比较严重。第二种思路是寻找确定性指标，其中最有代表性的做法是用民间利率水平作为衡量非正规金融发展水平的负指标。陈志武（2005）、姚耀军（2009）等人认为，民间利率水平越低，非正规金融发展水平越高。但是该做法的缺陷在于不能反映不同年度民间借贷水平的变化，不适用于面板数据的刻画。非正规金融测度的第三种思路是寻找代理变量。哈斯（2012）用模糊数学模型证明小额贷款公司对民间融资具有替代和转化作用；王擎、田娇（2014）就以小额贷款公司的贷款规模作为非正规金融的代理变量；而冉光和（2012）、胡宗义（2013）等人则将固定资产投资构成中的自筹资金和其他资金部分视为非正规金融的代理变量。这种方法的直观性强，数值精确，相对前面两种方法不容易产生偏差。本书采用了第三种思路。在《中国统计年鉴》中，固定资产投资按照其来源被分成国家预算内资金、国内贷款、利用外资、自筹资金和其他资金，通常国家预算内资金、国内贷款和利用外资被视为正规金融部分，其余被视为非正规金融。本书计算了自筹资金部分占 GDP 的比重，作为非正规金融的代理变量。

4. 技术要素指标

技术要素是影响地区创业水平的重要要素禀赋，那么，如何衡量区域间技术要素禀赋的差异？已有研究中比较常见的做法是使用地区研发（R&D）经费。这一指标存在的问题是，总体而言，我国的创业活动的水平层次较低，生存型创业活动比例较大，机会型创业活动中也包含了大量的低端的、模仿的、重复竞争的行业，而研发经费的差距更多地是由项目本身的难度、尖端程度所决定的，其投入更多地形成专有技术，为某一经济实体独有，比较难表达普惠性技术水平的提升，与地区创业水平的直接联系不够紧密。本书更换思路，使用地区科技全时人员数目来表示。科技工作者可以从事高精尖端的科技水平研发，也可以从事普惠性的、基础性的、实用性的科技水平研发，因此，科技工作者的数量更能够反映一个区域基本的科技发展状况，是创业所需的技术要素禀赋的合理指标。

5. 控制变量

除了以前这六个核心指标，本书还另外设置了四个控制指标：对外贸易水平、城镇化水平、产业结构和政府财政支出规模。对外贸易使用进出口总额占 GDP 的比例，城镇化水平用城镇人口占总人口的比重，产业结构使用第二产业占 GDP 的比重，政府财政支出使用政府财政支出占 GDP 的比重。

概括起来，本章使用法律制度发展水平、大学毕业生人数、个人可支配收入、年末金融机构贷款、固定资产自筹部分和研发全时人员数来表示地区的制度、人力、资金和技术要素禀赋。为了充分体现这些要素的作用，本书控制了对外贸易水平、城镇化水平、产业结构和政府财政支出的作用。表5-1列出了上述核心和控制变量的具体内容。

表5-1　　　要素禀赋影响创业活动实证分析的各项指标

指标内容	代理指标	具体数据
因变量：创业水平	各个省份的创业水平	工商登记注册的私营企业数和个体户数量之和的对数
核心变量1：制度要素禀赋	法律制度发展水平	市场化进程的子指标法律制度环境
核心变量2：人力要素禀赋	高学历受教育者人数	每万人本专科毕业生数的对数
核心变量3—5：资金要素禀赋	个人资本积累	个人可支配收入的对数
	正规金融的规模	年末金融机构贷款余额占GDP比重
	非正规金融的规模	固定资产自筹部分占GDP比重
核心变量6：技术要素禀赋	科技工作人员的规模	研发全时人员的对数
控制变量1	对外贸易水平	进出口总额占GDP的比例
控制变量2	城镇化水平	城镇人口占总人口的比重
控制变量3	产业结构	第二产业占GDP的比重
控制变量4	政府财政支出	政府财政支出占GDP的比重

（二）数据来源和说明

对于上述所有的代理变量指标，我们选取了2008—2014年度的数据。为什么时间选在2008—2014年？首先，2008年对中国创业来说是一个重要的年份。2008年发生的金融危机波及全世界，国际市场对中国产品的需求一落千丈，国内实体经济面临严峻的挑战，就业市场所能够提供的工作岗位急剧下降。在这种情况下，国家出台了多渠道、多样化的创业支持政策，要求各个部门分工协调，整体上营造鼓励创业、便利创业的氛围，让广大人民群众自主创业，解决就业问题。这与2008年之前的零散的、局部的、大多为各个部门自行制定的创业扶持政策截然不同。可以说，2008年是中国创业活动的一个分割点。其次，本书研究中所使用的制度因素的代理变量是市场化进程指数中的法律制度分指数。该指数虽然始于1997年，但是1997—2009年度的指数和2008—2014年度的指数目前技术上还无法合并，迫于数据可得性，我们将研究年份设定在2008年之后。所有的解释变量中，制度指数来源于王小鲁、樊纲的《中国分省份市场化指数报告（2016）》，研发全时人员来源于《中国科技统计年鉴》，其他数据均来源于各年度的《中国统计年鉴》。各核心变量和控制变量的统计性描述见表5-2。

表5-2　　　　　　　　变量描述性统计特征

变量	代码	样本数	均值	标准差	最小值	最大值
法律制度发展水平	institution	217	4.608	3.524	-0.700	16.19
高学历受教育者人数	lnhuman	217	3.728	0.352	2.860	4.460
个人资本积累	lnincome	217	9.793	0.297	9.184	10.74
正规金融的规模	ploan	217	1.093	0.362	0.537	2.555
非正规金融的规模	pinformal	217	1.093	0.362	0.537	2.555
科技工作人员的规模	lnqsry	217	10.68	1.350	6.454	13.14
对外贸易规模	trade	217	0.327	0.386	0.0371	1.663
城镇化水平	urban	217	0.513	0.138	0.0815	0.896
产业结构	structure	217	0.562	0.876	0.0788	12.76
政府财政支出	gov	217	0.253	0.193	0.0874	1.291

三　全国层面实证结果报告

表5-3　　　　　要素禀赋影响创业活动实证分析的回归结果

变量	因变量：创业水平				
	模型（1）	模型（2）	模型（3）	模型（4）	模型（5）
institution	0.0135**	0.0140**	0.0126**	0.0125**	0.0127**
	(0.00646)	(0.00633)	(0.00620)	(0.00623)	(0.00631)
lnhuman	0.330***	0.263***	0.290***	0.289***	0.289***
	(0.0959)	(0.0967)	(0.0947)	(0.0951)	(0.0954)

续表

变量	因变量：创业水平				
	模型（1）	模型（2）	模型（3）	模型（4）	模型（5）
lnincome	0.150***	0.164***	0.126**	0.129**	0.123**
	(0.0504)	(0.0496)	(0.0499)	(0.0512)	(0.0563)
ploan	0.133**	0.182***	0.158**	0.154**	0.140*
	(0.0670)	(0.0677)	(0.0665)	(0.0678)	(0.0846)
pinformal	0.625***	0.613***	0.611***	0.610***	0.613***
	(0.1110)	(0.1090)	(0.1070)	(0.1070)	(0.1070)
lnqsry	0.342***	0.348***	0.315***	0.316***	0.314***
	(0.0527)	(0.0516)	(0.0514)	(0.0517)	(0.0523)
trade		0.345***	0.380***	0.375***	0.365***
		(0.117)	(0.115)	(0.117)	(0.122)
urban			0.388***	0.387***	0.392***
			(0.1230)	(0.1230)	(0.1250)
structure				0.00230	0.00203
				(0.00821)	(0.00829)
gov					0.0879
					(0.3110)
F检验	57.46	60.18	58.41	57.71	57.41
	(0.0000)	(0.0000)	(0.0000)	(0.0000)	(0.0000)
Hausma检验值	47.72	52.04	69.44	60.40	62.91
	(0.0000)	(0.0000)	(0.0000)	(0.0000)	(0.0000)
模型	FE	FE	FE	FE	FE
N	217	217	217	217	217

注：参数括号内为稳健标准误，F检验、Hausman检验括号里为p值；***、**、*分别表示1%、5%、10%水平下显著。本章所有表格符号含义相同，不再赘述。所有检验都采用了聚类稳健性检验的方法。

将影响地区创业活动水平的六个变量作为核心变量进入计量模型，实行混合估计、固定效应估计和随机效应估计。F检验值为57.46，p值为0.0000，拒绝了混合估计；Hausman检验值47.72，p值为0.0000，拒绝了随机效应，因而固定效应模型比较合理。表5-3中模型（1）报告了六个变量的估计结果，六个变量对区域创业活动水平都存在显著的正效应，证实了第四章的六个假设。这与已有的文献结论类似，也符合本书的预期，后续将进一步详细讨论。

四 稳健性检验

在得到回归结果之后，有必要对上述结果是否稳健进行验证。本书采用了两种方法来检验稳健性。

第一种方法是在已有模型中逐步加入控制变量。各个省份的个体效应是不容忽视的，为了控制截面的异质性，本书逐步加入了对外贸易、城镇化水平、产业结构和政府财政支出等几个控制变量。模型（2）表示在控制了各个省份的对外贸易水平的差异之后，六个变量对创业活动的作用；模型（3）表示控制了各个省份对外贸易和城镇化水平的差异之后，六个变量对创业活动的作用；模型（4）表示在控制了对外贸易、城镇化水平、产业结构的差异之后，六个变量对创业活动的作用；模型（5）表示在控制了对外贸易、城镇化水平、产业结构和政府财政支出之后，六个变量对创业活动的作用。显然，即便加入了这些控制变量，核心变量的正负符号和显著性都没有发生变化，甚至连估计参数的波动也非常小，人力资本、个人可支配收入、正规金融规模略有上下，其他三个参数几乎没有变化。

第二种检验稳健性的方法是更换因变量。本书的因变量是各个地区的不同的创业水平，使用的是工商登记注册的个体户数和私营企业户数的总和。在论及创业活动时，另一个常用的指标是创业企业的就业规模，即个体企业和私营企业的就业人员数量。有学者将前者理解为创业的数量效应，将后者理解为创业的质量效应，两者经常同时被用于讨论创业水平和企业家精神。本书的稳健性检验中，将因变量替换为个体和私营企业吸收的就业人数占总人口的比例。个体企业和私营企业就业人数来自中经网数据库，回归结果如表5-4所示。

表5-4显示了创业企业就业规模与六个影响创业的变量之间的回归结果。同样，所有的检验都显示需要采用固定效应检验，六个影响地区创业活动差异的变量中，除了非正规金融这一要素变得不显著，

其余都表现了显著的正效应。即便是在逐步加入四个控制变量之后，也没有改变正负符号和显著性，估计参数的波动也非常小。

通过加入控制变量和变更因变量进行回归，结果显示实证结果基本稳健。

表5-4 更换因变量后要素禀赋影响创业活动实证分析的回归结果

变量	因变量：创业企业就业规模				
	模型（1）	模型（2）	模型（3）	模型（4）	模型（5）
institution	0.00530***	0.00537***	0.00526***	0.00516***	0.00529***
	(0.00130)	(0.00129)	(0.00129)	(0.00129)	(0.00131)
lnhuman	0.0457**	0.0356*	0.0376*	0.0363*	0.0366*
	(0.0193)	(0.0197)	(0.0197)	(0.0197)	(0.0198)
lnincome	0.0260**	0.0282***	0.0253**	0.0279***	0.0248**
	(0.0101)	(0.0101)	(0.0104)	(0.0106)	(0.0117)
ploan	0.0229*	0.0303**	0.0285**	0.0257*	0.0187
	(0.0135)	(0.0138)	(0.0139)	(0.0141)	(0.0175)
pinformal	0.0202	0.0184	0.0182	0.0177	0.0189
	(0.0224)	(0.0222)	(0.0222)	(0.0222)	(0.0223)
lnqsry	0.0417***	0.0427***	0.0403***	0.0411***	0.0400***
	(0.0106)	(0.0105)	(0.0107)	(0.0107)	(0.0109)
trade		0.0521**	0.0548**	0.0506**	0.0459*
		(0.0239)	(0.0240)	(0.0242)	(0.0252)
urban			0.0287	0.0283	0.0306
			(0.0256)	(0.0256)	(0.0259)
structure				0.00195	0.00182
				(0.00170)	(0.00172)
gov					0.0427
					(0.0644)
F统计量	19.28	18.64	18.60	18.26	16.14
	(0.0000)	(0.0000)	(0.0000)	(0.0000)	(0.0000)
Hausma检验	30.56	29.34	29.80	39.46	35.45
	(0.0000)	(0.0001)	(0.0002)	(0.0000)	(0.0000)
模型	FE	FE	FE	FE	FE

续表

变量	因变量：创业企业就业规模				
	模型（1）	模型（2）	模型（3）	模型（4）	模型（5）
N	217	217	217	217	217

五 分板块实证结果报告

在获得全国的统计回归结果并进行稳健性检验后，需要进一步分析各个要素禀赋在不同板块对创业活动的影响程度。全国和各区域的回归结果如表5-5所示。

表5-5　全国不同区域素禀赋影响创业活动实证分析的回归结果

变量	因变量：创业总水平			
	全国	东部	中部	西部
institution	0.0135**	0.0161**	-0.0130	0.0275**
	(0.00646)	(0.00653)	(0.0221)	(0.0125)
lnhuman	0.330***	0.0128	-0.137	0.763***
	(0.0959)	(0.1440)	(0.1840)	(0.1570)
lnincome	0.150***	0.0938	0.441***	0.00930
	(0.0504)	(0.0757)	(0.1230)	(0.0720)
ploan	0.133**	0.185*	0.177	0.149*
	(0.0670)	(0.1040)	(0.2300)	(0.0800)
pinformal	0.625***	0.408**	0.615***	0.303*
	(0.1110)	(0.1620)	(0.2350)	(0.1780)
lnqsry	0.342***	0.371***	0.632***	0.260***
	(0.0527)	(0.0661)	(0.0795)	(0.0953)
F统计量	57.46	81.85	244.46	64.29
	(0.0000)	(0.0000)	(0.0000)	(0.0000)
Hausman检验	47.72	24.46	6.96	29.76
	(0.0000)	(0.0004)	(0.3246)	(0.0000)
模型选择	FE	FE	RE	FE
N	217	77	56	84

六 实证结果分析

表5-5显示,在全国和三个地区的估计中,方程整体非常显著,且回归结果都判断模型存在个体效应,不应使用混合回归。中部地区的Hausman检验值为6.96,p值达到了0.3246,支持选择随机效应模型;全国、东部和西部的数据全部通过了1%的显著性检验,支持选择固定效应模型。下面逐一分析各个要素禀赋对创业活动的影响。

(一)制度要素禀赋对创业活动的影响

制度是创业活动发生的大环境,以市场化进程指数中的法律制度环境子指数作为制度的代理变量,研究其对创业活动的影响,其参数估计值有如下几个特征。其一,整体而言,制度要素禀赋的参数估计值在不同区范围内的显著性不太稳定,数值大小方面甚至出现了正负符号的区别,参数差异性极为明显。其二,就全国而言,制度要素变量的参数估计值为正值,且显著性良好,表明制度要素确实能够起到提升创业活动的作用。其三,就不同区域而言,在东部和西部,制度要素禀赋变量的参数值为正值,且通过了5%的显著性检验;在中部地区,制度要素禀赋的参数估计值为负值,且无法通过显著性检验。

从这些数值可以获得几个方面的认知。

首先,总体而言,制度要素禀赋的创业效应是正向的。法律制度设定了经济活动主体的权利界限,规范了市场交易行为,减少了"寻租"空间,为创业者创业创造了一个公正公平的环境。在全国范围和大部分地区,法律制度环境的建设和改善有效地带动了区域创业活动水平的上升。这和Acemoglu(1995)、Mehlum(2003)、庄子银(2007)等人的研究结果一致,法律制度有利于创业活动向生产性活动的配置。因此,进一步完善法律法规,创造公正透明的制度环境,仍然是整体上提升中国创业水平的重要途径。

其次,制度要素禀赋对不同区域的创业活动的激励作用存在差异。在西部地区创业活动的激励作用最为明显,系数达到了0.0275,远远高于全国平均水平0.0135、东部的0.0161和中部的-0.0130。这和目前各个地区创业活动的活跃程度保持一致。西部是几个区域中创业活动增长率最高的区域，2008—2014年年均创业水平增长率为2.45%，高于东部的1.85%和中部的2.32%。而其中，私营企业增长率尤其显著，达到了年均8.28%，而东部和中部地区仅有3.55%和4.9%。所以，西部地区创业活动的快速增长很大部分来源于制度建设的贡献。

最后，制度作为一种无形的要素禀赋，与其他有形的要素禀赋相比，对创业活动的直接作用比较有限。纵观全国和东、中、西部的估计结果，制度要素禀赋的参数值基本都处于所有变量参数值的倒数第一位或者倒数第二位，在中部地区甚至直接为负。从这个方面讲，制度要素禀赋现在还仍然是创业活动相关因素中的"短板"，还存在着巨大的提升空间。尤其是中部地区，相关的制度过于死板，抑制了创业活动的积极性。事实上，制度和创业活动存在着某种程度的对立。创业者是具有"破坏力的人"，他们发明新的产品、新的生产方式、新的商业模式或开拓新的市场。而制度则设定规则、规定市场主体的行为范围和权利义务（刘岳川，2017），在一定程度上抑制着创业者的破坏性行为。但这种对立并不是绝对的。制度设计的基本出发点是为了规范利益分享机制，设定合理的市场规则，是为了保护绝大多已有经济成果。但是，制度也需存在一定的弹性空间，避免过于死板，因为相对于经济活动行为，制度往往是滞后的。在现代信息社会，技术一日千里，创业创新活动时有发生，制度与之相比更趋向刚性，因而时常发生创新创业行为倒逼制度建设的事情，近年来"共享经济""快车"等现象的出现，都倒逼政府相关部门重新制定游戏规则。因此，从这个方面讲，制度供给是创业活动必需的要素禀赋，但是过于僵化的制度有可能反而会伤害创业。制度边界需要弹性，留给创业活动生存的空间。

总体而言，制度要素禀赋改善了法治环境、规范了市场交易行为、减少创业活动的不确定性和创业创新的风险性，从而间接促进创业活动的开展的。在良好的法律制度环境下，创业所需要的人力要素禀赋、资金要素禀赋和技术要素禀赋有了更加宽松完善的生存空间，能够通过市场机制进行合理有效的配置，从而达到最大化的创业活动绩效。

（二）人力要素禀赋对创业活动的影响

人是创业活动的主体，一个地区的创业活动的活跃程度和该地区所拥有的具备创业素质和创业能力的人才数量息息相关。本书以每万人本专科毕业生人数作为一个地区创业人才储备的代理变量来衡量人力要素禀赋对创业活动的影响，相应的参数估计值具有多个方面的数值特征。其一，整体而言，人力要素禀赋的参数估计值在不同区域范围内的显著性不太稳定，数值大小方面甚至出现了正负符号的区别，参数差异性极为明显。其二，从全国范围看，人力资源禀赋变量的参数估计值为正值且通过1%的检验，表明人力要素禀赋确实能够有效拉动创业活动。其三，人力要素禀赋在全国层面的功效在不同的区域范围内得以分化。在东部，人力要素禀赋的参数估计值在东部和中部都不显著，只有在西部地区，该参数才和全国层面保持一致，不仅显著为正而且其值很大，达到了0.763。

以上数值结果可以从几个方面去寻找原因。

首先，创业主体具有多样性的特征。改革开放以来，村支书、乡镇企业管理层、农民、下海官员、企业中层管理人员、城市下岗工人、返乡农民工都先后成为创业活动的主要群体，接受过高等教育的创业者是在2000年后才慢慢成为主力的。随着大量海外留学人员归国创业热潮的掀起，以及国内高新技术的发展，越来越多的本土大学毕业生投身到创业的洪流中去。可以判断，在未来的创业者的结构构成上，大学生将越来越成为主流，但是存量创业者中未接受高等教育者并不少。具体到东部地区，改革开放后，东部地区率先拉开创业帷幕，草根创业者登上历史舞台。这种草根创业的局面一直延续至今，创业观念已经深入人心，形成全民创业的氛围，因而创业者在开展创业活动时并不特地考虑自身的人力资本积累，换句话说，人力要素禀赋的创业效应并不显著。反倒是西部地区，创业活动总体起步较晚，近几年才成为热潮。接受了高等教育的人理念更新，观念开放，因而更愿意投身到具有冒险性的创业活动中去；而创业者在决定是否开始创业时也会估量自身的人力资本积累，这两方面结合使拥有高等教育文凭的群体成为西部地区创业者的主体，因此人力资本要素禀赋对创业活动的溢出效应非常显著。

其次,中部地区人力要素禀赋对创业活动的负作用同正常的预期并不符合。中部省份是中国高等教育的重地,湖南、湖北、江西等省有大量的高等院校,每年的本专科毕业生人数非常之多,本应有力地促使该区域创业水平大发展。但并没有观察这样的结果。原因之一是大学生的初始创业水平一般都比较低,属于重复性的、模仿型的创业;而中部地区又是大学生密度较高的地区,这可能会导致大学生创业的淘汰率比其他区域来得更高,畏惧失败的心理抑制了大学毕业生参与创业活动的热情。另一个原因是,中部地区属于思想比较保守的地区,尤其是黑龙江、吉林等地,传统观念中对创业持排斥态度,更倾向于在体制内得到一份稳定的工作,所以也抑制了高学历人才参与创业活动的积极性。还有一个劳动力的人口结构方面的原因,创业活动需要不同类型人力资源的匹配,高学历创业者的创业活动需要得到一般人力资源的支持;然而中部省份是我国劳动力的输出大省,高学历人口和实际在岗的一般劳动力的比值高于其他区域。当高学历人口和一般的劳动力人口的比例失衡、较多高学历创业者竞争较少一般劳动力时,创业活动出现了一般劳动力的限制瓶颈,高学历对创业活动的支持作用就严重被削弱了。

从上述分析可以看出,以高学历人才为表征的人力要素禀赋和创业活动普及之间并不存在着单一、直接的联系方式。创业活动的开展,不仅受制于潜在创业者的人才数量贮备,也受制于创业观念、创业氛围甚至劳动力总人口等因素。过去三十年,中国庞大的劳动力基数带来了巨大的"人口红利",使一些简单粗暴的创业方式也能够获得巨额利润。然而,随着这种人口红利的逐渐消失,以往低端复制的创业方式越来越难以获得成功,这就要求创业者必须积极转向,转到依靠科技、新的商业模式的创业路径上来。

(三) 个人资本积累对创业活动的影响

创业初期的资金来源一般以个体的资本积累为主。以个人可支配收入作为表征的个人资本积累对创业活动的影响,其估计值表现出以下数值特征。其一,整体而言,个人资本积累对创业活动呈正向促进作用，但是在显著性和数值大小上存在较大差异。其二，就全国情况而言，个人资本积累的参数估计值为正且通过了1%的显著性水平检验，证实了该要素对创业活动的重要性。其三，就各个区域而言，个人资本积累仅仅在中部地区和全国一致，保持显著的正效应，在东部和西部都不显著。其四，同样是金融要素禀赋，个人资本积累的估计参数基本上小于正规金融体系和非正规金融体系的估计值。

对于该参数的估计结果，可以从几个方面去讨论。

其一，本书在讨论支持创业的个人金融要素禀赋时，只考虑了个人可支配收入。但是实际上，无论是生存型还是机会型创业，创业的启动资金并不一定只来自个体自身的原始资本积累，更多的是集合整个家庭甚至是整个家族的资金。而采用个人可支配收入作为代理变量时，忽略了家庭其他成员对于创业所做的资金贡献，所以会导致不同区域的估计值变得不显著，或者估计值偏小。

其二，整体而言，个人资本积累对于创业的积极正面作用是不可否认的，在各个区域作用的大和小、显著和不显著是由于其他融资渠道的原因导致的。东部和西部的个人资本积累估计值都不显著，因为这两个区域的正规金融体系和非正规金融体系发挥了较好的融资功能，创业者获取资金相对比较容易，所以并不依赖个人原始资本积累。

其三，中部地区创业活动对个人资本积累的畸形依赖，是和正规金融的不作为联系在一起的。实证显示，中部地区正规金融体系对创业活动的影响无法得以验证。与之相反的，中部地区非正规金融体系对创业活动具有显著的、正向的、巨大的作用。由于正规金融不作为，个人资本积累对创业活动的推动作用彰显出来。

其四，个人资本积累只是创业者资金来源的一个部分。总体而言，与正规金融的放贷和非正规金融渠道的融资而言，创业者的个人资本积累规模要小得多。因而个人资本积累的参数估计值在整体上低于正规金融和非正规金融。

综上所述，个人资本积累、正规金融体系、非正规金融体系都是创业者获取创业资金的融资渠道，三者之间存在替代性。作为内部融资方式，个人资本积累的整体规模小于正规金融和非正规金融，故而对创业活动的影响力不如外部融资方式。这也提示我们,如果区域存在健全的外部融资方式,个人资本积累的内部融资方式很容易会被取代。

(四) 正规金融体系对创业活动的影响

正规金融体系是我国企业最主要的融资渠道,对创业活动具有重要意义。以年末银行机构存贷款余额表示的正规金融体系对创业活动的影响到底如何?回归结果有如下参数特征。首先,在全国层面上,正规金融影响创业活动的参数估计值为0.133,且通过了1%的显著性检验。其次,从各个区域层面看,中部地区正规金融体系的参数估计值不显著,东部和西部通过10%的显著性检验。最后,无论是否显著,正规金融体系的估计值在全国和东中西部的参数差异极为细微,表明其在各个地区对创业活动的提高具有稳定的贡献。

正规金融估计参数所反映的内涵包括如下几点。

其一,正规金融对创业活动的正面影响作用是能够得以印证的。因此要大力发挥正规金融在创业创新领域的积极作用。

其二,正规金融在中部地区的不显著,是与中部地区个人资本积累和非正规金融规模状况联系在一起的。中部地区个人资本积累和非正规金融规模的参数相对较大且非常显著,正说明了由于正规金融对创业活动没有发挥应有的作用,所以创业活动只能利用个人资本或者非正规金融渠道来融资。相反,东部和西部地区正规金融规模的参数显著且相对较大,其个人资本积累的参数就相对较小且不显著,说明这两个地区的正规金融更多地发挥自身对创业的溢出效应。

其三,如果将全国和各个地区的正规金融渠道的参数与非正规金融渠道的参数相比,会发现正规金融的参数普遍小于非正规金融。这很明确地提示我们,正规金融对创业活动的支持力度远远小于非正规金融对创业的支持力度。虽然当前的正规金融规模能够发挥一些作用,不是创业活动六个指标中的"短板",但是正规金融的作用还存在着一定的提升空间。

总之,正规金融发挥了自身对创业活动的作用,但是这种作用与其在国民经济中的地位完全不匹配,还存在着继续发挥功效的空间。

（五）非正规金融体系对创业活动的影响

非正规金融渠道是创业活动的重要融资渠道。以固定资产中自筹部分作为非正规金融的代理变量，估计非正规金融体系对创业活动的影响，其回归结果的参数表现出高度的一致性，即无论是在全国层面还是在各个不同的区域层面，该参数估计值都为正数，皆呈现了统计学意义上的显著性，但是各个区域的数值之间存在一定差异。这一数值特征内化的含义包括如下几点。

首先，非正规金融对创业活动的支持是独立的、显著、直接的，受其他因素影响较少。

其次，从具体数值上看，全国层面和中部地区的参数较大，东部地区和西部地区的参数相对较小。但是如果把个人资本积累和正规金融规模两个融资渠道考虑进来，我们就不难解释这个现象：东部和西部的正规金融和非正规金融的搭配更合理些，两者都显著发挥作用；但是中部地区正规金融没有发挥应有作用，尽管中部地区个人资本积累的对创业的溢出效应很显著，但是个人资本积累的总体规模与正规金融和非正规金融的总体规模不可同日而语，所以单纯依靠个人资本积累远远不能提供足够的创业资本，只能相对更多地依赖非正规金融。

再次，比较个人资本积累、正规金融和非正规金融的参数估计值，发现无论是全国还是各个区域层面，非正规金融对创业活动的支持作用在三种融资方式中来得最大，说明目前非正规金融渠道仍然是创业资金的首要来源。

最后，比较非正规金融与其他五个要素禀赋的参数估计值，显示非正规金融的参数估计值要大于其他五个要素的参数估计值。说明比起制度、人力和技术，金融要素禀赋对创业活动的支持力度更高，作用更大。

总之，非正规金融对创业活动具有重要的、独立的、直接的影响。这种影响甚至超越了制度、人力和技术约束，成为六个变量中的核心变量。

（六）技术要素禀赋对创业活动的影响

以研发全时工作人员人数为代理指标的技术要素禀赋在全国和三大区域的显著性程度良好，其相应的数值特征概况为如下几个方面。其一，技术要素禀赋变量在全国和区域层面上都极其显著地表现出正效应，所有参数估计值都通过了1%的显著性检验，表明了技术要素禀赋对于提升创业水平显而易见的作用。其二，就全国而言，技术要素禀赋对创业活动的参数值为显著的正值，且参数估计值在六个要素禀赋中较大，说明技术要素禀赋在全国范围内承担了促进创业活动的重任。其三，就不同的区域而言，该要素禀赋的创业效应在东中西部表现出一定的差异水平，但与各个地区其他六个要素禀赋的参数相比，其参数绝对值也比较大，同样体现了科技进步的力量。

技术要素禀赋的参数估计值可以带来如下几个方面的思考。

首先，科技发展对于创业水平的提升具有普惠性的作用。

其次，技术要素的创业效应在各个区域不同。中部地区最高，东部其次，西部最低。这从一个侧面描述了创业活动的现状，中部地区的创业活动更多地是通过高新技术企业的方式展开，西部地区的创业活动可能更多地集中在低端复制阶段，而东部地区作为创业活动的排头兵，兼具高新技术创业模式和低端复制的创业模式。

第三，比起人力、资金和制度要素禀赋，技术要素禀赋的重要性一点都不逊色，无论是全国还是东中部，技术要素禀赋的参数估计值的绝对值都在六个参数中排名第一或第二，显示出其推动创业活动水平的巨大力量。在西部，技术要素禀赋的参数估计绝对值也排在人力资本和非正规金融之后，名列第三。而且技术要素禀赋的未来潜质很大，它很可能会超越人力、资金和制度因素，成为创业活动的首要推动因素。

总之，技术对于创业活动的作用非常明确，在各个区域之间差异也不大。

综上所述，制度、人力、金融和科技四个要素禀赋都在全国范围内对区域创业活动产生了正面的、显著的影响，其中金融要素禀赋和技术要素禀赋显示了更为强大的推动力。

七 要素禀赋影响创业活动的规律总结

前文以各个要素禀赋为对象，从横向上分析了它们在不同区域之间的差异。这一部分我们将从纵向观察，看看不同地区之间要素禀赋对创业活动的影响作用是否存在差异,并从中总结一般性的规律。

纵向看,各个地区要素禀赋对创业活动的影响不尽相同。东部地区非正规金融机构和技术的贡献比较大,人力要素禀赋和制度要素禀赋的作用并不显著;中部地区和东部地区类似,技术禀赋和非正规金融的作用较强,制度要素禀赋和人力要素禀赋甚至出现不显著的负作用;而西部则截然相反,主要依赖丰裕的人力要素禀赋以及非正规金融,制度和人均资本积累作用非常有限。另外,东部和西部地区正规金融和非正规金融发展相对均衡,个人资本积累对创业活动的促进作用就不显著;中部地区正规金融对创业的作用不显著,个人资本积累的影响力就大大上升。

这对我们有如下几点启示。

第一,不同的要素禀赋之间是可以替代或者互补的。比如个人资本积累、正规金融规模、非正规金融规模之间就可以相互替代。不仅如此,创业所需的人、财、物之间也是可以替代和互补的。东部、中部地区资金和技术能够发挥应有作用,对高学历人力要素禀赋的依赖就少一些;西部地区技术促进创业的功能相对有限,人力要素禀赋就发挥了更大的作用。换句话说,人力要素禀赋可以弥补资金上的缺陷,技术要素禀赋也可以弥补人力上的缺陷,人力、金融和技术对创业活动的影响并不存在一个最优的比例,而是可以通过动态调整这三者之间的比例,让要素禀赋相互替代或者互补,共同促进创业活动的开展。

第二,我国现有的金融体系存在严重弊端。正常而言,一个国家的正规金融机构要担负其促进生产和发展的主要功能,非正规金融体系只能作为正规金融体系的补充,在正规金融体系覆盖不到地方起到查缺补漏的作用。但是,本书发现,非正规金融体系在支持创业活动的力度全面超越了正规金融体系,并成为所有要素禀赋中对创业活动的外溢效应最大的要素禀赋。是创业者使用非正规金融的意愿更强吗?答案恐怕是否定的。创业活动初期风险大,创业的结果成败尚未知晓,创业者又缺乏足够的抵押担保物,这些因素都极大程度上削弱了正规金融对创业活动的支持力度。创业者正是由于无法从正规金融渠道得到相应的支持,所以才不得不借助非正规金融渠道。这也提示着我们,要鼓励大众创业，正规金融机构能够发挥作用的空间还非常大。

第三，在全国和区域层面，技术要素都是推动创业活动的重要的、基本的要素。技术要成为创业活动的推手，必须不断推陈出新，持续发挥增量效应。然而，比起人力和资金要素禀赋，技术推动创业活动的路径更复杂。如前所述，推动创业活动的技术成果有两类。第一类技术成果是独有技术，能够直接启动创业活动，它通常是创业企业的核心技术，人无我有的独特技术形成了行业进入壁垒，从而使技术成果所有者可以凭借该技术创办新企业。这种技术是排他性的、独享性的、竞争性的，所以拥有这种技术成果的创业者往往更加重视技术和研发的投入，以进一步巩固和提升企业的核心竞争力。第二类技术成果是一些基础性的变革，它并不能够直接带来创业活动的增加，但是它们若和合适的商业模式结合并加以运用，可能会引发巨大的创业活动热潮。比如互联网就从根本上改变了人们消费的方式，从而让大量创业者可以借助互联网平台进行销售或提供各种服务。目前"互联网+"已经进入了交通、运输、医疗等各个领域，"共享经济"平台下掀起了"大众创业"的热潮。然而，第二类技术成果对创业活动的推动作用是间接的、不确定的，这种技术成果在研发时并不考虑创业的需要，甚至连"能否推动创业活动""如何推动创业活动"这些基本问题也不能给予确定的答案，对这种技术投资不确定性极高。而且这一类技术又是非排他性的、非竞争的、共享性的，具有公共产品的性质，创业活动可能从中受益，但是创业者不会为此买单。因此，第二类技术成果很少有私人企业会主动去开发和研究（当然，我们也不排除有一些企业主动承担社会责任，选择进行基础的研发，马云宣布投资1000亿元成立阿里巴巴达摩院就是例子之一）。这种基础性的科研投入可能还主要依赖国家和政府的支持。

第四，制度要素禀赋不是直接作用于创业活动的，它会改善其他各种要素禀赋产生的空间，将其他要素资源的配置合理化，从而间接影响创业活动。因而在各个区域的回归中参数不显著或者不大是可以理解的，这说明了制度要素禀赋促进创业的直接效应不显著或比较有限。然而，这并不意味制度要素禀赋不重要。这更加说明我们需要设计一个合理的制度体系,减少制度要素禀赋对创业活动的负面影响,减少制度要素禀赋的时滞性,增加制度环境的弹性空间,让创业活动在制度许可的范围开展探索性的创新尝试,从而拓宽创业活动的生存空间。

第二节 要素禀赋对创业活动地区分异的贡献度分析

一 夏普里值分解法

夏普里值法是研究相互博弈的各方人士如何分担成本或分配收益的数学方法,Shorrocks(1999)据此提出因子贡献度测算,用于分解每个自变量对因变量的差异所做出的贡献。夏普里分解有两种基本思路。第一种思路,在获得方程回归结果后,分别衡量自变量和因变量的差异程度,然后将自变量的差异程度与各自的参数估计值结合起来,衡量该自变量差异对因变量差异的贡献程度。另一种思路,在方程估计之后,去掉某个自变量,观察方程估计效果的变化,然后比较其中的变化值与原有的估计效果的差异,以便测算出该自变量对方程估计的贡献程度。两种方法思路有差异,但结果含义一致。正常的回归中,自变量的参数估计值表明了该自变量对因变量的影响方式、影响程度。参数估计值越大说明同样自变量的变化幅度,能够引起因变量更大幅度的变化。这种影响仅仅是不同观测样本因变量差异程度的一个方面。如果某一自变量在观测样本个体之间差距不大,尽管参数估计值较大,但自变量差异对因变量差异的贡献仍然有限。因此,夏普里值分析提供了某一自变量差异对因变量差异贡献程度的度量,这种贡献程度一方面取决于自变量的参数估计值,另一方面取决于自变量自身的样本个体差异程度。

二 夏普里值分解的结果及分析

将全国、东部、中部和西部的影响创业活动的六个变量使用 stata14.0 进行夏普里分析,结果如表 5-6 所示。

表 5-6　　　　　　　　六个变量夏普里值分解结果

区域	全国		东部		中部		西部	
指标	夏普里值	贡献率(%)	夏普里值	贡献率(%)	夏普里值	贡献率(%)	夏普里值	贡献率(%)
institution	0.08856	10.75	0.15782	17.71	0.09732	11.72	0.05324	6.23
lnhuman	0.15468	18.77	0.10338	11.60	0.09001	10.84	0.26300	30.80
lnincome	0.06227	7.56	0.11271	12.65	0.13573	16.35	0.01829	2.14
ploan	0.08692	10.55	0.06925	7.77	0.10873	13.09	0.10308	12.07
pinformal	0.18354	22.28	0.15061	16.90	0.16965	20.43	0.17460	20.45
lnqsry	0.23215	28.17	0.28439	31.91	0.22897	27.57	0.21514	25.19
total	0.82395	100.00	0.89113	100.00	0.83040	100.00	0.85390	100.00

制度要素禀赋在全国范围内对创业活动地区差异的贡献度达到10.75%，在六个变量中贡献度名列第四，仅略微高于个人资本积累和正规金融规模。在三个区域中，制度要素禀赋在东部的作用较为显著，贡献率为17.71%，排名第二；在中部和西部的贡献率分别为11.72%和6.23%，排名第五。

人力要素禀赋在全国范围内对创业活动地区差异的贡献度达到18.77%，在六个变量中贡献度排名第三，但是在各个区域之间的差异很大。在东部地区，人力要素禀赋的贡献度为11.60%，位列第五；在中部地区，贡献度为10.84%，位列第六；在西部地区，贡献度为30.80%，位列第一。

个人资本积累在全国范围内对创业活动地区差异的贡献度仅为7.56%，是六个变量中最低的。具体到各个不同的区域，东部地区、中部地区和西部地区的贡献度分别为12.65%、16.35%和2.14%，相应的排名为第四、第三和倒数第一。

正规金融规模在全国范围内对创业活动地区差异的贡献度为10.55%，在六个变量中贡献度排名第五。该因素在东部地区的贡献度为7.77%，位居最后；在中部地区的贡献度为13.09%，位居第四；在西部地区的贡献度为12.07%，位居第四。

非正规金融规模在全国层面上对创业活动地区差异的贡献度为

22.28%，在六个变量中排在第二位。在区域层面上，非正规金融规模对东部地区创业活动的地区差异贡献度为16.90%，排在六个变量中的第三位；对中部地区创业活动的地区差异贡献度为20.43%，排在第六因素中的第二位；对西部创业活动的地区差异贡献度为20.45%，排在六个变量中的第三位。

技术要素禀赋对创业活动地区差异的贡献度最为耀眼。从全国层面看，该要素禀赋的贡献度为28.17%，排名第一。从各个区域层面看，该要素禀赋对东、中、西部的创业活动地区差异的贡献度也分别达到了31.91%、27.57%和25.19%，在六个变量中相应的排名分别为第一、第一和第二。

考虑到个人资本积累、正规金融和非正规金融都是创业活动的融资方式，同属于创业活动金融要素禀赋的部分，我们将这三项合并，按照制度要素禀赋、人力要素禀赋、金融要素禀赋和技术要素禀赋这四项内容重新进行了夏普里分解。分解结果如表5-7所示。

表5-7 　　　　　　　四种要素禀赋夏普里值分解结果

	全国		东部		中部		西部	
	夏普里值	贡献率(%)	夏普里值	贡献率(%)	夏普里值	贡献率(%)	夏普里值	贡献率(%)
制度要素禀赋	0.10182	12.36	0.17847	20.03	0.12950	15.60	0.05996	7.02
人力要素禀赋	0.18286	22.19	0.12998	14.59	0.10949	13.19	0.29325	34.34
金融要素禀赋	0.26324	31.95	0.25520	28.64	0.32209	38.79	0.23118	27.07
技术要素禀赋	0.26019	31.58	0.31452	35.29	0.26931	32.43	0.24295	28.45
总计	0.82395	100.00	0.89113	100.00	0.83040	100.00	0.85390	100.00

按照四项要素禀赋分解之后，各项要素禀赋的贡献度有了一定的变化。

制度要素禀赋在全国范围对创业活动地区差异的贡献度为12.36%，

在四种要素禀赋中位列第四；在东部地区的贡献度为 20.03%，位列第三；在中部地区的贡献度为 15.60%，位列第三；在西部地区的贡献度特别小，仅为 7.02%，位列第四。总体说来，制度要素的贡献度最小。

人力要素禀赋在全国范围内对创业活动地区差异的贡献度为 22.19%，在四种要素禀赋中排在第三位。不同区域范围中，人力资本要素禀赋对东部地区的创业活动地区差异的贡献度为 14.59%，排在末位；对中部地区的创业活动的地区差异的贡献度为 13.19%，排在末位；对西部地区的创业活动的地区差异的贡献度高达 34.34%，排在首位。

金融要素禀赋对创业活动地区差异的贡献率，在全国高达 31.95%，在四种要素禀赋中居于首位。该要素禀赋对东部、中部、西部的创业活动贡献率也分别达到 28.64%、38.79% 和 27.07%，在四种要素禀赋中排在第二、第一和第三的位置。

技术要素禀赋对创业活动地区差异性的贡献非常惊人。在全国层面，该贡献率达到了 31.58%，居第二。在区域层面，该贡献率的值分别为 35.29%、32.43% 和 28.45%，在四种要素禀赋中排名第一、第二和第二。

三 对创业活动地区分异贡献度的分析

上述结果显示，不同的要素禀赋对创业活动的地区差异存在不同的贡献度。透过这些不同的贡献度，可以发现影响创业活动地区差异的一般性规律。

第一，金融要素禀赋是创业活动水平在区域之间差异的首要贡献因素。可以看出，金融要素禀赋在全国以及三个区域对创业活动地区差异的贡献度都很高，在全国和中部地区都居于首位。这说明，目前我国在省级层面上的创业活动差异主要是由于各个省份金融资源约束的状况不同所造成的。金融资源约束是创业活动的最重要的硬约束。放松金融约束可以强有力地推进地区创业水平的发展。

第二，技术要素禀赋成为创业活动水平在区域之间差异的重要贡献因素。在全国范围内，技术要素禀赋和金融要素禀赋对创业水平地区差异的贡献程度几乎并驾齐驱，在西部和中部两者也几乎不分上下，在东部甚至高于金融要素禀赋的贡献。技术要素禀赋对创业和活动的触发路径有三条。首先，技术成果本身是核心竞争力，创业者借助技术成果的核心竞争力创业，这种途径引发的创业活动是个别的、零散的。第二种途径，技术成果改变了基础设施，触发了新的商业模式，而新的商业模式可以为众多的创业者所利用，由此引发大规模的创业浪潮。第三，技术成果的广泛运用降低了创业成本，减少了创业进入的门槛，由此引发大规模创业。可见，后两条路径所诱致的创业活动的规模远远大于第一条路径。东部地区正是切实实地利用技术成果改变了科技基础设施水平，致力于发展互联网科技，大力改善网络基础设施，比如宽带接入、网络速度和物流水平，因而得以在目前的互联网创业活动的格局中领先。可以想象，随着"互联网＋"创业浪潮的推进，技术要素禀赋对区域创业水平差距的贡献度还将进一步扩大。

第三，制度要素禀赋对创业活动区域水平的差异贡献度总体较小。首先，制度是影响创业水平的非直接要素禀赋，它一般是通过影响创业环境、影响宏观层面间接作用于微观主体的，和直接要素禀赋相比贡献度略小。其次，制度本身作为要素供给，在全国各个区域内的差别比较小。我国大多数的法律还是全国层面的法律制度，需要经过全国人大的审核通过，省级层面地方性的法律法规差异性不是很大。最后，制度的直接作用虽然不大，但是制度要素禀赋的作用范畴却很大，它可以对每一个其他的要素范畴产生影响，进而影响到创业活动；而其他要素禀赋的作用范畴却相对有限。

第四，创业活动地区差异的主要驱动力不同。通过各个地区的夏普里分解可以发现，各个要素禀赋之间的贡献度并不平衡。说明不同地区创业活动的驱动模式并不一致。总体而言，我国创业活动的地区差异主要是由"金融＋技术"这两种要素禀赋导致的，全国层面、东部地区和中部地区都是如此。西部地区则是人力、技术、金融三种要素禀赋并驾齐驱，共同驱动了创业活动的地区差异化。

第五，各种要素禀赋的协同水平尚有待提高。从各个区域之间的夏普里分解结果可知，各种要素禀赋在区域之间表现出不同的结构比例。从东部来看,技术要素禀赋和金融要素禀赋作为支柱驱动创业活动的开展,制度要素禀赋基本发挥了其应有的作用,但是人力要素禀赋的贡献度偏低。从中部看,金融要素禀赋和技术要素禀赋是创业活动的主要驱动力,制度和人力要素禀赋的贡献度相对偏低,还有挖掘的空间。从西部来看,人才、技术、金融三者比例不相上下,成为驱动创业活动的三驾马车,而制度要素禀赋在整个贡献度中数值严重偏低,缺失了其应有的地位,因此,西部地区更应该在制度建设方面发力,为创业活动的未来提升发掘潜力。

第三节 不同创业类型的分样本实证

前面我们实证了要素禀赋对创业活动的影响,但是考虑到创业活动有不同的类型,要素禀赋对不同类型创业活动的功能和作用会发生变化。因此,有必要分别验证要素禀赋和生存型及机会型创业活动之间的关系。

一 生存型创业

生存型创业活动是以解决个人就业问题为主要目的、具有强烈经济导向的创业活动,因此,与微观个体具有紧密关系的要素禀赋对生存型创业活动影响更大。

(一)制度要素禀赋

制度要素禀赋的主要功能是构建合理的法律法规制度,规范市场主体的经济行为,防止恶性竞争和损害他人经济利益的行为,这些宏观层面上的措施有利于企业减少交易成本,减少不确定性,规避创业风险。个体工商户在创业时,虽然也考虑这些宏观层面上的问题,但是更多的决策还是基于个人的出发点:比如是否有能力经营管理,是否有足够的起始资金,是否能增加个人收入,是否能承担创业失败的经济损失,是否具有行业优势,受宏观层面法律制度的直接影响比较小,两者不产生直接的联系。

第五章 要素禀赋与创业活动地区分异的实证研究

由此设定假设 5-1：区域法律制度发育程度对生存型创业不产生必然影响。

（二）人力要素禀赋

人力要素禀赋是创业主体的人力资源储备。本书以本、专科大学毕业生数来衡量一个地区潜在创业者储备。2008—2014 年，中国高校本专科毕业生从 511.95 万人增加到了 659.27 万人，大学毕业生的自主创业率也从 1% 增加到了 2.9%，自主创业的总人数在持续增加[①]（见图 5-1）。虽然很多大学毕业生在毕业之前已经有了创业理想和创业计划，但是在具体实施上，他们受制于人手、资金、场地等各个方面的制约，也考虑到经营成本的问题，还是较多在工商部门登记注册为个体户，所以仍然属于生存型创业的范畴。

由此设定假设 5-2：区域高学历受教育者人数越多，生存型创业活动越多。

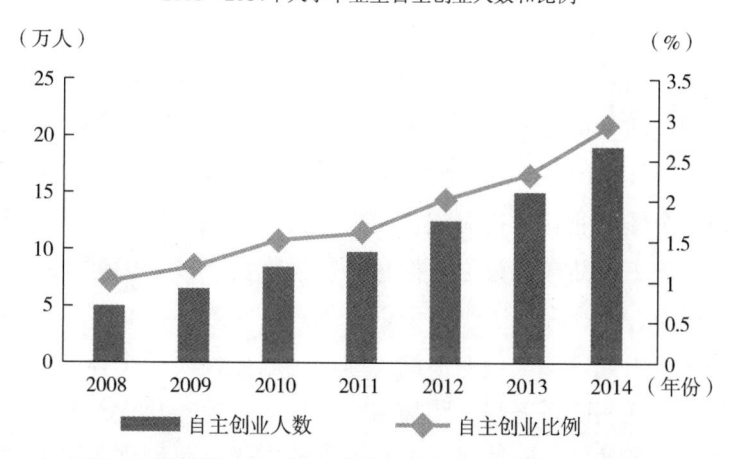

图 5-1 2008—2014 年大学毕业生自主创业的人数和比例

（三）金融要素禀赋

金融要素禀赋为创业活动提供必要的启动资金。显然，作为工商个体户，在开始创业之前是不可能凭借创业项目从银行获得贷款的，

---

① 根据麦可思研究所 2009—2015 年发布的《中国大学生就业报告》整理而得。

一个比较迂回的办法是以家庭已有的资产（比如房产）作为抵押物取得个人消费贷款作为创业启动资金。与之相反的是，个人已有的资本积累此时就发挥了很重要的作用，因为工商个体户创业所要求的启动资金不高，完全可以依靠已有的个人积蓄来实现；即便个人资本积累不足以应付创业所需，还可以发动家庭成员、家族成员甚至亲朋好友，以非正规的渠道进行融资。对大学毕业生而言，发动亲朋好友、通过非正规渠道融资获得创业启动资金就显得尤其重要，因为其个人资本积累往往很少甚至没有。麦可思在《大学生就业报告》中也明确指出，大学生自主创业的资金来源主要是父母、亲友和个人积蓄，商业贷款和政府扶持的资金来源很少。[1]

由此设定假设 5 - 3：个人资本积累、正规金融规模和非正规金融规模对生存型创业活动有重要作用。生存型创业对内部融资的倚重高于对外部融资的倚重。

（四）技术要素禀赋

技术要素禀赋为创业活动提供基本的技术支持。如前所述，技术要素禀赋可以是专有的，也可以是共享的、普惠的。技术要素禀赋对生存型创业活动的影响主要表现在普惠性的技术的应用上。近几年，随着互联网技术的不断深入发展，各大网站为生存型创业提供了良好的平台。个体创业者依托淘宝、天猫等大型平台，将线下店转换为线上店，拓展了产品来源渠道，拓宽了销售市场，减少了创业启动资金和创业风险，大大降低了生存型创业的难度系数，提高了生存型创业的成功率，由此带动了创业浪潮。即便是服务性质的个体工商户，也可以借助互联网联系客户、传播名声、点对点地对接供给和需求，大大提供了服务的效率和质量。生存型创业者通过复制别人已有的利用普惠性技术成果的方法，借助网络平台，成功地降低了生存型创业的难度，提高了生存型创业的成果。

由此设定假设 5 - 4：技术要素禀赋对生存型创业活动存在普惠作用。

---

[1] 麦可思研究所：《2011 年中国大学生就业报告》，社会科学文献出版社 2012 年版。

(五) 各个要素回归结果

表5-8报告了全国和三个区域范围内各个要素禀赋对生存型创业的回归结果。结果显示,上述所有的假设在全国层面都可以得到印证:制度要素对生存型创业活动的影响不显著,人力要素、金融要素和技术要素都起到了显著的作用;而金融要素中,非正规金融渠道也确实起到了最大的作用,个人资本积累的作用其次,正规金融起到的作用最少。在三个不同的区域层面,制度要素的作用同样不显著,技术要素的普惠性也得以证实。

表5-8 不同区域要素禀赋对生存型创业的回归结果

变量	全国	东部	中部	西部
institution	0.00289	0.00920	-0.00397	0.00395
	(0.00629)	(0.00581)	(0.0237)	(0.0123)
lnhuman	0.427***	0.495***	-0.150	0.756***
	(0.0933)	(0.1280)	(0.2020)	(0.1540)
lnincome	0.125**	0.0355	0.429***	0.000897
	(0.0490)	(0.0674)	(0.1310)	(0.0708)
ploan	0.120*	0.0330	0.205	0.184**
	(0.0652)	(0.0923)	(0.2530)	(0.0786)
pinformal	0.460***	0.460***	0.371	0.0480
	(0.1080)	(0.1440)	(0.2570)	(0.1750)
lnqsry	0.284***	0.235***	0.569***	0.220**
	(0.0512)	(0.0588)	(0.0882)	(0.0937)
F统计量	106.59	75.94	165.39	45.35
	(0.0000)	(0.0000)	(0.0000)	(0.0000)
Hausman	62.12	45.12	6.35	34.37
检验值	(0.0000)	(0.0000)	0.3856	(0.0000)
模型	FE	FE	RE	FE
观测值	217	77	56	84

略有差别的是人力要素和金融要素。人力资源要素在东部和西部的作用得以证实,但是在中部的作用并不显著,其可能的原因有三个:首先,从历史看,该区域是东、中、西三个区域中最为富饶的地

区，人们基本的生存生活压力并不大，通过生存型创业改变生存现状的诉求较低；其次，该区域创业观念相对滞后，人们更倾向于稳定的工作和安逸的生活，因而创业倾向偏好较低；再次，该地区高校毕业生的密度很高，但是"孔雀东南飞"的现象也非常普遍，因而高校大学生毕业人数与生存型创业之间不存在着明显的线性联系。而人力要素对西部的生存型创业活动起到很大的促进作用，首先说明西部地区作为现今中国经济最不发达的地区，人们有改善生活条件的迫切需求，而这其中大学生是最充满激情和行动力的群体，他们并不愿意在体制内"等靠要"，而希望通过自己的创业行动改变现状。其次，光有激情和能力还不够，还需要有能力把创业诉求转化为实际创业行动，在西部地区，具备这样能力的还是大学生群体。大学生群体眼界相对较宽，更多地接触互联网技术，能够较为熟练地应用互联网平台缩小与外界的差距，善于发现自身和外界的比较优势。因此，人力要素在西部地区对创业活动的推动作用显得尤其明显。至于金融要素禀赋，三个区域中东部是非正规金融规模最大、最活跃的地区，其对生存型创业的支持力度也最大最明显；而中部的非正规金融系统相对较不发达，但是个体收入水平尚可，所以生存型创业所需要的资金主要来自个人资本积累；至于西部地区，由于总体收入水平比较低，依靠个人资本积累实现创业不太现实，而个人收入的有限也限制了非正规金融市场的规模和发展，无法为创业活动输血，因此，只有依靠正规金融体系。而国家为了鼓励西部发展和西部地区创业，设置了很多鼓励的优惠政策，创业者能够比较容易地通过正规金融体系获得资金资助，一些基金会和 NGO 组织也在西部地区做了很多尝试性的金融创新工作，为个体的生存型创业和正规金融渠道之间牵线搭桥。[①] 理所当然的，正规金融体系成了西部地区生存型创业中最重要的金融支持渠道，因而在回归结果中表现得非常显著。

---

① 始于孟加拉的格莱珉模式，就在中国云南和富滇银行合作，开办富滇—格莱珉扶贫贷款项目。2016 年 5 月的首批贷款发放给 7 位农户，总计 10.2 万元。新华网，http://www.yn.xinhuanet.com/2016news2/20160606/3189689_c.html。

二 机会型创业

机会型创业活动是以实现个人创业梦想为主要目的、具有强烈理想导向的创业活动,创业诉求高于生存型创业,因而对要素禀赋的要求也和生存型创业有所不同。

(一) 制度要素禀赋

较之个体工商户,私营企业对创业投资的初始资金、创业者的个体能力、创业企业的技术水平要求都更高,创业失败带来的损失也越大。因此,是否创办私营企业,创业者会从各个方面进行仔细的评估,衡量创业风险,衡量创业投入和产出比,衡量自身是否能够承担创业失败导致的后果。如若宏观层面能够进行制度设计,提供机会型创业的风险规避机制,或尽量减少机会型创业的不确定性,则可以有效地激发创业主体的创业积极性。私营企业规模和经济体量较之个体工商户要大,与市场上其他经济主体发生经济联系的频率更频繁,发生交易纠纷、恶性竞争的概率也较大。私营企业若经营失败,丧失的就业岗位也比较多,比起个体工商户,私营企业退出市场的后果更加严重一些。因此,私营企业也更加需要法律法规的保护,需要相关法律法规规范市场主体行为,防止恶性竞争,保护正常的经营利益。因此,比起生存型创业,机会型创业需要合适的制度环境来孵化,良好的制度环境下机会型创业活动会更加活跃。

由此设定假设 5-5:区域法律制度越完善,越能够推动机会型创业活动。

(二) 人力要素禀赋

较之生存型创业,机会型创业不仅仅是创业者的自雇,还存在着他雇行为,除了要求创业者有创业激情,更要有成熟的创业心态和相应的创业经验,创业者对市场的判断、对趋势的把握、对技术的掌握都影响着机会型创业的结果。尤其是在创业活动具有悠久历史的地区,早期的创业活动早已经孵化了一批成熟的企业家,新进入的创业者无论在资本、经验、资历和管理经验方面都和成熟企业家存在天壤之别。

因此，新进入的创业者不会贸然开始创办私营企业，可能先通过被雇的形式了解行业特征积累经验，或者以个体工商户的形式小规模试验，试验成功再进一步开始机会型创业。所以总体来说，大学毕业生比较少在毕业当年就开始创办私营企业。反之，在创业历史没有那么长的地区，有经验的成熟的企业家较少，新进入的创业者遇到的行业阻碍和壁垒也没有那么高，总体创业竞争性不强，创业失败的概率相对会更低一些，那么大学毕业生创业可能偏向直接开始创办私营企业，而无须通过个体工商户或者被雇阶段积累创业经验。

由此设定假设5-6：高学历受教育者数量与机会型创业活动正相关。在创业活动竞争较强的地区，高学历受教育者数量和机会型创业活动之间的联系比较弱；在创业活动竞争较弱的地区，高学历受教育者数量和机会型创业活动之间的联系比较强。

(三) 金融要素禀赋

较之生存型创业，机会型创业无疑对资本的起点有更高的要求。因此，基于个体自身的资本积累不可忽视，外部的融资渠道更加不可忽略。融资渠道畅通，创业的资金阻碍就少，创业活动出现的频率就会越高。因此，区域本身的金融规模越大，对机会型创业活动的支持力度就越高，无论是个人的可支配收入、正规金融规模还是非正规金融规模，都是如此。虽然个人资本积累、正规金融规模和非正规金融规模三者在创业起始资金的来源上可以相互替代，但是机会型创业的资本要求相对较高（根据我国工商管理部门的规定，私营企业注册登记前要先经过验资，而个体工商户则没有此项要求），尤其是创办上规模的私营企业。因此，私营企业的融资方式和私营企业的规模相关。在经济发达、平均收入水平较高的地区，内部融资可能可以满足创办小规模私营企业的要求，但是大规模的私营企业仍然需要外部融资。在经济欠发达地区，无论小规模的私营企业还是大规模的私营企业，个人资本积累都很难满足要求，主要依靠外部融资渠道。

由此设定假设5-7：个人资本积累、正规金融规模和非正规金融规模对机会型创业活动都起到推动作用，三者具有可替代性。但是机会型创业活动的规模越大，对内部融资的倚重越小，对外部融资的倚重越大。

（四）技术要素禀赋

相比于生存型创业，机会型创业的整体技术含量要高一些。技术甚至已经成为机会型创业的一股重要的推动力量，许多创业者，特别是受过高等教育的创业者，会凭借独有的技术资源、独有的专利、独有的发明创造开办高新技术企业，开始机会型创业。各地政府还特地设置了高新技术园区，邀请拥有独特专利的技术型人才入驻，提供各种优惠政策，孵化高新技术企业，可见，机会型创业本身对专有技术存在着一定的依赖性。另一方面，机会型创业对普惠性技术的利用和开发也远远高于生存型创业。机会型创业者不仅仅关注到了普惠性技术的存在，而且能够找到将普惠性技术与已有产业有效结合的楔入点，或者利用普惠性技术改造现有的商业模式，造就新的商业模式，由此带来巨大的社会变革。阿里巴巴网络技术公司就是一个典型的例子。可见，专有技术和普惠性技术都可以推动机会型创业的发生。

由此设定假设5-8：技术要素禀赋对机会型创业活动具有推动作用。

（五）各个要素回归结果

表5-9报告了各种要素禀赋对机会型创业活动的回归结果。结果显示，上述假设5-5至5-8在全国层面上都得到了验证，制度要素禀赋、人力资本要素禀赋、金融要素禀赋和技术要素禀赋的回归系数都通过显著性检验，且都为正数。其中，非正规金融规模的参数估计值最大，说明金融要素在机会型创业中的首要作用，解除金融约束可以有力地推进机会型创业活动的开展。在区域层面上，技术要素禀赋的参数系数在三个区域都通过了1%的显著性检验，而且都显示正值，充分说明了技术要素禀赋在机会型创业活动中贡献的力量。制度要素禀赋的参数系数在东部和西部通过了1%的统计学检验水平，显示了显著的正向效应，但是在中部地区无法得到验证。如前文所述，中部地区人口作为中国历史上较为富饶的地区，在创业观念上有所滞后，偏好体制内工作、追求安逸生活的文化传统阻碍了创业活动的开展，

这种文化观念抵消了正规制度因素所带来的正面效应。人力要素禀赋在东部和中部的回归系数不显著，但是在西部地区回归系数不仅显著而且在所有的参数值中最大，可以从市场的竞争性去解释。东部和中部地区创业活动起步较早，培育了一大批拥有成功的创业经验、成熟的管理经验、高度的创业资本的创业者。大学生作为新进入创业市场的创业者，是无法直接和这些早期的创业者对抗的，因而更多通过其他途径修炼身心，徐徐图之。所以在东部和中部地区，本专科毕业生数和创业活动的数量之间没有显著的线性关系。反而在西部这一创业热潮出现较晚的地区，成熟的创业者数量不多，新进入的创业者水平差异不大，创业竞争性总体不强，对机会型创业者的经验、能力要求相对不高，大学生可以直接从创办私营企业起步，本专科毕业生和机会型创业之间呈现了显著的线性关系。麦可思在《2011年中国大学生就业报告》中就指出，2011届大学毕业生中自主创业比例最高的经济区域是陕甘宁青区域经济体。不仅如此，在推动西部机会型创业活动的所有要素禀赋中，人力要素的参数估计值远远高于其他要素的参数估计值，这也说明西部地区在资金和技术要素制约较大的情况下，将人力要素禀赋作为突破口，积极鼓励大学生创业，以带动西部经济发展。在金融要素禀赋对机会型创业的推进作用上，三个区域显示了不同的模式。东部地区主要依靠非正规金融和个人资本积累，这和东部地区整体个人收入较高、非正规金融市场发达的现状相符；西部地区则主要依靠正规金融渠道，这也显示西部地区总体个人收入太低，个人和家庭积蓄无法支撑机会型创业活动，非正规金融市场又不够发达，不能提供足够支持，而由于国家的特殊扶持政策，西部地区的正规金融体系愿意为扶贫开发提供资金支援，因而机会型创业者能够从正规金融渠道获得足够的支持；中部地区则同时依靠个人资本积累和正规金融渠道，因为中部地区的整体个人收入尚可，能够有一些积蓄支持创业，但是排斥创业的社会氛围使从亲朋好友借钱创业或通过私人借贷借钱创业的路径走不通，所以变着法儿从正规金融渠道获得资金成了另一条途径。

表 5-9　不同区域要素禀赋对机会型创业的回归结果

变量	全国	东部	中部	西部
institution	0.0303***	0.0260***	0.00325	0.0756***
	(0.00902)	(0.00917)	(0.0211)	(0.0166)
lnhuman	0.641***	-0.256	-0.157	1.365***
	(0.1340)	(0.1900)	(0.2330)	(0.2080)
lnincome	0.120*	0.260**	0.398***	-0.0564
	(0.0703)	(0.1080)	(0.1140)	(0.0956)
ploan	0.336***	0.165	0.720**	0.410***
	(0.0936)	(0.1330)	(0.2810)	(0.1060)
pinformal	0.702***	0.536***	0.476	0.234
	(0.1560)	(0.1990)	(0.2840)	(0.2370)
lnqsry	0.463***	0.525***	0.824***	0.370***
	(0.0735)	(0.0712)	(0.1120)	(0.1270)
F 统计量	158.38	468.56	75.03	106.51
	(0.0000)	(0.0000)	(0.0000)	(0.0000)
Hausman 检验	19.91	3.99	14.69	23.54
	(0.0029)	(0.6784)	(0.0228)	(0.0006)
模型	FE	RE	FE	FE
观测值	217	77	56	84

第四节　本章小结

本章对上一章所做的制度、人力、金融和技术这四种要素禀赋与创业活动之间联系的假设进行了实证研究。

实证结果证实了第四章的六个基本假设。区域法律制度越完善，区域创业活动越活跃；区域高学历受教育者越多，区域创业活动越活跃；区域个人资本积累的平均水平越高，区域创业活动越活跃；区域正规金融贷款规模越大，区域创业活动越活跃；区域非正规金融规模越大，区域创业活动越活跃；区域技术投入越高，区域创业活动越活跃。

然而，具体到东中西部三个不同区域，四种要素禀赋所能起到的作用各有差异。东部地区非正规和正规金融规模、技术要素禀赋、制度要素禀赋的作用更加突出，中部地区技术要素禀赋、非正规金融规模和个人可支配收入的作用更加明显，西部地区则主要依托人才要素禀赋、技术要素禀赋正规金融体系和制度要素禀赋。三个区域的不同结果，首先证明了"技术是第一生产力"，无论哪个区域的创业活动都离不开技术要素禀赋的支持。其次，三个区域的不同结果还与这些区域已有的金融发展水平相适应，东部地区的正规金融和非正规金融规模庞大且愿意支持创业活动，中部地区的正规金融体系对创业活动的支持力度不够强，所以更多的依托个人资本积累和非正规金融体系，西部地区的个人资本积累和非正规金融体系底子太薄无法支持创业活动，所幸有国家的优惠政策鼓励正规金融进行扶贫创业支持。再次，三个地区的不同结果提示创业活动的各项要素禀赋之间存在替代的关系。不仅个人资本积累、正规金融渠道和非正规金融渠道三种融资渠道之间存在互补关系，在人、财、物之间也存在替代关系。金融要素禀赋相对较弱的地区，可以加强人力要素禀赋的培育；人力要素和技术要素禀赋之间也存在互相替代的情境。最后，目前驱动我国创业活动的最主要的要素禀赋是金融要素禀赋，更具体地说是非正规金融体系，但这也证实了我国的金融体系存在的弊端，正规金融体系没有充分发挥自身的创业效应。

本章另一项实证工作是按照创业活动的类型对四种要素禀赋的作用进行了分析。创业活动可以分成生存型创业活动和机会型创业活动。生存型创业活动的规模小、资金要求低、技术含量低，以个体工商户的形态存在。相对生存型创业活动，机会型创业活动的规模大、资金要求高，技术含量高，主要以私营企业的形态存在。实证显示，在全国层面上，制度要素禀赋对生存型创业活动的影响不大，本专科毕业生人数和生存型创业之间存在着密切的联系，内部融资对生存型创业的影响力大于外部融资，技术要素禀赋对生存型创业存在着普惠作用。机会型创业的结果则略有不同：制度要素禀赋对机会型创业活动的作用更加明显；人力要素禀赋能够推动机会型创业活动，但在市场竞争强的地区，本专科毕业生数和机会型创业活动之间的联系比较弱，在市场竞争弱的地区，本专科毕业生和机会型创业活动之间的联系比较强；个人资本积累、正规金融规模和非正规金融规模对机会型创业活动都起到推动作用，三者具有可替代性，但是机会型创业活动的规模越大，对内部融资的倚重越小，对外部融资的倚重越大；技术要素禀赋对机会型创业活动具有全面的推动作用。

第六章

要素禀赋和创业活动地区分异的动态分析

第五章讨论了各个要素禀赋对创业活动的线性效应。那么,各个要素禀赋和创业活动水平之间是否可能存在非线性关系呢?研究思路可以向两个维度展开:一是各个要素禀赋对创业水平的影响关系可能受到其他外部约束因素的影响而变得非线性;二是各个要素禀赋对创业活动水平的影响可能会因为各个要素自身的水平约束而表现出非线性。本章集中探究由其他外部约束引发的各个要素对创业活动的非线性效应。

要素禀赋要促进创业活动的开展,不仅需要关注要素禀赋本身的数量、质量,还要考虑地区经济发展水平。地区经济发展水平是要素禀赋激励创业活动的土壤,是要素禀赋发挥作用的外部经济基础。地区的经济发展水平处于动态变化,同一要素禀赋对创业活动所能发挥的激励作用也会发生动态变化。所以,在讨论要素禀赋对创业活动的推动作用时,有必要将地区的经济发展水平考虑在内。

第一节 经济发展程度对要素禀赋激励创业活动的作用影响

一 经济发展与制度要素禀赋

Baumol(1990)曾经指出,法治水平和市场化程度等制度环境会影响创业者的创业精神配置的方向,创业者既可以将创业精神配置到创造财富的生产性活动中,也可以将创业精神配置到分配财富的非生产性寻租活动中。这一理论假说后来得到 Murphy（1991）、Sobel（2008）等学者的实证支持。完善法律制度、提高法治水平是纠正创业者创业精神误配置的有效手段，更能激发创业者将创业精神配置在生产性活动领域中（Acemoglu，1993；Mehlum，2000；庄子银，2007）。然而，考虑到各个地区的经济发展处在动态变化中，法律制度要素禀赋对创业活动影响存在着更复杂的可能，并非呈现单一的线性规律。

第一，经济水平比较落后时，创业活动中生存型创业的比例比较大。当经济发展到一定程度后，机会型创业占总体创业活动的比例会增大。第五章的实证结果已经说明，法律法规所代表的制度要素禀赋对于机会型创业有明显的正效应，而对生存型创业的激励作用无法得以验证。

第二，在经济发展水平较低的阶段，创业者存在更强的机会主义倾向。出于利润动机，创业者会尽可能地缩减投入和扩大产出，甚至出现内部成本外部化的行为。此时若存在严格的完善的法律制度，必然会大幅度减少创业活动的预期收益，抬高创业者进入创业领域的门槛，从而抑制创业活动的普遍性。相反，在经济发展水平较高的阶段，创业者机会主义倾向较弱，内部成本外部化的冲动较低，对投入产出存在较为理性的认知，严格完善的法律法规不会影响创业者的正常经济预期，不会对创业活动造成负面影响。

第三，当经济发展到一定阶段后，市场中的创业主体较多，竞争激烈。为了满足创业活动的需求，需要一个完善的、成熟的、能解决各个层面问题的法律制度体系，既在宏观层面解决市场的大环境问题，也在微观方面规范创业者细微的行为。在经济发展起步阶段，市场竞争不激烈，创业者无须通过激烈的竞争来获取创业要素禀赋，创业者之间微观层面的矛盾比较少。若在此阶段设立详细的法律法规对微观主体经济行为设定条条框框，反而会抑制潜在创业者的热情，起到适得其反的效果。

第四，在经济发展水平达到一定程度后，独创性的创业活动数量会增加。创业者以独有技术作为核心竞争力开展技术创业。而技术创业往往要求创业者投入大量的时间成本和资金成本进行研发，需要法律制度给予更多的知识产权保护，以获得相应的经济利益收入。严格的完善的法律制度能够起到对技术创业的有效保护作用。而经济发展水平较低时，独创性的创业活动较少，模仿复制型的创业活动更多，如若使用严格的法律法规限制了这种模仿和复制，对整个区域创业活动水平反而是一种打击。

　　第五，完善的法律制度为更加严格的政府管制提供了机会。当经济发展到一定程度时，政府追求经济利益的驱动会减弱，而更关注公平公正，办事程序公开透明，不滥用法律制度增加对创业行为的行政管制，法律法规对创业活动的正面效应较强。而经济水平处于相对落后的阶段时，政府存在利用管制寻租的经济冲动，官僚可以借助完善的法律法规增加对创业活动的干预，比如延长行政审批和许可的时间，使创业者不得不花费大量的时间成本和精力成本去处理这种过度的监管（Bo & Rossi，2007）。法律法规越完善，政府通过行政管制的寻租空间越大，创业者的创业成本越高，创业的积极性反而受到限制。

　　由此设定假设6-1：地区的经济发展程度会影响正规法律制度对创业活动的激励作用，经济水平的提升会提高正规法律制度对创业活动的激励作用。

二　经济发展与人力要素禀赋

　　当各个地区经济发展水平逐渐提高时，人力要素禀赋对创业活动的激励作用会发生变化，有如下几点原因。

　　首先，人力要素禀赋是流动的要素禀赋，"人往高处走""孔雀东南飞"是常见的人才流动现象。当经济水平处于较高阶段时，地区工资、福利、机会等各方面待遇较好，能够吸引周边经济水平较弱地区的高学历人才流入，形成人才高地。而当经济处于较低水平的阶段时，地区自身培养的人才容易外流，引入其他地区的人才也很困难，因而常常是人才洼地。因此，处于经济水平较高阶段的地区往往人力要素禀赋的储备更充分。不仅数量上存在差异，经济发展不同阶段地区潜在创业者的质量也有所不同。地区若处于经济水平较高阶段，由于人才的空间集聚以及大量前辈的示范效应，潜在创业者能够获得知识溢出的额外效应，创业能力和技巧迅速提升；相对而言，若地区处于经济不发达阶段，潜在创业者无法通过人才集聚获得额外的知识收益，创业能力和水平只能通过自身实践试错积累，在创业活动中相对处于弱势地位。因而，同样数目的创业人才储备，在经济发展水平高的阶段，能产生更多的创业活动实践。

其次，地区经济发展水平不同，高素质人才的就业倾向也不同。当经济发展达到一定水平时，高素质的人力资本倾向于投身到市场化程度高的行业中，通过市场经济活动实现自身价值；而在经济水平处于较低阶段时，高素质的人力资本更倾向于集中到市场化程度较低的行业和部门，比如在体制内成为公务员。在中国，受教育程度较高的劳动者经常集中到市场化程度较低的行业，如政府工作部门，受教育程度较低的劳动者反而更多涌入市场化和竞争程度高的行业。李世刚和尹恒（2017）在计算了中国282个城市政府和企业部门员工的平均教育年限比时发现，该比值最小的城市都隶属经济发达的东部省份，而该比值高的城市大多位于落后的中西部地区。显然，在经济发展水平较高的阶段，高素质人才偏向创业活动，而在经济发展水平较低的阶段，高学历受教育者自主创业的意愿更低。

再次，在经济发展水平较高阶段，与技术相关联的创业活动出现得更频繁。无论是利用专有技术还是使用基础性的技术，都需要大批高学历的人才参与技术的研究、开发和商业化应用中来。因此高学历人才不仅能够通过直接转化为创业者提高地区的创业水平，还能够通过成为技术人才为创业企业服务间接提高地区的创业水平。而经济发展水平较低意味着技术创业的比例较低，人力要素禀赋对创业活动的间接推动作用较弱。

最后，创业不仅仅需要创业者，还需要配套环境和要素禀赋，比如公路铁路、交通物流等基础设施和资金技术等要素禀赋。经济发展到一定阶段后，要素市场发育良好，要素禀赋供给比较充裕，基础设施也更加完善，创业者能够比较容易地获得各项创业必需品，从潜在创业者到创业实践者的路径转化更容易。而经济发展水平较低时，区域基础设施较差，其他方面的要素禀赋的制约也更严重，从潜在创业者到创业实践者的路径转化更难，创业实践的数量也较少。

由此设定假设6-2：地区的经济发展程度会影响人力要素禀赋对

创业活动的激励作用，经济水平的提升会提高人力要素禀赋对创业活动的激励作用。

三 经济发展与金融要素禀赋

（一）个人资本积累

在经济发展的不同阶段，个人资本积累对创业活动的促进作用会发生变化。经济发展水平较低时，外部融资渠道不发达，能够提供的创业支持资金非常有限，因而创业者主要依靠内部融资手段获得资金。而创业者此时创业所需要的起始资金要求也比较低，依靠个人资本积累有可能达到创业启动资金的要求。即便存在差距，创业者会尽力动员家庭甚至家族成员予以支持。而到了经济发展水平较高阶段，一方面创业者创业所需要的初始资金会提高，难以通过个人资本积累满足；另一方面创业者所能够触及的融资方式和融资渠道也会有所增加，所以外部融资渠道会逐渐成为主要的资金获取方式。

由此可以设定假设6-3：地区的经济发展程度与个人资本积累对创业活动的激励作用呈反向关系。经济发展水平较低时，个人资本积累对创业活动的激励作用较大；经济发展水平较高时，个人资本积累对创业活动的激励作用较小。

（二）正规金融

正规金融对创业活动的支持力度，在经济发展不同阶段存在差异。

第一，正规金融在从事贷款业务时，首先考虑的是贷款资金的安全性和收益性。虽然正规金融对创业活动有重要意义，但由于创业者本身偿贷能力有限和信息不对称问题，向创业者提供正规金融服务仍然面临着较高的成本。尤其是在经济发展水平较低的阶段，对资金的需求极其旺盛，比起贷款给具备较大不确定性的创业者，正规金融机构显然有更稳妥的其他选择。因而创业者较难从正规金融获得资金支持。这意味着在经济发展水平较低阶段，正规金融对创业活动的支持力度较小。

第二，正规金融体系的作用发挥与地区的制度要素禀赋密切相关。卢峰和姚洋（2004）认为法治水平的提升有利于银行贷款向非公部门的发放，张健华和王鹏（2012）发现法治水平改善会显著促进银行贷款规模的增加。在制度缺失的情况下，企业乐于钻营银企关系，通过贿赂银行人员获得宝贵的信贷资源以促进自身的发展（张璇等，2017）。信贷寻租扭曲了银行优化资源配置的基本职能，导致了信贷资源的错配，一些前景良好但不愿意支付"租金"的创业者得不到发展必需的资金，创业活动受挫。经济发展水平较低阶段，信贷寻租行为比较严重，正规金融体系对创业活动的作用不明显。在经济发展水平较高阶段，完善的制度设计抑制了信贷寻租行为，正规金融体系对创业活动的正效应因而得以实现。

第三，正规金融体系的发展规模和地区经济总量水平正相关。当地区经济达到一定水平时，经济总量上升，正规金融体系也随之扩大，信贷规模上升，支持创业活动的资金总量也随之上升，对创业活动能起到更好的支持作用。

由此设定假设6-4：地区经济发展程度会影响正规金融对创业活动的激励作用。经济水平的提升会提高正规金融对创业活动的激励作用。

（三）非正规金融

主流观点认为，非正规金融主要服务于低端市场。它的比较优势在于向居民提供零星的、小额的贷款（Mohieldin，2000）。经济越不发达阶段，地区创业者的创业规模越小，所需要的启动资金也越少，而这正是正规金融不愿意涉及的领域，非正规金融具有得天独厚的优势。所以，在经济发展水平较低阶段，非正规金融对创业的支持力度会更大。

还有一个原因可以支持上述观点。经济越不发达阶段，正规金融体系也越不发达；而正规金融越不发达时，民间借贷对创业者创办自营工商业所发挥的作用越大（马光荣、杨恩艳，2011）。也就是说，经济水平越低，正规金融对创业活动的支持力度就越弱，创业活动反而越依赖非正规金融的支持，非正规金融对创业活动的激励作用会更大。

从现实情况看，许多中国私营企业在初始阶段依赖非正规金融而不是银行来获取资金，但是，企业进一步的发展却是与银行信贷联系在一起（Ayagari et al. 2007）。换句话说，创业获得初步成功后，创业者的融资渠道会逐步转向正规金融。

由此设定假设6-5：地区的经济发展程度与非正规金融对创业活

动的激励作用呈反向关系。经济发展水平较低时，非正规金融对创业活动的激励作用较大；经济发展水平较高时，非正规金融对创业活动的激励作用较小。

四　经济发展与技术要素禀赋

随着经济发展水平的变化，技术要素禀赋对创业活动的激励作用会发生变化。

第一，有两种技术成果形式可以推动创业活动的开展。第一种是专有技术，第二种是基础性的技术变革。专有技术具有私人产业的性质，通常是创业者或企业以私人资金投入和研发。基础性的技术具有公共产品的性质，通常由政府主导进行研发。而研发需要大量的资金投入。经济不发达阶段，无论是私人还是政府，受制于经济总量的限制，研发投入资金相对较少，能够推动创业活动的技术成果也较少；在经济发展到一定水平之后，经济总量增长带来了研发投入的增加，技术成果也随之增加，对创业活动的推动作用愈加明显。

第二，技术要素禀赋本身不能单独发挥对创业活动的溢出效应，必须和人力、资金、基础设施等其他条件共同发挥作用。在经济不发达阶段，地区基础设施条件较差，其他要素禀赋的供给也不充裕，这就限制了技术要素发挥作用的空间。到了经济发达阶段，其他配套条件的供给得以改善，它们和技术要素禀赋结合在一起，提升了技术要素禀赋发挥作用的效率，拓宽了技术要素禀赋发挥作用的空间。

由此得到假设6-6：地区经济发展程度会影响技术要素禀赋对创业的激励作用。经济水平的提升会提高技术要素禀赋对创业活动的激励作用。

第二节　实证分析

一　实证方法

由前文的理论分析得知，本章的实证的基础是经济发展的动态变化，考察的是经济发展的动态变化与各个要素禀赋对创业活动激励作用之间的关系。要挖掘各个要素禀赋在不同的经济发展水平对创业活动地区分异的影响，目前的计量实证上有两种解决方案。第一种解决方案是按照地区所处的经济发展水平分组，然后对各个子样本进行回归分析。这种方法的缺陷是子样本的划分是主观决定的，容易引发估计结果偏误。第二种解决方案是引入交互项，对每个核心变量与经济发展水平进行交互，运用交互项系数值的估计结果来判定影响效果。这一方法的缺陷在于无法估计可能存在的非线性关系，而且本书涉及的核心变量有六个，增加每一个核心变量与经济发展水平的交互项将使方程待估系数大大增加，在有限样本的情况下方程估计的准确度将大大下降。

而 Hansen 在 2000 年提出的"门槛回归模型"能很好地克服上述两种解决方法的缺陷。Hansen 的模型可以表示为

$$y_{it} = \alpha + \beta_1 X_{it} I(q_{it} < \gamma) + \beta_2 X_{it} I(q_{it} \geq \gamma) + u_i + e_{it} \quad (6-1)$$

i 代表各个不同的地区，t 代表不同的时期。y_{it} 是各个地区在不同时期的因变量，X_{it} 代表各个地区不同时期的自变量，$I(\cdot)$ 为指标函数。q_{it} 是门槛变量，γ 是未知门槛参数，它将公式分成两种情况，当 $q_{it} < \gamma$ 时，自变量的系数为 β_1，当时 $q_{it} \geq \gamma$ 时，自变量的系数为 β_2。u_i 代表个体效应，e_{it} 为随机扰动项。该公式也可以被写成

$$y_{it} = \alpha + X_{it}(q_{it}, \gamma)\beta + u_i + e_{it} \quad (6-2)$$

此时，

$$X_{it}(q_{it}, \gamma) = \begin{cases} X_{it} I(q_{it} < \gamma) \\ X_{it} I(q_{it} \geq \gamma) \end{cases} \quad (6-3)$$

式 (6-3) 表示了只有一个门槛值的情形。如果存在两个门槛，则式 (6-3) 会演变成

$$y_{it} = \alpha + \beta_1 X_{it} I(q_{it} < \gamma_1) + \beta_2 X_{it} I(\gamma_1 \leq q_{it} < \gamma_2) + \beta_3 X_{it} I(q_{it} \geq \gamma_2) + u_i + e_{it} \quad (6-4)$$

此时，γ_1 和 γ_2 是将整个公式分成三种情况，$q_{it} < \gamma_1$、$\gamma_1 \leq q_{it} < \gamma_2$ 和 $q_{it} \geq \gamma_2$，自变量分别对应着系数 β_1、β_2 和 β_3。

门槛回归模型能够根据数据特征自行判断门槛个数，对应于任意门槛值 γ，可以通过残差平方和得到各参数的估计值，用以说明在门

槛值分割的各个阶段核心变量对因变量的不同影响。本章的门槛回归中，门槛变量是经济发展水平，各个要素禀赋是核心变量。

二 数据说明

本章使用的所有数据及其出处和第五章实证中保持一致，唯一增加的变量是门槛变量经济发展水平。参考大多数文献，人均GDP是衡量一个地区经济发展程度的比较客观的标准。本书使用人均GDP的对数值进入方程，该数值来源于各个年度的《中国统计年鉴》。

三 实证结果报告

（一）门槛效应检验

门槛模型的第一步是门槛效应检验。以经济发展水平作为门槛变量，对每一个要素禀赋进行逐一排查，确认经济发展水平是否构成门槛效应，若存在门槛效应，则需进一步确定有几个门槛。为了达到目的，本书假设存在单一门槛、双重门槛和三重门槛分别进行门槛检验。检验过程使用stata14.0软件，使用自抽样法（Bootstrap）反复抽样300次，得到门槛效应检验的F统计量和对应的p值，结果如表6-1所示。

表6-1　　　　创业总水平做因变量时门槛效应检验

指标	核心变量					
	制度	人力	个人资本积累	正规金融	非正规金融	技术
	institution	lnhuman	lnincome	ploan	pinformal	lnqsry
单一门槛	35.30*** (0.0100)	37.49*** (0.0033)	33.68** (0.0133)	26.40** (0.0300)	42.03*** (0.0067)	35.21** (0.0267)
双重门槛	15.63 (0.2133)	23.31* (0.0867)	21.44* (0.0933)	21.63* (0.0533)	18.37 (0.1267)	24.15* (0.05)
三重门槛	13.11 (0.5633)	13.82 (0.6833)	13.26 (0.4033)	11.18 (0.5433)	20.50 (0.5333)	19.78 (0.6900)
结论	单一门槛	双重门槛	双重门槛	双重门槛	单一门槛	双重门槛

注：表中显示的是F值，括号中是对应的p值，***、**和*分别代表在1%、5%和10%水平上显著。本章所有表格符号含义相同，后表不再赘述。

表6-1的结果告诉我们，以经济发展水平作为门槛变量进行门槛验证，制度和非正规金融只有一个门槛值，人力、个人资本积累、正规金融和技术有两个门槛值。

（二）门槛估计值

门槛效应检验之后，门槛模型估计的第二步是要找出对应的门槛估计值。该值是似然比统计量取零时的 γ 值。表6-2列出了不同核心变量情况下，经济发展状况作为门槛变量的门槛估计值及其95%置信水平上的置信区间。

表6-2　　　　创业活动总水平做因变量时门槛估计值

核心变量	门槛值 γ_1 估计值	门槛值 γ_1 95%区间	门槛值 γ_2 估计值	门槛值 γ_2 95%区间
制度	10.5074	[10.4712, 10.5153]	—	—
人力	9.7607	[9.6741, 9.8063]	10.5771	[10.5532, 10.5869]
个人资本积累	9.5133	[9.4661, 9.5955]	10.5694	[10.5632, 10.5771]
正规金融	9.7607	[9.7240, 9.8063]	10.5771	[10.5179, 10.5869]
非正规金融	10.6538	[10.6053, 10.6649]	—	—
技术	9.5133	[9.4661, 9.5169]	10.5335	[10.4940, 10.5358]

以制度作为核心变量时，经济发展水平的单一门槛值为10.5074；以非正规金融为核心变量时，经济发展水平的单一门槛值为10.6538；以人力要素禀赋和正规金融为核心变量时，经济发展的双重门槛值完全相同，均为9.7607和10.5771；以个人资本积累为核心变量时，经济发展水平的双重门槛值为9.5133和10.5694；以技术为核心变量时，经济发展水平的双重门槛值为9.5133和10.5335。

图6-1是以制度作为核心变量时，单一门槛模型中似然比函数序列LR的趋势图。图中虚线代表的是显著性为5%时的临界值7.35。由图6-1（a）可知，当经济发展水平门槛估计值处于[10.4712, 10.5153]区间，似然比值小于5%的临界值，不能拒绝原假设，实际门槛值等于单一门槛值。图6-1（b）—（f）分别列出了以人力要素禀赋、个人资本积累、正规金融、非正规金融和技术要素禀赋为核心变量时，经济发展水平的第一个和第二个门槛估计值的识别图，可结合表6-2进行验证。

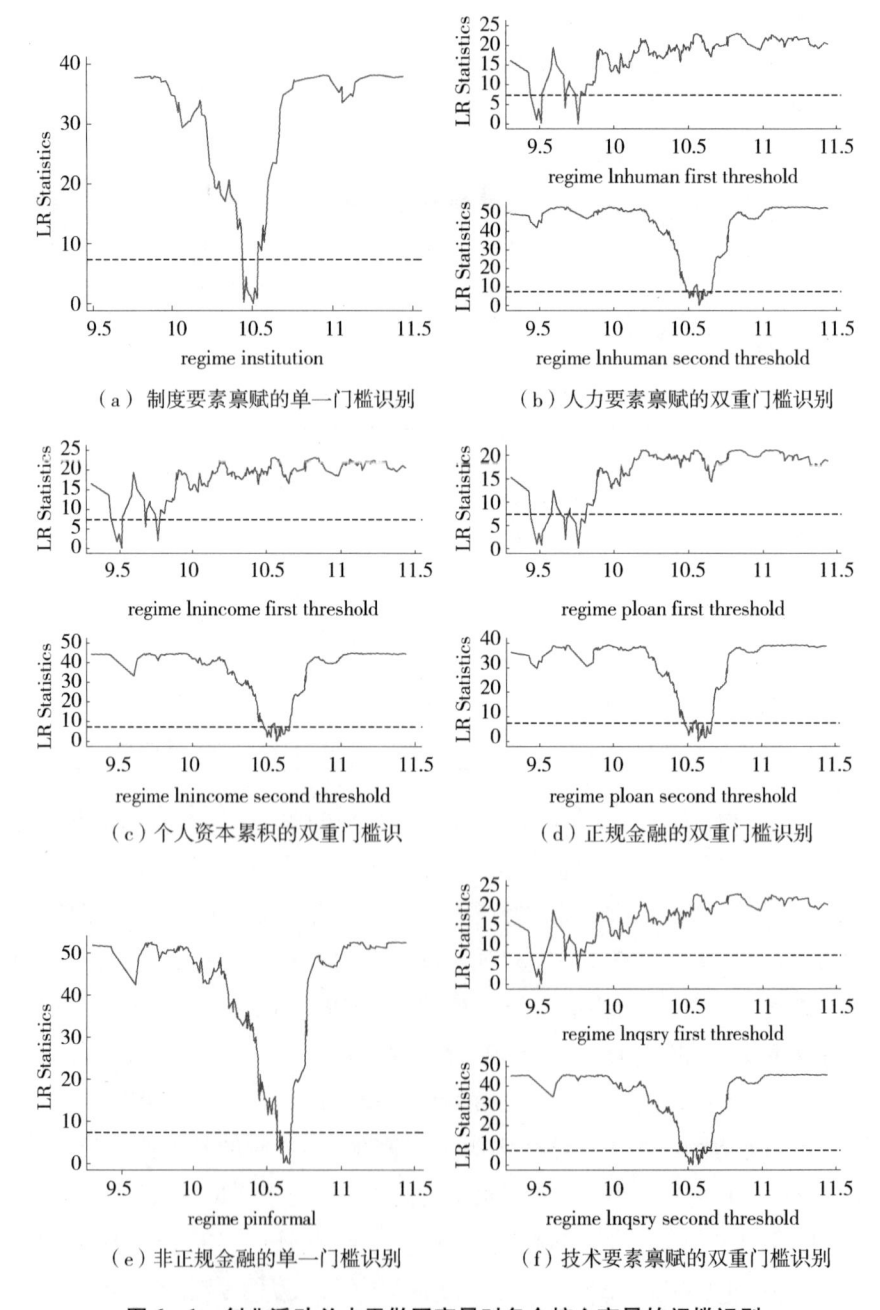

图 6−1　创业活动总水平做因变量时各个核心变量的门槛识别

(三) 门槛模型的参数估计结果

表6-3　创业活动总水平做因变量时门槛模型参数估计结果

核心变量	模型 (1) institution	模型 (2) lnhuman	模型 (3) lnincome	模型 (4) ploan	模型 (5) pinformal	模型 (6) lnqsry
institution		0.0115**	0.0120**	0.0110*	0.00605	0.0131**
		(0.00568)	(0.00578)	(0.00585)	(0.00605)	(0.00579)
lnhuman	0.368***		0.215**	0.150	0.241***	0.236***
	(0.0895)		(0.0892)	(0.0938)	(0.0891)	(0.0896)
lnincome	0.105**	0.126***		0.149***	0.135***	0.106**
	(0.0476)	(0.0443)		(0.0453)	(0.0462)	(0.0456)
ploan	0.157**	0.101*	0.132**		0.145**	0.160***
	(0.0625)	(0.0590)	(0.0599)		(0.0614)	(0.0602)
pinformal	0.523***	0.484***	0.459***	0.530***		0.368***
	(0.1050)	(0.0995)	(0.1020)	(0.1010)		(0.1070)
lnqsry	0.304***	0.333***	0.347***	0.339***	0.334***	
	(0.0495)	(0.0465)	(0.0478)	(0.0477)	(0.0482)	
0._cat#c.institution	-0.0101	0.149	0.105**	-0.0376	0.618***	0.327***
	(0.00745)	(0.0913)	(0.0456)	(0.0675)	(0.1020)	(0.0475)
1._cat#c.institution	0.0200***	0.187**	0.126***	0.0900	0.882***	0.349***
	(0.00613)	(0.0884)	(0.0450)	(0.0611)	(0.1110)	(0.0481)
2._cat#c.lnhuman		0.228**	0.141***	0.216***		0.362***
		(0.0879)	(0.0450)	(0.0617)		(0.0480)
F检验	143.13	144.02	135.41	148.75	144.04	140.13
	(0.0000)	(0.0000)	(0.0000)	(0.0000)	(0.0000)	(0.0000)
N	217	217	217	217	217	217

注：表中变量括号内为标准误，F检验括号内为对应的p值。本章后表含义类似，不再赘述。

四　实证结果分析

(一) 制度要素禀赋

表6-3中模型 (1) 报告了不同经济发展水平下，正规法律制度

对创业活动的溢出效应。门槛检验显示，当经济发展水平低于单一门槛值 10.5074 时，制度对创业活动水平的影响估计系数 -0.0101 是一个不显著的负数，说明尽管法律法规对地区创业活动差异表现出一定的负向影响效应，然而在这一区间内这种影响效应较为薄弱，并存在很大的不确定性。当经济发展水平跨越这一门槛值后，正规法律制度对地区创业活动水平的影响从负转正，参数估计值为 0.02，通过了 1% 的显著性水平检验，表现出正效应。这一变化过程充分证明，当经济发展水平较低时，正规法律法规制度不仅无法促进创业水平提高，还有可能起到抑制作用；但是当经济总体水平达到一定程度、越过 10.5074 的门槛之后，法律法规与地区创业活动水平呈明显正相关。这一结果验证了本章假设 6-1。

表 6-4 列出了 2014 年我国 31 个省份人均 GDP 的对数值。从表中可以看出，2014 年，我国东部所有省份的经济发展都跨越了这个门槛值，只有九个省份的经济发展水平没有达到这个门槛值的要求。可见，对这九个省份而言，目前通过制度建设拉动创业活动的设想还不能有效实现。先提高经济水平再辅以制度建设是更有效的做法。

表 6-4　　2014 年全国各省人均 GDP 的对数值

省份	GDP	省份	GDP	省份	GDP	省份	GDP
天津	11.56392	广东	11.05831	湖南	10.60338	江西	10.45375
北京	11.51287	山东	11.01665	河北	10.59624	安徽	10.44653
上海	11.48627	吉林	10.82302	青海	10.58838	广西	10.40697
江苏	11.31294	重庆	10.77583	黑龙江	10.57710	西藏	10.28369
浙江	11.19824	湖北	10.76097	海南	10.56936	云南	10.21331
内蒙古	11.17109	陕西	10.75638	河南	10.52061	贵州	10.18252
辽宁	11.08523	宁夏	10.64146	四川	10.46676	甘肃	10.18237
福建	11.05835	新疆	10.61270	山西	10.46510		

（二）人力要素禀赋

表 6-3 模型（2）报告了不同经济发展水平下，人力要素禀赋对创业活动的拉动作用。门槛模型结果显示，当经济发展水平低于门槛值 9.7607 时，人力要素禀赋对创业活动的影响参数估计值为 0.149，

但不显著，表明此时尽管人力要素禀赋对创业活动有正面影响，但是该影响力存在巨大的不确定性。当经济发展水平超过门槛值 9.7607 但是未达到 10.5771 时，人力要素禀赋对创业活动的影响估计值上升到 0.187 且通过了 5% 的显著性统计检验，说明此时人力要素禀赋对创业活动已经存在比较确定性的正面推动效应了。当经济继续发展，超过门槛值 10.5771 后，人力要素禀赋对创业活动影响的参数估计值进一步上升，达到 0.228，且通过了 5% 的显著性检验，说明人力资本要素禀赋对经济活动的溢出效应进一步增强。三个系数的值的变化强有力地证明，地区经济发展水平的动态变化会影响到人力要素禀赋对创业活动的溢出效应。随着地区经济发展水平的提高，人力要素禀赋在提升创业活动水平方面发挥出越来越重要的作用，假设 6-2 得到证实。

对照表 6-4，2014 年我国所有省份的经济发展程度都高于第一门槛值，有 11 个省份没有跨越第二门槛值 10.5771，经济发展水平限制了这些省份在最大限度上发挥人力要素禀赋对创业活动的推动效应。对于这 11 个省份而言，提高整体经济发展水平，可以为要素发挥作用提供更加理想的空间。

(三) 个人资本积累

表 6-3 模型 (3) 报告了不同经济发展水平状况下，个人资本积累对创业活动的拉动作用。门槛模型结果显示，当经济发展水平低于 9.5133 时，个人资本积累对创业活动拉动作用的估计系数为 0.105，且通过了 5% 的显著性水平检验，即每增加 1 个单位的个人资本积累，可以带来 0.105 个单位的创业活动增量；当经济水平提高，发展程度达到 [9.5133, 10.5694] 区间时，个人资本积累对创业活动的拉动作用上升，估计系数为 0.126，且通过 1% 的显著性检验，即每 1 个单位的个人资本积累增量可以带来 0.126 个单位的创业活动增量；当经济水平高于 10.5694 时，个人资本累积对创业活动的拉动作用也进一步上升，估计系数为 0.141，通过了 1% 的显著性水平检验，即每 1 单位个人资本积累增量带来 0.141 个单位创业活动增量。由此可见，无论经济水平是高还是低，个人资本积累对创业活动的溢出效应都始终显著存在，与线性回归保持一致。三个系数逐渐变大的事实强有力地

证明，地区经济发展水平的动态变化会影响到个人资本积累对创业活动的溢出效应。随着地区经济发展水平的提高，个人资本积累在推动创业活动水平方面的作用力度越来越强。

对照表 6-4，2014 年我国所有省份的经济发展程度都高于第一门槛值，没有跨越第二门槛值 10.5694 的省份有 11 个，这些省份尚不能最大限度地发挥个人资本积累对创业活动的推动效应。

需要讨论的是，实证的这一结果与本章开始设定的假设 6-3 并不相符。我们预期个人资本累积在经济水平较低阶段对创业活动所能发挥的激励作用大于在经济发达阶段，基于的假设前提是，在经济发达阶段，外部融资会对内部融资产生替代效应，个人资本积累的作用会下降。但是，我们可能忽略了随着地区经济的增长，个人资本积累的规模也在不断地扩大，能够为创业活动提供的资金总量在不断增加。即使在经济发达阶段创业启动资金的要求更大，外部融资能够提供的支持力度更大，只要个人资本累积上升的速度和规模大于创业启动资金上升的要求，大于外部融资支持力度的增加，那么个人资本积累对创业活动的激励作用不仅不会下降，还会继续上升。

（四）正规金融规模

表 6-3 模型（4）报告了不同经济发展水平状况下正规金融对创业活动的拉动作用。门槛模型结果显示，当经济发展水平低于 9.7607 时，正规金融对创业活动的参数估计值为 -0.0376，且无法通过显著性检验；当经济水平提高，发展程度达到 [9.7607, 10.5771] 区间时，正规金融规模对创业活动的拉动作用转负为正，其估计系数为 0.09，但仍然无法通过显著性检验；当经济进一步发展，水平高于 10.5771 时，正规金融规模对创业活动的拉动作用估计系数为 0.216，且通过了 1% 的显著性水平检验。正规金融规模对创业活动拉动作用的估计参数在三个区间出现巨大差异，提供了丰富的信息。第一，正规金融规模对创业活动的拉动作用不是线性的，而是非线性的。第二，正规金融对创业活动的激励效应是以一定的经济发展水平作为前提条件的。第三，经济发展水平太低，低于第一门槛值 9.7607 时，无法通过扩大正规金融的规模拉动创业水平，因为正规金融规模的增量部分不会用于支持创业活动。

甚至因为个人资本积累和非正规金融的资金都流入了正规金融规模系统，使得创业活动受到负面的影响。第四，随着经济发展水平的上升，正规金融对创业活动的支持作用逐渐得以显现，虽然在经济发展水平处于[9.7607，10.5771]阶段时还比较薄弱，且存在不确定性，但是一旦经济水平跨过10.5771阶段，对创业活动的支持作用就大幅度提高，而且这种支持作用是确定的、显著的。第五，在经济发达程度水平较高时，正规金融规模对创业活动的支持力度会大于个人资本积累所能贡献的力量。这一实证结果证实了本章开始设定的假设6-4。

对照表6-4，2014年我国所有省份的经济发展水平都超越了9.7607这个第一门槛值，但是还有11个省没有超过10.5771这个第二门槛值。可见，对这些省份而言，目前正规金融对创业活动发挥作用的空间还比较有限，效果还有待进一步提高。提高经济水平是发挥要素禀赋对创业活动贡献率的重要前提。

（五）非正规金融规模

表6-3模型（5）报告了不同经济发展水平状况下，非正规金融对创业活动的拉动作用。门槛模型结果显示，经济发展水平只有单一门槛，其门槛值为10.6538。当经济发展水平低于10.6538时，非正规金融对创业活动拉动作用的估计系数为0.618，通过了1%的显著性水平检验；当经济水平提高，越过门槛值10.6538后，非正规金融规模对创业活动的拉动作用上升，估计系数为0.882，且通过1%的显著性检验。这一区间估计系数方向与前一区间保持一致，然而此时的正向效应程度大大提高，比前者高出42%。说明经济发展跨过门槛水平之后，非正规金融对创业活动的激励作用大大增强。由此可见，无论地区经济水平是否发生变化，非正规金融对创业活动的推动作用都无法予以否认，但是这种推动作用的强度受经济发展动态变化影响。显然，经济越发达，非正规金融对创业活动的支持力度就越大。事实与本章假设6-5相反。

为什么事实与预期相反呢？在经济发展不同阶段，非正规金融对创业活动的影响是复杂的、多方面的。一方面，非正规金融的首要渠道是亲朋好友之间的民间借贷。在经济发展水平较低的阶段，个人收入水平较低,用于家庭必备开支之后的结余部分较少。而个人闲置资金是非正规金融非常重要的资金供给方式。这意味着非正规金融的总体资金规模较少,对创业活动能够提供的支持力度比较有限。但是,经济发展水平越低,地区创业者的创业平均规模越小,所需要的启动资金也越少,正规金融越不愿意涉及的领域,非正规金融越能发挥得天独厚的优势。一方面是非正规金融的总体体量较小,另一方面是创业活动对非正规金融倚重更大,所以在经济发展程度较低时,非正规金融对创业活动的激励作用取决于两个方面作用的净效应。那么,经济发展程度提高之后,正规金融是否就能够代替非正规金融呢?理论上讲,正规金融组织越发达的地方,资金需求者越有可能从正规渠道获得贷款,对非正规金融渠道的依赖性会相应降低。另一方面,如果资金需求者在比较非正规渠道和正规金融渠道后,认为前者贷款难度小、成本低、操作上自由,那么他们就会继续从非正规金融渠道融资,所以正规金融的壮大不一定意味着非正规金融的缩小。崔百胜(2012)提出,正规金融与非正规金融部门之间主要是互补关系,只有在特殊情况下两部门才会在短期内呈现相互替代的关系。姚耀军(2009)也指出,经济发展水平越高的区域其非正规金融发展水平也越高。因此,即便地区经济发展水平较高,非正规金融对创业活动的溢出效应仍然可能很大。

由此我们得到结论:地区经济发展水平会影响非正规金融对创业活动的激励作用。随着经济水平的提升,非正规金融对创业活动的激励作用更大了。

对照表6-4,全国有半数以上的省份经济发展都未达到门槛值10.6538。这意味着这些地区完全可以进一步挖掘潜力,提高经济发展的基础水平,让非正规金融在推进创业活动水平的路径上发挥更大的功效。

(六)技术要素禀赋

表6-3模型(6)报告了不同经济发展水平状况下,技术要素禀赋对创业活动的拉动作用。门槛模型结果显示,当经济发展水平低于9.5133这个第一门槛值时,技术要素禀赋对创业活动拉动作用的估计

系数为 0.327，且通过了 1% 的显著性水平检验；当经济水平提高，发展程度达到 [9.5133, 10.5335] 区间时，技术要素禀赋对创业活动的拉动作用上升，估计系数为 0.349，且通过 1% 的显著性检验；当经济进一步发展，水平高于 10.5335 时，技术要素禀赋对创业活动的拉动作用也进一步上升，估计系数为 0.362，通过了 1% 的显著性水平检验。由此可见，无论经济水平是高还是低，技术要素禀赋对创业活动的溢出效应都是显著存在的，与线性回归保持高度一致。三个系数逐渐变大的事实证明，地区经济发展水平的动态变化会影响到技术要素禀赋对创业活动的溢出效应。随着地区经济发展水平的提高，技术要素禀赋在推动创业活动水平方面的作用稳步增长。本章开始部分的假设 6-6 得到证实。

对照表 6-4，2014 年我国 31 个省的经济发展程度都高于第一门槛值，没有跨越第二门槛值 10.5335 的省份有 10 个。这意味着，除了发展正规金融，技术要素禀赋是这些省份奋起直追、弯道超车的最重要的推动因素。

（七）小结

综合上述六个变量的分析我们发现，提高经济发展水平是发挥要素禀赋对创业活动贡献率的重要前提。某些要素禀赋要对创业活动起到激励作用，本身要以经济发展到一定水平作为前提条件，比如制度要素和正规金融要素。另外一些要素禀赋随着经济发展水平的提升能够发挥更大的功能，比如人才要素禀赋、个人资本积累、非正规金融和科技要素。创业活动是一项复杂的、综合的、系统性的工程，一个地区创业水平的提高，需要要素禀赋和其他条件的配合。经济发展水平达到一定程度，其他条件比如基础设施、社会中介、市场化水平等条件都会改善，它们为要素禀赋发挥作用提供了基本的土壤和营养。

另外，我们注意到，使用不同的核心变量，门槛模型判断的门槛个数和门槛值虽然都不同，但 [10.5074, 10.6538] 是一个非常重要的区间。这意味着人均国民收入 36586—42353 元是一个关口。越过了这个关口，各个要素禀赋对创业活动的溢出效应就能达到较高的水平。

第三节 不同创业类型的分样本实证

创业活动有生存型创业和机会型创业两种类型。总体而言,经济发展的初级阶段,生存型创业在所有创业活动中所占的比重较大,在经济比较发达的阶段,机会型创业会超过生存型创业,成为创业的主要形式。这两种不同的创业类型,对于要素禀赋配置的要求是不一样的。即便如此,在经济发展的不同阶段,要素禀赋配置对生存型创业和机会型创业的贡献度也会发生影响。

一 生存型创业

生存型创业的起点低,规模小,启动资金要求少,对技术的依赖较少,制度要素禀赋对其影响微乎其微。但是,经济发展的动态变化,仍然使各个要素禀赋对生存型创业活动的作用发生变化。本节依然采用门槛模型,经济发展水平是门槛变量,要素禀赋是核心变量,生存型创业水平是因变量。

(一)门槛效应检验

以生存型创业水平作为因变量,以经济发展水平作为门槛变量,对每一个要素禀赋进行逐一排查,确认经济发展水平是否构成门槛效应。使用自抽样法(Bootstrap)反复抽样300次,得到单一门槛检验、双重门槛检验和三重门槛检验的F统计量和对应的p值。结果见表6-5所示。

表6-5 生存型创业活动做因变量时门槛效应检验

指标	核心变量						
	制度	人力	个人资本积累	正规金融	非正规金融	技术
	institution	lnhuman	lnincome	ploan	pinformal	lnqsry
单一门槛	25.43* (0.0500)	37.66** (0.0367)	34.23** (0.0267)	27.12* (0.0533)	47.74*** (0.0033)	32.54** (0.0433)

第六章　要素禀赋和创业活动地区分异的动态分析

续表

指标	核心变量					
	制度	人力	个人资本积累	正规金融	非正规金融	技术
	institution	lnhuman	lnincome	ploan	pinformal	lnqsry
双重门槛	6.04 (0.7967)	15.87 (0.2467)	13.73 (0.3433)	13.54 (0.3200)	16.70 (0.2533)	14.32 (0.3333)
三重门槛	6.24 (0.5767)	19.64 (0.4667)	17.12 (0.4833)	12.08 (0.6567)	19.79 (0.4833)	18.14 (0.4600)
结论	单一门槛					

由表6-5可知，无论哪个要素禀赋作为核心变量，按照经济发展程度来研究各个要素禀赋对生存型创业的推动作用，所有的单一门槛检验都通过了显著性检验，所有的双重门槛检验和三重门槛检验都不具有统计学意义上的显著性。这意味着所有的要素禀赋对生存型创业的门槛回归中，经济发展水平都只有一个门槛值。

（二）门槛估计值

门槛效应检验之后，对应的门槛估计值和95%置信区间见表6-6。

表6-6　　　　生存型创业活动做因变量时门槛值估计值

核心变量	门槛值					
	制度	人力	个人资本积累	正规金融	非正规金融	技术
门槛估计值	10.5335	10.6538	10.6538	10.6538	10.6415	10.6127
95%区间	[10.4872, 10.5358]	[10.6157, 10.6649]	[10.6157, 10.6649]	[10.6157, 10.6649]	[10.6173, 10.6538]	[10.5967, 10.6239]

由表6-6可知，经济发展水平对六个核心变量都只有一个门槛值，而且尽管核心变量在变化，经济发展水平的门槛值非常接近。人力要素禀赋、个人资本积累和正规金融的门槛值及其区间完全相同，非正规金融、技术要素禀赋和制度要素禀赋略低。图6-2是核心变量不同时经济发展水平作为门槛变量的单一门槛的识别图。

(a) 制度要素禀赋的门槛识别

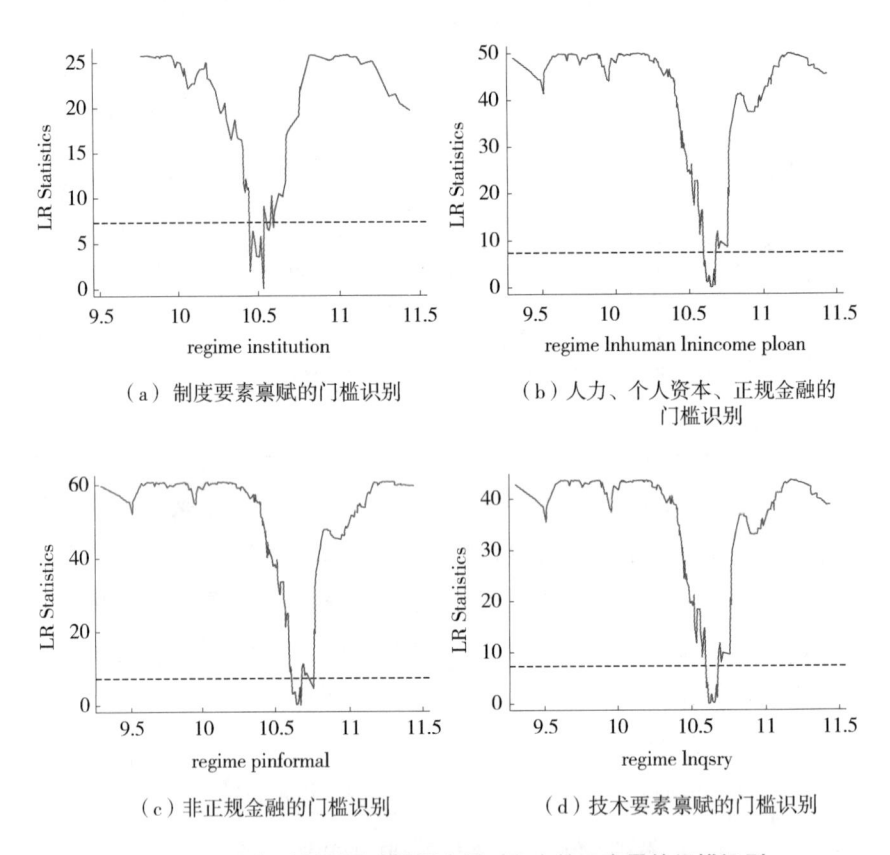

(b) 人力、个人资本、正规金融的门槛识别

(c) 非正规金融的门槛识别

(d) 技术要素禀赋的门槛识别

图 6-2　生存型创业活动做因变量时各个核心变量的门槛识别

（三）门槛模型回归结果报告

表 6-7　生存型创业活动做因变量时门槛模型参数估计结果

核心变量	模型（1） institution	模型（2） lnhuman	模型（3） lnincome	模型（4） ploan	模型（5） pinformal	模型（6） lnqsry
institution			-0.00464 (0.00596)	-0.00454 (0.00601)	-0.00528 (0.00617)	-0.00437 (0.00585)	-0.00187 (0.00599)
lnhuman	0.449*** (0.0889)		0.331*** (0.0886)	0.331*** (0.0903)	0.336*** (0.0864)	0.358*** (0.0888)
lnincome	0.0837* (0.0475)	0.108** (0.0453)		0.116** (0.0463)	0.116** (0.0447)	0.111** (0.0462)

续表

	模型（1）	模型（2）	模型（3）	模型（4）	模型（5）	模型（6）
ploan	0.139**	0.121**	0.119*		0.132**	0.124**
	(0.0621)	(0.0602)	(0.0606)		(0.0595)	(0.0613)
pinformal	0.382***	0.493***	0.500***	0.521***		0.463***
	(0.105)	(0.100)	(0.101)	(0.103)		(0.102)
lnqsry	0.266***	0.276***	0.274***	0.283***	0.275***	
	(0.0489)	(0.0473)	(0.0477)	(0.0483)	(0.0467)	
0._cat#c.institution	-0.0179**	0.323***	0.103**	0.0918	0.440***	0.263***
	(0.00757)	(0.0881)	(0.0457)	(0.0618)	(0.0989)	(0.0484)
1._cat#c.institution	0.00728	0.359***	0.116**	0.209***	0.700***	0.274***
	(0.00606)	(0.0870)	(0.0456)	(0.0643)	(0.106)	(0.0482)
F	103.92	111.74	109.83	105.89	115.27	106.86
	(0.0000)	(0.0000)	(0.0000)	(0.0000)	(0.0000)	(0.0000)
N	217	217	217	217	217	217

（四）回归结果分析

观察表6-7的回归结果。从制度要素禀赋看，当经济发展水平比较低，低于门槛值10.5335水平时，制度要素禀赋对生存型创业呈现负效应，且在5%水平上通过了显著性检验；当经济发展水平高于10.5335的门槛值之后，制度要素禀赋对生存型创业的回归系数为正，但不显著。这一实证结果强化了我们在第五章得到的结论，大多数时候，完善的制度要素禀赋供给对生存型创业来说并非必需品。我们甚至还可以进一步得到结论：在经济发展水平比较低下的阶段，过于完善的制度水平甚至阻碍了创业者生存型创业的行动。制度要素禀赋对创业活动的作用是非线性的。

从人力要素禀赋看，当经济发展水平低于门槛值10.6538时，人力要素禀赋对机会型创业活动存在显著的推动作用，影响参数估计值为0.323且在1%水平上显著。当然，随着经济发展水平的提升，地区经济发展水平跨越了10.6538的门槛值时，人力要素禀赋对生存型创业活动所能发挥的效应就更大了，影响参数估计值为0.359。这充分说明，无论经济处于什么样的发展水平，人力要素禀赋对生存型创业都是至关重要的。只是随着经济水平的提升,人力要素禀赋越来越能够发挥自身对生存型创业的作用。

从个人资本积累来看,当经济发展水平低于门槛值10.6538的时候,个人资本积累对生存型创业有显著的助力作用,个人资本积累的影响参数估计值为0.103,在5%水平上显著,然而,经济发展的动态变化给了个人资本积累更大的表现空间,当经济水平高于门槛值10.6538时,个人资本积累的影响参数估计值为0.116,在5%水平上显著,这充分证明,对于生存型创业来说,个人资本积累是非常重要的起步资金来源,无论经济水平如何,都不会动摇个人资本积累的重要地位;但是经济发展水平越高,个人资本积累在生存型创业活动中的作用也会越大。

从正规金融规模看,当经济发展水平低于门槛值10.6538时,正规金融规模和生存型创业活动之间可能存在正向关系,但是这种关系并不必然,其估计系数无法通过统计学上的显著检验。但是当经济水平高于10.6538的门槛值之后,正规金融对生存型创业活动的正向推动作用突显出来,其估计系数达到0.209,且具有统计学意义上的显著性。这种现象说明,在经济发展初级阶段,正规金融不必然会带动创业活动,但是在经济发展到一定水平之后,正规金融对生存型创业有了重要意义,而且正规金融对生存型创业活动的贡献程度会高于个人资本积累。

非正规金融规模对生存型创业活动的贡献和意义是无可置疑的。当经济发展水平低于门槛值10.6415时,非正规金融的影响参数估计值为0.440且在1%水平上显著;但是当经济发展水平突破10.6415的门槛值之后,非正规金融的影响参数估计值为0.700,也在1%水平上显著;在经济发展的门槛值前后,非正规金融对生存型创业的贡献提高了59%。这一数值变化非常惊人,它一方面提示我们非正规就业在生存型创业活动中扮演的重要角色,它的系数无论在经济水平越过门槛值之前还是门槛值之后,都远远大于个人资本积累和正规金融;另一方面也显示,非正规金融在经济基础强盛的时候能够发挥的作用远远大于经济基础薄弱的时候能够发挥的作用。2014年,中国还有一半省份的经济发展水平尚未达到 10.6415 的门槛值水平（表 6-4），而这些省份本身就是生存型创业活动普遍性高于机会型创业普遍性的省份。因此，打好经济基础，充分发挥非正规金融的对带动生存型创业的作用，能够有效地增加这些地区收入水平，走上经济良性循环发展的道路。

无论是否考虑经济发展阶段，无论是生存型还是机会型创业，技术要素禀赋对于创业活动的推动作用总能得到显著和一致的验证。当经济发展水平低于 10.6127 的门槛值时，技术全时人员的影响参数估计值为 0.263 且在 1% 水平上显著；当经济发展水平高于 10.6127 时，该影响参数的估计值上升到 0.274，也在 1% 水平上显著。技术要素禀赋对生存型创业活动的推动作用是显著的，而且随着经济水平的动态发展，这种推动作用也愈来愈大。

综上所述，经济的动态发展会影响到各个要素禀赋对生存型创业活动的溢出效应，但是经济发展的影响是正向的。换句话说，随着地区经济水平的提高，人力要素禀赋、个人资本积累、正规金融规模、非正规金融规模和技术要素禀赋都能够在更大空间、更大程度地推进生存型创业，单位显性要素的产出效应更加明显了。唯一例外的是制度要素禀赋，实证已经说明，制度要素禀赋和生存型创业之间不存在必然联系。

二 机会型创业

（一）门槛效应检验

以机会型创业水平作为因变量，以经济发展水平作为门槛变量，对每一个要素禀赋进行逐一排查，确认经济发展水平是否构成门槛效应。表 6-8 报告了使用自抽样法（Bootstrap）反复抽样 300 次后，单一门槛检验、双重门槛检验和三重门槛检验的结果。

表 6-8　　机会型创业活动做因变量时门槛效应检验

指标	核心变量					
	制度 institution	人力 lnhuman	个人资本积累 lnincome	正规金融 ploan	非正规金融 pinformal	技术 lnqsry
单一门槛	19.39 (0.1567)	30.00* (0.0533)	32.24** (0.0367)	25.35* (0.0900)	21.94 (0.1700)	26.90* (0.0633)
双重门槛	13.59 (0.1800)	29.43** (0.0200)	31.14** (0.0200)	26.10** (0.0233)	22.18 (0.1067)	30.46** (0.0367)
三重门槛	11.80 (0.3267)	22.42 (0.6700)	25.20 (0.6800)	13.80 (0.5833)	19.24 (0.6500)	22.89 (0.6667)
结论	无门槛	双重门槛	双重门槛	双重门槛	无门槛	双重门槛

由表6-8可知，当以机会型创业为因变量，以经济发展水平作为门槛变量，研究制度要素禀赋和非正规金融对创业活动的推动作用，不存在经济发展水平的门槛。换句话说，制度要素禀赋和非正规金融对机会型创业水平的作用是线性一致的，并不随经济发展水平变化而变化。但是其他要素禀赋对机会型创业水平的贡献会受到经济发展水平的影响，且均存在两个门槛值。

(二) 门槛估计值

门槛效应检验之后，需要找出对应的门槛估计值和95%置信区间，结果如表6-9。

表 6-9　　机会型创业活动做因变量时门槛估计值

核心变量	门槛值 γ1		门槛值 γ2	
	估计值	95%区间	估计值	95%区间
制度	——			
人力	9.7605	[9.7242, 9.7607]	10.3926	[10.3783, 10.3988]
个人资本积累	9.7605	[9.7242, 9.7607]	10.3926	[10.3783, 10.3988]
正规金融	9.7605	[9.7242, 9.7607]	10.3926	[10.3783, 10.3988]
非正规金融	——			
技术	9.7605	[9.7242, 9.7607]	10.3926	[10.3783, 10.3988]

制度要素禀赋和非正规金融规模做核心变量时，经济发展水平不存在门槛。但是在人力要素禀赋、个人资本积累、正规金融规模和技术要素禀赋做核心变量时，经济发展水平形成了两个门槛，且不论使用四个核心变量中的哪一个，经济发展水平的两个门槛的门槛值相同。第一个门槛值为 9.7605，95% 的置信区间为 [9.7242, 9.7607]，第二个门槛值为 10.3926，95% 的区间为 [10.3783, 10.3988]。

图 6-3 是以人力要素禀赋、个人资本积累、正规金融和技术要素禀赋作为核心变量时，双重门槛模型中似然比函数序列 LR 的趋势图。图中虚线代表的是显著性为 5% 时的临界值 7.35。由图 6-3 可知，当经济发展水平门槛估计值处于 [9.7242, 9.7607] 区间和 [10.3783, 10.3988] 区间时，似然比值小于 5% 的显著性水平下的临界点，处于原假设的接受域内，即双重门槛值与实际门槛值相等。该图可结合表 6-8 进行验证。

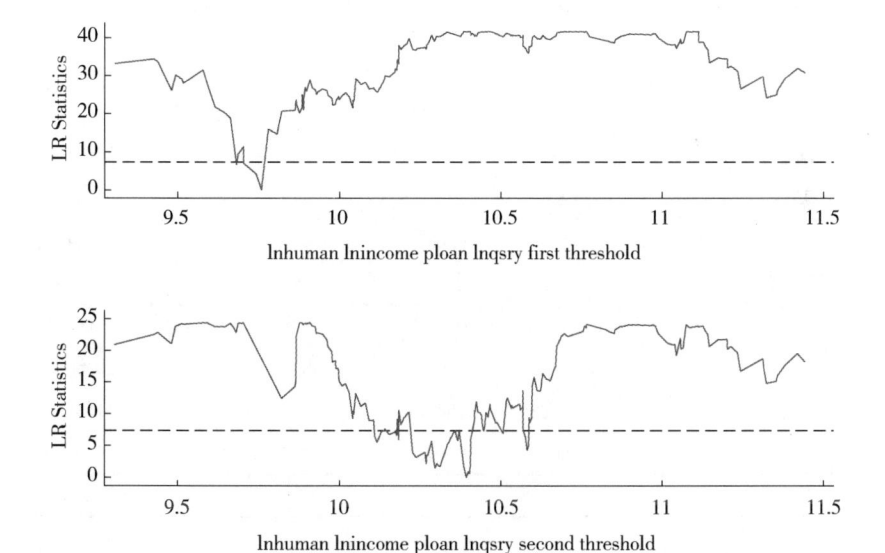

图 6-3 机会型创业活动做因变量时人力、个体资本、正规金融、技术的双重门槛识别

(三) 门槛模型回归结果报告

表 6-10　机会型创业活动做因变量时门槛模型参数估计结果

核心变量	因变量：机会型创业					
	模型 (1)	模型 (2)	模型 (3)	模型 (4)	模型 (5)	模型 (6)
	institution	lnhuman	lnincome	ploan	pinformal	lnqsry
institution	—	0.0337***	0.0341***	0.0326***	—	0.0334***
		(0.00807)	(0.00800)	(0.00818)		(0.00810)
lnhuman	—		0.377***	0.343***	—	0.388***
	—		(0.125)	(0.131)		(0.127)
lnincome	—	0.0410		0.0732	—	0.0426
		(0.0640)		(0.0645)		(0.0642)
ploan	—	0.311***	0.306***		—	0.346***
		(0.0840)	(0.0832)			(0.0840)
pinformal	—	0.320**	0.326**	0.350**	—	0.318**
		(0.152)	(0.150)	(0.153)		(0.152)
lnqsry	—	0.477***	0.479***	0.486***	—	
		(0.0662)	(0.0658)	(0.0670)		
0._cat#c.institution	—	0.328**	0.00918	0.0631	—	0.443***
		(0.129)	(0.0643)	(0.0957)		(0.0665)
1._cat#c.institution	—	0.406***	0.0375	0.318***	—	0.469***
		(0.125)	(0.0637)	(0.0851)		(0.0668)
2._cat#c.lnhuman	—	0.446***	0.0536	0.453***	—	0.484***
		(0.124)	(0.0631)	(0.0876)		(0.0666)
F	—	155.23	158.21	150.17	—	153.86
		(0.0000)	(0.0000)	(0.0000)		(0.0000)
N	—	217	217	217	—	217

(四) 回归结果分析

观察表 6-10 的回归结果。制度要素禀赋和非正规金融规模不存在门槛，不是说这两个要素禀赋对机会型创业活动不重要，而是说它们对创业活动的作用是线性的、统一的，不随经济发展水平的变化而变化。

经济发展水平被两个门槛值分成了低于9.7605、介于9.7605—10.3926之间和高于10.3926这三个阶段。人力要素禀赋在这三个经济阶段对机会型创业的推动作用越来越明显，从0.328到0.406再到0.446，可谓层层推进，这显示了人力要素禀赋对机会型创业活动始终如一的作用，且随着经济发展发挥越来越大的功能。

个人资本积累在这三个阶段中的回归系数始终在增大，从0.00918到0.0375再到0.0536，但是都没有通过统计上的显著性检验。这意味着虽然个人资本对机会型创业活动有推进作用，但是在不同的经济发展阶段，这种推进作用显得不太确定，存在一定的变数。如第五章所述，个人资本积累在机会型创业活动中所扮演的角色始终较小。

与个人资本积累形成鲜明对比的是正规金融对机会型创业活动的溢出效应。在经济发展第一阶段，每增加1个单位正规金融供给，仅仅能带来0.0631个单位创业活动增加，且这种增加还不具有统计学意义；但是一旦经济发展到第二个阶段，每增加1个单位正规金融的供给，能够带来的创业活动增加量是0.318个单位，这个数字是第一阶段系数的5倍，且具有非常明显的统计学意义；到了经济发展的第三个阶段，每增加1个单位正规金融的供给，能够带来0.453个单位的创业活动增量，又比第二阶段上升了42.45%。正规金融对机会型创业活动的贡献度随着经济发展的动态变化直线上升。

技术要素禀赋对机会型创业活动的作用，随着经济发展也出现了些许变化。在经济发展第一阶段，每增加1个单位的技术要素禀赋，能带来0.443个单位创业活动的增量；经济进入第二阶段后，每增加1个单位的技术要素禀赋，能带来0.469个单位创业活动的增量；到达经济发展的第三阶段后，每增加1个单位的技术要素禀赋，能带来0.484个单位创业活动的增量。技术要素禀赋对机会型创业水平的贡献在每一个阶段都是显著的，且随着经济发展增量贡献稳步提升，表现出技术要素禀赋是机会型创业活动稳定的、持久的贡献因子。

需要指出的是，2014年，我国经济水平尚未达到10.3926的仅有贵州、云南、西藏和甘肃四个省份，其他省份都已经高于10.3926的水平。换句话说，在大多数省份，创业活动的各种要素禀赋对机会型创业已经进入了最优的贡献状态。各个省份要抓住这个好时机，加大要素供给，让机会型创业活动跃上新台阶。而对于贵州、云南、西藏和甘肃这四个省份，夯实经济基础，提高人均国民生产总值，可以优化要素禀赋对机会型创业的贡献度。

综上所述，以经济发展阶段作为门槛变量，观察各个要素禀赋对机会型创业活动的影响可以发现，制度要素禀赋和非正规金融规模不受经济发展阶段的影响，个人资本要素禀赋在其中扮演的角色微乎其微且不稳定，人力要素禀赋和技术要素禀赋随着经济发展水平的上升稳步提升自身的作用，而正规金融随着经济发展水平的上升对机会型创业活动的贡献呈现跳跃式的增长，是推动机会型创业的最重要的要素。

第四节　本章小结

要素禀赋对创业活动水平的作用存在着动态变化，受到其他外在因素的影响。其中，经济发展水平是最重要的一个制约因素，要素需要在一定的经济环境下才能发挥自身的贡献和作用。本章以经济发展水平作为门槛变量，探究各种要素禀赋对创业活动的溢出效应是否线性增长。实证结果表明，就创业活动的总水平而言，每一个要素禀赋都会随着经济水平的上升提高自身对创业活动的贡献度。某些要素禀赋要对创业活动起到激励作用，本身要以经济发展到一定水平作为前提条件，比如制度要素和正规金融要素。另外一些要素禀赋，随着经济发展水平的提升，能够发挥更大的功能，比如人才要素禀赋、个人资本积累、非正规金融和科技要素。就生存型创业而言，除了制度要素禀赋对生存型创业的结果不太显著之外，其他要素禀赋都会随经济水平的提高贡献更多的力量。就机会型创业而言，制度和非正规金融的作用是稳定的、线性的，不会随经济水平的上升而上升，个人资本积累对创业活动的贡献水平较低，经济发展水平对其影响也不大，而人力要素禀赋、正规金融和技术要素禀赋的作用越来越趋向明显。表6-11概述了随着经济发展水平的提高，各个要素禀赋对创业总水平、生存型创业和机会型创业的作用的动态变化。

表 6-11　　　各个要素禀赋对创业水平的影响的动态变化

自变量＼因变量	创业总水平	生存型创业	机会型创业
制度要素禀赋	越高，越高	不显著	线性
人力要素禀赋	越高，越高	越高，越高	越高，越高
个人资本积累	越高，越高	越高，越高	不显著
正规金融规模	越高，越高	越高，越高	越高，越高
非正规金融规模	越高，越高	越高，越高	线性
技术要素禀赋	越高，越高	越高，越高	越高，越高

注：前一个越高表示经济水平越高，后一个越高表示该自变量对因变量的推动作用越高。

从实践来看，对总体创业水平影响较大的经济发展门槛值区间在 [10.5074，10.6538]，即人均国民收入 36586—42353 元阶段。过了这个阶段，各个要素禀赋对创业活动总水平的溢出效应就能达到最大化的水平。对机会型创业而言，发展正规金融所能起到的作用必须予以重视。

第七章

社会资本与创业活动的地区分异

迄今为止,我们讨论了制度、人力、金融和技术要素禀赋在创业活动地区分异中的作用。这些要素禀赋是所有创业活动都必须要有的创业禀赋,我们称为创业活动的硬约束。创业要素禀赋的供给在地理空间上存在异质性,因而创业活动表现出地区不均匀的现象。然而,硬约束并不能完全解释创业活动异质性。浙江东南部是我国创业活动最活跃的地区之一,但是当年创业活动起步时,这里也是全国最缺乏创业要素禀赋的地区。我们可以设想,创业活动最活跃的省份广东和创业活动最不活跃的省份西藏,即便拥有完全相同的要素禀赋条件,创业活动水平也会截然不同。因此,存在着一种看不见的要素和摸不着的氛围,决定了一个区域的人群选择创业活动的概率要显著高于其他区域的人群,这才是创业活动地区分异的逻辑起点。本章将这种看不见的要素和摸不着的氛围视为影响创业活动的软环境因素,并尝试使用社会资本理论对此予以解释。另外,我们也注意到,社会资本不仅直接塑造了创业的软环境,还利于孵化创业所需的要素禀赋,放松对创业活动的硬约束,从而间接促进了创业活动。

第一节 社会资本视角下的创业活动

当代对社会资本的研究是从布迪厄(Bourdieu)开始的。但是迄今为止,对社会资本的定义仍然处在众说纷纭之中,各个学派的学者根据自己研究对象的需要设定社会资本的内涵。Becker(1996)、Ports

(1998)、林南（2001）等学者将社会资本定义为个人所拥有的嵌入性社会资源，这是从个体层面观察社会资本；普特南（1993）、福山（1995）、科尔曼（1988）从信任、参与、社会规范来定义社会资本，这是从集体层面观察的社会资本；Granovetter（1985）、Ostrom（2000）、Dasgupta 和 Serageldin（2000）将社会资本视为社会联系的结构性特质，这是将个体和集体层面联系起来的社会资本。个体、集体、个体和集体连接的社会资本拓展了社会资本的应用领域：布迪厄的社会资本还仅仅是社会学的范畴，但是普特南的社会资本已经进入政治学、经济学和社会学的范畴，将社会资本的研究推向了视域更加辽阔的层面。

在创业研究领域，社会资本已经和人力资本、物质资本一样，成为创业资本的一部分。对微观个体而言，个体社会资本在创业活动的整个生命周期里都扮演着重要的角色：在创业前期，社会资本有助于识别创业机会；在创业初期阶段，社会资本有助于获取各种资源和信息；在创业成长阶段，创业者可以通过社会资本整合内部和外部的网络，实现网络进入；在创业成熟阶段，社会资本帮助企业提高运行效率，构建稳定的制度，提高运行绩效。社会资本对个体创业活动的作用得到了多方实证研究的支持，国内外的学者将对社会资本的认知验证在不同身份、不同类型的个体创业活动上，发现无论对大学生、农民工、技术型人员还是政府官员，无论是对生存型创业还是对机会型创业，社会资本总能在创业活动中发挥正面功效。

那么，在个体创业活动中贡献巨大的社会资本，能否在区域层面发挥作用呢？一个区域群体的创业意愿比另一个区域群体更强，一个区域潜在创业者转化成实际创业者的概率比另一个区域更大，这不仅取决于区域之间要素禀赋的支持力度，还取决于区域内是否存在普遍的创业精神。而宏观层面的创业精神，恰恰与社会资本存在紧密的联系：一方面，社会资本所包含的信任、文化价值观直接决定了区域的创业氛围，鼓励了创业精神，培育了创业软环境，从而决定了集体层面的创业意愿；另一方面，社会资本有利于孵化区域内的创业要素禀赋，从而放松了区域创业的硬约束，便利了潜在创业到实际创业的行动，从而间接促进了创业活动。因此，社会资本在宏观层面上对创业活动有着直接影响和间接影响。

第二节　社会资本对区域创业活动的直接影响

社会资本直接影响区域创业活动，是因为社会资本构造了区域创业的软环境，即区域的创业精神。区域和区域之间的创业精神是不一样的，广东和西藏即使所有的制度、人力、金融和技术要素禀赋都相同，创业活动的结果也会不一样。这是因为环境会改变成员的认知和理念，进而改变行动。从创业活动的角度看，区域创业环境是否够好，是否能够孵化普遍的创业精神，和地区的社会普遍信任程度以及创业文化价值观紧密相连。而信任和价值观恰恰是社会资本最核心的内容。

一　社会信任与创业活动地区分异

"信任"在社会资本理论中具有很重要的地位。有关信任与社会资本的关系，大概有三种观点。第一种观点以科尔曼（1988）为代表，认为信任是社会资本的一种形式；第二种观点以普特南（1993）为首，认为信任是构成社会资本的一个元素；第三种观点是福山（1995）的看法，信任不是社会资本，但和社会资本密切相关。无论持何种观点，学者们普遍认同信任和社会资本的紧密联系，以及两者在一定环境设定中的相互替代。社会资本对社会信任具有积极的意义，它通过鼓励公民参与培育了互惠规范，让置身其中的人们进行密集的社会交换，加深了信任的厚度；社会资本的载体社会网络可以传递信任，让社会成员对没有直接联系的他人也产生信任，扩大了信任的范围。

信任既可以是个体之间的关系，也可以存在于集体、组织层面（Welter，2012），还可以存在于区域和社会层面，三者分别构成微观信任、中观信任和宏观信任，且都能够激励创业活动的发生和发展。从心理学的角度看，信任不是一种行为（如合作），也不是一种选择（如承担风险），而是由这些行为或选择导致的潜在的心理状态（易朝晖，2011）。那么，作为一种普遍存在的社会心理状态，信任是如何激励区域创业活动的呢？事实上，大规模的社会普遍信任催化了特定成员之间的特殊信任。而当创业者和不同交易主体之间、创业团队内部成员之间、创业者和创业投资者之间能够建立起围绕创业活动的特殊信任时，创业活动就能够比较顺畅地开展了。

（一）创业者和不同交易主体之间的信任关系

任何一项经济活动都需要不同的经济主体之间发生联系。在一个社会普遍信任程度较高的区域，市场经济主体之间很快能建立信任关系，开始发生经济联系。这意味着一个处于高度信任的社会，经济运行会比较有序，经济活动也比较稳定。所以，区域信任有利于稳定社会市场经济（Sangnier，2011），促进经济增长（张维迎、柯荣住，2002）和提高居民收入（Dincer & Uslaner，2010），进而为创业活动提供更多的商业机会。实践证明，经济发达的地区，通常也是创业活动比较活跃的地区。因为发达的市场经济意味着价格机制能够充分发挥在要素配置中的基础性作用，要素在市场这只"看不见的手"的引导下，流入最能够发挥其效率的领域，也包括创业领域。而且，经济增长过程中会不断出现消费需求的变化和生产结构的变化，变化即意味着商业机会的出现，创业活动便有了实施的对象和基础。至于居民收入的提高，一方面带来了对新产品、新服务的需求，另一方面也为创业活动提供更多支持资金，从而有利于孕育创业机会和将创业机会转化为创业实践。

在社会普遍信任程度较高的区域，创业者对与之交易的市场主体更信任，此时创业者承担创业风险的意愿会更高。因为创业者预期自身遇到创业困难时，其他市场主体不仅不会做出损人利己的行为，还会善意地帮助自己渡过难关。这一认知降低了创业者对创业活动的风险预期，对待创业风险的态度也更加乐观，显然有助于创业者做出创业决策。

需要指出的是，如果市场微观主体之间的普遍信任加强，并形成互利互惠的预期，那创业活动的实际风险的确会下降。创业是一种承担风险和不确定性的行为（Knight，1921），如果创业者无法对与之交易的其他微观主体行为做出可靠的预期和判断，那么无疑不确定性会被强化，这就阻碍了创业者的创业实施。而在普遍信任较强的地区，微观主体在进行交易互动时具有关注他人利益的社会偏好，无论是创业者还是与之交易的其他市场主体，都不会轻易做出利己损他的选择，这确实减少了创业活动的风险，从而激励创业活动的产生。

进一步地，在社会普遍信任程度较高的区域，创业活动的交易成本也会降低。新创企业经常会面临"新创的负债"（周广肃等，2015），即在创业初期缺乏业绩、品牌和声誉，无法得到其他市场经济主体的认可，而需要花费大量的时间成本和经济成本去说服其他市场经济主体与之发生经济交易。"新创的负债"在很大程度上提高了创业活动的进入门槛，一部分有创业意愿的人会因为惧怕无法跨越这一门槛而被挡在创业活动领域之外。而如果区域社会信任程度较高，其他市场主体倾向于相信创业者的善意而愿意予以新生企业支持，创业者就可以节省大量时间和精力，从而降低创业难度，促进创业活动的发生。

因为信任程度高而带来的交易成本降低在创业融资方面的功效尤其显著。获得外部资金支援对创业活动至关重要，而信任对创业者是否能够获得外部融资起着决定性作用，信任稳定了借贷者的心理预期从而愿意出借资本。在民间借贷中常见这样的现象：借贷双方连借据都没有，仅靠口头承诺达成了借贷协议。这说明出借一方放弃了借助法律对自身进行保护的权利，而仅仅寄托于他人的信用。李文金等（2012）的研究表明创业者与他者的信任程度决定着创业者能否从关系成员处得到财务资源。吴勇刚等（2016）证明了信任可以降低企业的投资—现金流敏感性。社会普遍信任通过降低信贷约束助力创业。

在经济学家眼中，信任不仅仅是一种心理状态，也是一种理性人的经济选择。越是社会信任程度高的区域，越常见"信任性交易"，即信任方在缺乏收益保障时自愿将己方的资源或权利让渡给被信任方，而被信任方主动放弃机会主义空间下的机会主义利益（谢思全、陆冰然，2009）。"信任性交易"所蕴含的理性依据是，被信任方不采取机会主义行为是出于互惠动机，而信任方则出于信任才将资源和权利出让给被信任方，并对被信任方的互惠行为有高度预期。在创业活动中，创业者如果处于被信任方的地位,其获得创业资源的难度将大大降低。随着交易互动次数的增多和互动范围的扩大,创业者与其他市场主体之间的博弈链越拉越长,形成重复博弈,合作将成为最优选择。这也意味着,在普遍信任程度高的地区,不同市场主体之间的合作倾向更强,创业活动因而有了更好的基础。

可见,当创业者和不同的市场交易主体之间的普遍信任程度较高时,创业风险下降而创业者承担风险的意愿上升,交易成本下降,信任性交易更为普遍,这些都会提高区域创业活动的出现概率(见图7-1)。

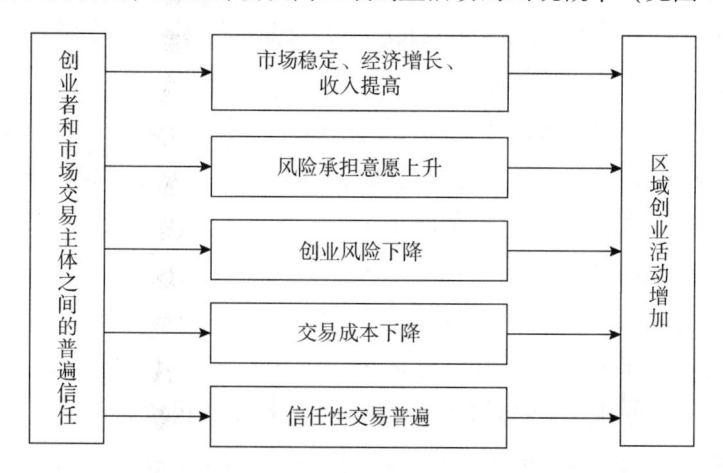

图7-1 市场交易主体之间普遍信任促进创业活动的作用机理

(二)创业团队内部的信任关系

徐淑芳(2005)认为,信任促进人、组织、人和组织之间的合作。人们愿意在相互信任的情况下同享知识(Tsai & Ghoshal, 1998)、组织创业团队(Zolin et al., 2011)。从信任的层次看,创业团队内部信任包含个体信任和组织信任,存在于个体成员相互之间的信任为个体信任(Mcallister, 1995),个体成员对团队整体的信任为组织信任(Moorman et al., 1992)。

普遍的社会信任对创业团队内部的信任关系具有积极意义。首先,创业团队成员个体之间的信任是基于合作者人品的信任,相信彼此不会损人利己(邓靖松,2012);相信彼此会贡献自己全部的专用性资产，而不会出于私心有所保留；相信彼此之间秉承互惠互利原则，能够维系长期合作关系。在社会普遍信任程度高的区域，创业者对他人的整体信任程度会高一些，这个他人中也包括了创业团队的其他成员。其次，维系创业团队的信任需要良好的沟通。在普遍信任程度高的地区，社会网络构建得更为完善，能够起到良好的传递信息和知识的功能，而频繁的信息共享、知识交换等沟通方式能够提升彼此的可信度，是创业团队信任的分享机制（郑鸿、徐勇，2017）。再次，互惠原则是创业团队维持信任的基本条件。在社会普遍信任程度高的地区，对友善报以友善的互惠原则深入人心。社会氛围会约束创业团队成员的行为，要求彼此之间不仅要互担风险，还要回报合作者予以的信任，形成互相依存的关系，互惠原则维系了创业团队成员之间的内部信任和连续协作。最后，社会普遍信任的氛围会渗透到创业团队中，增强团队的凝聚力，有利于团队解决内部冲突，促进团队资源开发利用（Schoorman et al.，1995）。

（三）创业者和创业投资者之间的信任关系

创业者和创业投资者之间是高度信任的关系（Sahlman，1990）。这是因为，创业投资者是资本供需双方的桥梁，投资过程中经常出现严重的信息失衡，除非创业投资者对创业者深度信任，否则不可能把资金、资源投向创业行动（姚铮等，2016）。具体来看，社会普遍信任程度较高的区域，创业投资者出现的概率会更大，创业者获得创业投资的概率也会更大。

第一，信息是创业投资者决定是否给予创业者资助的重要依据。Maxwell 等（2011）通过对投资者和创业者多轮谈判的观察发现，信息被有效地交流、传递是创业者获得投资者青睐的重要原因。创业者和创业投资者都嵌入在特定的社会关系和社会网络中。在社会普遍信任程度高的区域，社会网络结构稳定，信息传递的可靠性强，获取创业者和创业行为信息的渠道通畅，成本低廉。基于信息的可获取性和可靠性，创业投资者会倾向于在社会普遍信任程度较高的区域寻找创业投资对象，因而这些地区常常是创业投资者集中出现的地区。

第二，创业投资者对创业者的信任存在动态演化的过程，可以被分为初始信任、计算性信任、了解性信任和认同性信任四个特征维度（姚铮等，2016）。初始信任发生在创业投资者给予创业者投资之前，此时创业投资者尚不能参与创业活动的决策，但相信创业者在创业过程中会维护创业投资者的利益（陈闯、叶瑛，2010），而这种信任的产生，则和社会普遍信任有极大的关系。如果区域的创业者普遍重视声誉和秩序，普遍表现出值得创业投资者信赖的个人特质和组织特质，那么创业投资者和创业者之间就比较容易建立起高质量的初始信任，而高质量的初始信任是创业者和创业投资者合作的前提。基于高质量的初始信任，创业者获得创业投资的概率也更大。

当然，在创业者获得创业投资者的投资之后，还需要深化双方之间的双向信任，因为这和创业活动的绩效密切相关。叶瑛和姜彦福（2006）发现，创业投资者和创业者双方建立双向信任之后，创业投资者会主动参与创业者的公司运营，提供增值服务，而创业者也愿意接受投资者的监控和服务，并就双方所拥有的专有性知识进行交换（Barney & Hansen，1994）。Busenitz等（2004）发现，双方信任能提高信息传递的效率和速度，进而利于创业绩效。Clercq和Sapienza（2005）更提出，创业投资者对创业者的信任是创业者竞争优势的来源。

（四）小结

信任是关系的长期导向，是经济合作活动开始的基础。在缺乏信任的情况下，需要建立高成本的监控和激励机制来克服各个市场主体在合作时的机会主义倾向。创业活动具有广泛的对外合作性，作为一种地域环境因素，社会普遍信任对于创业活动有重要意义，因为普遍信任可以被转化为不同市场主体之间的特殊信任，具体地说，是创业者和其他市场经济主体、创业团队内部、创业者和创业投资者之间的特殊信任，而这些特殊信任可以直接刺激创业活动的开展。周广肃（2015）的实证研究表明，信任能够分担创业风险、传递有效信息和促进社会网络，因而提高家庭创业的概率。魏下海等（2016）发现良好的社会信任环境对人们创业活动意愿有正面作用，在成本高昂的地区，社会信任的创业效应还会放大。信任不仅直接催生了个体创业者和个体创业行为，还孵化了创业团队和创业投资者。区域之间社会信任程度的差异，决定了创业者所处的软环境是有利于创业还是不利于创业，从而影响了创业活动的地区分异（见图7-2）。

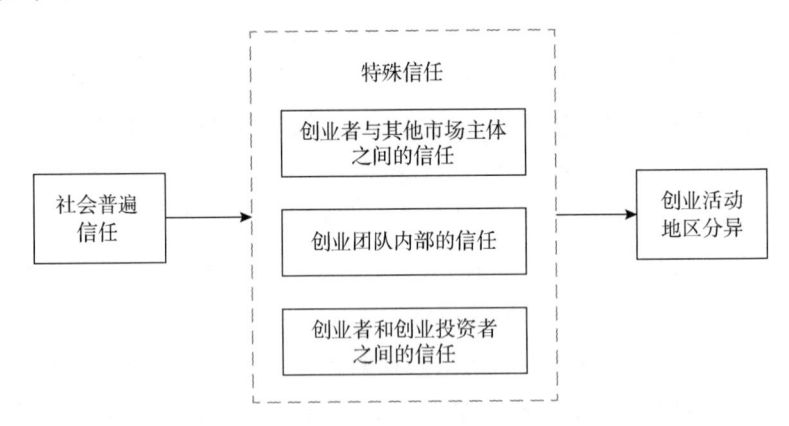

图7-2 社会普遍信任对创业活动地区分异的作用机理

二 文化价值观与创业活动地区分异

对于文化价值观和创业活动之间的关系，社会学界的先驱们在理论上探索颇多。马克斯·韦伯（1930）提出，新教徒所具有的独立、努力工作、节俭等价值观促进了现代资本主义国家的振兴。McClelland（1961）则研究了普通民众的成就动机（achievement motive）与国家经济发展水平之间的关系。还有一些研究认为，个人主义、竞争精神、物质追求和工作伦理等典型的西方价值观使创业活动得以普及。早期社会学领域得到这些结论，使用的都是质性分析方法，因为文化价值观抽象而复杂，难以使用数值来量化。而Hofstede（1984）创造性地将文化分成权利距离、不确定性规避、个人—集体导向性、阳刚性—阴柔性四个维度，并根据这四个维度对不同国家的文化进行了量化比较。这为后来学者实证文化价值观和创业之间的关系提供了基础。Hofstede文化四维度中所隐含的文化价值观会直接影响到不同区域的创业精神：创业精神与高度的权利距离相关（Mcgrath et al., 1992），但上下级之间的权力距离会阻碍沟通，进而不利于创业；个人主义和创业成功之间线性正相关（Peterson，1980）；创业意图受个人主义影响的程度在国家间有差异，集体主义对创业动机的影响微乎其微（孟凡臣，2007）。

文化价值观是理想标准，属应然状态；创业活动是现实状况，属实然状态。区域的应然状态到底是通过什么样的路径影响到实然状态呢？

本书以为，区域文化价值观可以从微观和宏观两个层次影响区域的创业软环境，进而影响区域的创业活动实践。

（一）文化价值观对区域创业软环境的微观影响

从微观方面看，区域文化价值观帮助个体树立自身的创业价值认知。文化价值观在社会活动中产生，并通过社会化过程在社会成员中逐渐地内在化（张继焦，1999），因此微观个体的创业价值认知是区域文化价值观的表现形式之一。创业价值认知是指个体与创业相关的思想观念、价值标准和精神状态（仲伟伫，2012）。微观创业价值认知在不同区域内差异明显：某些地区的个体有更强的创业倾向，对通过创业实现自身价值的渴望更强，投身创业的冒险精神也更大。而微观个体创业价值认知的形成通常与区域内创业活动的传递效应、同群效应和榜样效应相关。Gibson（2004）将能够激励和鼓励他人制定特定的职业决策并达成特定目标的榜样分解成角色和榜样两个方面。从角色上看，个体倾向于靠近那些特征、行为、目标与自身类似的群体，渴望复制群体中成功的社会角色（黎常，2014）。从榜样示范看，个体能够有效模仿先行者的行为，避免行为上的曲折，并学习到能力和技术。崇尚创业活动和创新精神的区域，必定有数量众多的角色榜样，这使个体能够正视创业的力量，无畏创业的失败，充分激发创业热情，形成强烈的创业倾向。已有研究发现，当父母是创业者时，子女是创业者的概率会提升（Chlosta et al.，2012；周慧敏，2017）；当朋友、同学、同事等周边密切联系的人群出现创业者时，个体创业的可能性也会提高（Nanda，2010；Falck，2012）；媒体对成功创业企业家的新闻报道也大大激励了个体开展创业活动的决策，帮助他们树立创业目标动机。这说明，已有创业活动的传递效应、同群效应和榜样效应，能够有效地促成个体形成创业价值认知。在创业活动活跃的地区，创业活动的数量很大，潜在创业者对角色和榜样的选择范围很大，创业价值观在微观个体中的示范效应很强；而在创业活动不活跃的地区，创业活动数量很少，角色和榜样的示范效应不够突出，创业价值观不能够被充分认知。个体能否普遍形成创业价值认知决定了创业活动的地区分异。

（二）文化价值观对区域创业软环境的宏观影响

从宏观看，文化价值观决定了创业的社会意识。更具体地说，文化价值观决定了整个社会对待创业的认知态度，决定了是否存在良好的创业氛围。

首先，不同区域的文化价值观对待商业活动的态度存在显著差异。《管子·小匡》云："士农工商四民者，国之石民也。"虽然中国古代将士农工商都视为国家的柱石，但商被排在末位。在几千年的封建历史中，商人和商业行为始终上不了台面，被视为社会底层，地位低于农民和手工业者。商人还被打上"重利轻义"的标签，时常遭受道德上批判。商业活动比较活跃的地区，则一定要编制一套"利义并举"的理论为自己的行为辩护，以求得正统文化的认可。这种文化价值观导向严重挫伤了中国古代民众从事商业活动的积极性。虽然商业活动在历史上从未停止，但是但凡商业上有所成就的商贾，一定会让子女读取功名，参加科举，而很少以商业成就激励子女继承祖业，社会上的角色榜样普遍是士大夫和官员。对商业活动的歧视态度延续千年，至今我国有的地区还是崇尚"商而优则仕"，商只是手段，最终的目标则是进入国家统治体系的管理阶层。可以想象，在对商业活动存在严重等级观念的区域，创业活动必然会遭到大部分人的反对，创业者也无法得到有效的精神支持和行动配合，创业活动受到压制。

其次，创业是高风险的活动，创业失败比重很高，但是不同的文化价值观对待创业失败的态度不同。同样是世界上经济最发达的地区，欧洲国家视创业失败为耻辱，给创业失败打上严重的社会烙印，而美国则认为创业失败是正常的学习过程（黎常，2014）。对创业失败的担忧，以及对创业失败后被污名化的担忧，会导致创业者缩手缩脚，不敢轻易开展创业活动。而对创业失败的宽容态度，给创业失败者再次机会的社会氛围，能够减少创业者对创业失败不可承受之后果的恐惧，鼓励更多人开展创业活动。

最后，不同文化价值观对创业知识的传播和扩散的态度不同。在"差序格局"显著的地区，血缘、亲缘、地缘是维系内部联系的紧密纽带，特殊主义人际关系大行其道，成为社会成员交换的基本准则（陈立旭，2007）。创业知识只会在小范围内沿着血缘、亲缘和地缘的路径快速传播，对圈子外部成员则保持高度排斥和抵御的状态，即创业知识在内部是共有的、共享的，对外部却是独享的、专有的。但是在与"差序格局"相对应的"团体格局"中，所有个体在造物主面前一律平等，普遍主义人际关系兴盛。创业知识传播与否、传播于谁，取决于整体社会的价值判断体系。如果个体想从社会的知识溢出中得利，便要贡献自己的知识，和社会形成等价交换，以维护其他人共享知识的权利。这一做法类似哈耶克所说的"自由的秩序"（1997）。

（三）小结

文化价值观可以通过传递效应、同群效应和榜样效应帮助微观个体树立普遍的创业价值认知，地区文化价值观存在差异，微观个体所具备的创业价值认知的程度和普遍性存在差异。在不同文化价值观下，对创业活动的态度、对创业失败的态度和对创业知识传播的态度不同，造就了区域宏观层面社会创业意识的差异。文化价值观从微观和宏观两个层次决定了创业活动的地区差异（见图7-3）。

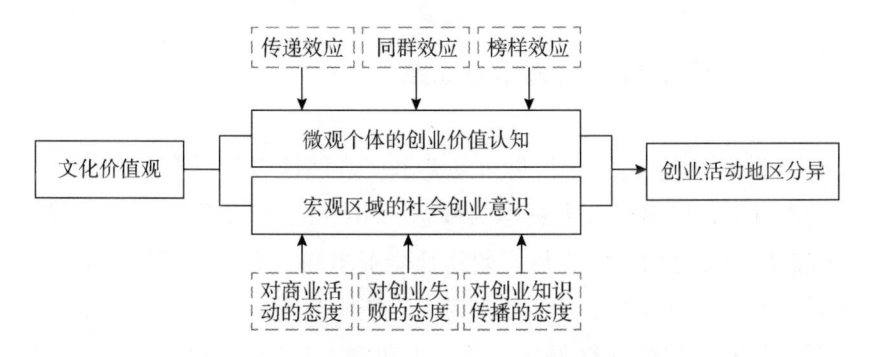

图7-3 文化价值观对创业活动地区分异的作用机理

第三节　社会资本对区域创业活动的间接影响

社会资本对区域创业活动的间接影响,是通过创业要素禀赋的中介作用实现的。创业活动是人、财、物组合的经济活动,缺乏了人力、金融和技术等必需的要素禀赋,创业活动就无从谈起。创业要素禀赋形成对创业活动的硬约束。社会资本有助于孵化创业活动所需的要素禀赋,增加区域要素禀赋的供给,从而间接刺激区域创业活动。

社会资本如何孵化区域创业要素禀赋?社会资本有微观、中观和宏观三个层次。微观层次的社会资本存在于个体创业者身上,中观层次的社会资本存在于创业组织内部之间,而宏观层次的社会资本是在整个区域内存在的信任、网络和规范。对个体创业者而言,社会资本本身就是一种资源,创业者可以通过调用社会资本获取和整合创业所需的人、财、物,提高物质要素禀赋的积累数量和积累效率,从而保证创业活动顺利开展。对组织而言,创业企业不仅可以通过内部社会资本来维系创业团队之间的合作和信任,还可以通过社会资本和社会网络建立与外部供应商、市场、其他主体之间的联系,从而不断提高获得创业物质要素禀赋的水平。在宏观上,区域社会资本通过信任、网络和规范的构建,重新配置已有要素禀赋到更合理的水平,或孵化新的创业要素禀赋,从而促使区域创业活动顺利开展。

一　社会资本与人力要素禀赋

20世纪60年代,舒尔茨和贝克尔创造性地将物质资本的概念套用到人身上,提出了人力资本的概念。20世纪80年代社会资本成为研究热门话题之后,学术界开始将社会资本和人力资本联系起来。早期研究中,社会资本还经常被视为人力资本的附属物,是人力资本内涵深化和外延扩展的结果(高峰、龙思佳,2009)。到了后期,学界意识到这是两种不同的资本形式,有其不同的内涵和功能。已有研究对两者之间的关系有两种看法。

第一种看法，社会资本和人力资本是相对独立的，各有其作用功效。在职业流动上，人力资本有助于农民工在内部和外部劳动力市场的向上流动，社会资本不仅没有促进向外流动，而且显著制约了在内部劳动力市场的向上流动（田北海等，2013）。在社会融入方面，人力资本对农民工的城市融入能够起到积极的作用，而同质性的社会资本起阻碍作用（童雪敏等，2012）；人力资本对短期的社会适应发挥作用，而长期的社会适应则依赖社会资本（冯伟林、李树茁，2016）。在收入差距上，人力资本起收敛作用，而社会资本拉大差距，两者有联动效应（李黎明、许珂，2017）。在市场化发达的领域，具有较高人力资本的人群会更加倾向于用市场力量来解决问题，而较少使用社会关系网络工具来获取收益（贺尊、赵莹，2017）。

第二种看法，社会资本和人力资本是互补的，相辅相成的，两者在某种程度上可以互相替代。这也是目前主流的看法。对经济增长而言，人力资本理论主张蕴含在人身上的知识和能力都是促进经济发展的重要因素，但社会资本理论认为人与人之间的关系以及由人际关系产生的劳动积极性也会促进经济发展（童宏保，2003）。传统的经济增长模型中只包含人力资本和物质资本，有学者尝试在此基础上添加社会资本这一要素，并验证了社会资本和人力资本共同作用促进经济发展的事实（刘长生、简玉峰，2009；彭文慧，2013）。在就业方面，社会资本和人力资本的结合对个体就业十分重要，尤其是大学生群体和农民工群体，不仅要动员个体的社会资本，还要动员家庭的社会资本，且两者的结合不仅影响能否就业，还影响了就业质量（石红梅、丁煜，2017）。农村居民的社会资本和人力资本水平总体低于城镇居民，因而在就业市场上存在劣势（王小璐、风笑天，2016）。人力资本和社会资本的融合还能促进职业成功（施建军、邓宏，2015）。在特定情况下，人力资本和社会资本两者可以互相替代（关爱萍、李静宜，2017）。

然而，社会资本和人力资本并非两种并行的、各自作用的或联合发生作用的资本形式，它们之间还存在着更复杂的孵化作用机制，即社会资本具有激励人力资本积累、鼓励人力资本投资的功能。区域人力要素禀赋数量的增加和质量的提升,与区域现有社会资本水平密不可分。

　　首先,我们看看社会资本是如何激励人力资本积累的。社会资本激励人力资本积累,是以教育作为中介变量的。科尔曼(1994)是最早提出社会资本会影响到人力资本积累的学者之一,"社会资本是家庭关系和社区组织中的一套资源,对小孩或年轻人的认知及社会发展有益"。这和贝克尔(1993)的阐述相呼应,"对人力资本的讨论绝不能遗漏家庭在知识、技能、价值和习惯上对孩子的影响。家庭对待孩子的任何细微差别都会随着时间的推移而成倍放大"。科尔曼(2000)还实证了家庭内部社会资本与孩子辍学率之间的关系,并发现家庭之外的社会资本对孩子的辍学率也有影响;经常搬迁的家庭的孩子辍学率更高,因为他们社会资本的积累被打断了;教会私立小学的辍学率比公立或一般私立小学都低,因为他们的父母会投入时间参加宗教活动。类似的研究还有,Grootaert等(2002)发现家长—教师协会的社会参与度与学生的高出勤率密切相关。而父母在劳动力市场参与度上升导致家庭的社会资本下降,子女的人力资本积累就会受到负面影响,如我国农村地区大量劳动力外出务工,减少了对子女的学习监督和辅导,最终影响到子女受教育年限和个人能力(霍鹏等,2017)。

　　上述研究都是从家庭对子女的关注、照顾等角度看待子女的学习效果。事实上,社会资本还会影响家庭在教育方面的资源配置,从而影响子女的人力资本积累。比如,社会资本充裕的家庭会将更多的人际关系资源用于保障子女的教育权利,会动用个人关系为孩子选择更好的学校、更好的老师、更好的课外辅导;家长还会尽量用社会资本拓宽孩子的教育选择,增加孩子受教育的机会,比如延长孩子受教育的年限、送孩子出国留学、甚至自己办学。目前中国义务阶段教育出现的一个新现象是,父母对现存的学校教育机构不满意,遂联合起来开办小规模的"私塾",自己聘请教师,自己设计课程。而这种教育模式对父母的社会资本、社会关系和社会能力提出了极高的要求。对农村家庭而言,社会资本对人力资本的影响更加间接一些:一方面,进城务工的父母在获得网络信息后,认识到较高的受教育水平有利于获得较好的就业机会，因而有利于子女教育（袁梦、郑筱婷，2016）；另一方面，父母在城市所积累的社会资本能够帮助子女获取工作岗位，这增加了子女辍学务工的可能，对人力资本积累产生不利影响（霍鹏等，2016）。可见，社会资本对人力资本积累影响的路径比较复杂，但都与教育相关。整体而言，家庭社会资本有利于子女教育，进而激励人力资本的积累。

其次，社会资本不仅激励人力资本积累，还会鼓励人力资本投资。有如下几个方面的解释。

第一，社会资本有利于维系人力资本水平和提高人力资本回报，从而鼓励人力资本投资。人力资本贬值是一个自然的过程（黄维德、柯迪，2017），而社会资本能够通过降低工作压力维持个体健康（Gerich，2014），还能够通过知识分享、获取和创新帮助个体适应环境变化（Martínez et al.，2012），从而缓解人力资本贬值的速度。李宝值（2017）通过实证研究证明农民工的社会资本能够强化信息传递和缓解就业歧视，对人力资本回报率具有正向影响。

第二，社会资本可以优化就业环境，从而鼓励人力资本投资。当整个区域的社会资本水平较高时，社会普遍信任水平提高，人际互信增强了陌生人之间的合作意愿，这有助于市场经济主体突破自身的小圈子，以更开放的心态对待就业者，根据就业者的专业能力、学识水平、工作经验等给予公平酬金，避免亲疏有别。高素质高回报、低素质低回报的公平就业环境会鼓励人们努力提高自身的人力资本存量，从而在就业市场获得竞争优势。

第三，社会资本有助于减少不确定性，从而鼓励人力资本投资。人力资本当前投资和未来回报之间存在时间距离，不确定性较大，能否得到回报、得到多大的回报、何时得到回报在投资当时都是未知的。而个体较高的社会资本水平则能够大大减少这种不确定性，因为他们可以合理预期自身将来所能获得的就业岗位和薪资收入。已有研究表明，社会资本水平低的个体，往往对教育投资也比较低，因为社会资本实际限制了教育投资所能产生的回报。而社会资本水平高的家庭，也更愿意进行人力资本的投资，并促成社会资本的代际传承（张立新，2013）。大学生就业时也倾向于动用个体和家庭社会资本，以获得起薪和职位方面的优势（赖德胜等，2012）。当未来的投资收益存在具有确定性预期的时候，人们对人力资本的投入会更慷慨，增强人力资本投资的意愿。

第四，社会资本改变了人力资本的需求结构，从而鼓励人力资本投资。经济发展需要不同水平的人力要素禀赋的搭配。随着区域经济发展和社会资本的存量的增高，区域内部对高素质的人力资本需求会更大，对一般性的人力资本需求相对会减少。劳动力市场会更倾向高教育水平的人，人力资本水平高的个体更容易获得体面的工作和匹配的回报。这样，高社会资本就产生了高人力资本的需求，从而鼓励人们投资人力资本。

可见，社会资本一方面通过教育激励人力资本积累，一方面又通过多种作用途径激励人力资本投资，从而起到提升区域人力要素禀赋的作用（见图7-4）。当然，不仅社会资本有利于人力资本水平的提升，人力资本的提升也有利于社会资本的累积，因为人力资本的提升为个体开辟了向上流动的通道，向上流动则意味着新的社会资本积累。

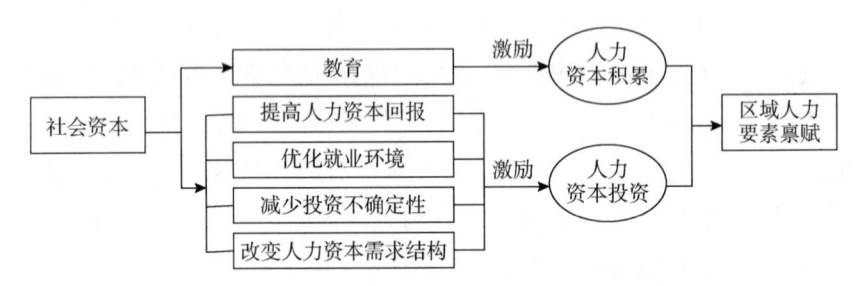

图7-4 社会资本孵化区域人力要素禀赋的作用机理

二 社会资本与金融要素禀赋

普特南认为社会资本包括信任、规范和网络三个要素，他强调社会资本的集体属性和社会属性，将之与林南式的个体社会资本进行了区分。Gittell 和 Vidal（1988）则走得更远，将社会资本区分为紧密型社会资本（bonding social capital）和桥梁型社会资本（bridging social capital）。紧密型社会资本连接的是具有亲密关系的群体，如家庭成员、家族成员。中国传统乡村社会以血缘、亲缘、地缘相连构成圈子，形成"差序格局"，圈子内部的社会关系即属于这一范畴。被紧密型社会资本捆绑的成员之间存在强关系，组织结构内的社会凝聚力是其主要特点，社会资本主要是先天所得，特殊信任和特殊主义人际关系横行。桥梁型社会资本指的是与组织或圈子之外的他者互动形成的社会资本，是大社会型的社会资本，此时构建社会资本的群体不再具有直接的亲族血缘联系，也不是熟人社会，而是公民社会中的所有成员。被桥梁型社会资本捆绑的成员之间存在的是弱关系，互动和信息传递是其主要特点，社会资本主要由后天获得，普遍信任和普遍主义人际关系更显著。

对区域金融要素禀赋而言，桥梁型社会资本促成了区域正规金融的发展，而紧密型社会资本利于区域非正规金融的建构。

（一）桥梁型社会资本和区域正规金融的发展

正规金融体系指的是纳入国家监管之下的正规金融机构，包括商业银行、股份银行、信用社、保险公司、证券市场等。其他市场主体与正规金融体系发生联系时，依托的是桥梁型的社会资本，普遍信任对两者之间的合作贡献巨大。

第一，桥梁型社会资本可以扩大正规金融市场的规模。桥梁型社会资本有利于正规金融要素禀赋的供给和需求，并促成双方达成借贷交易，提高了区域金融活跃度。从供给方看，社会资本量与金融资产数量正相关（聂富强等，2012）。金融资产实际上是一种存在不确定性的资产方式，需要委托人对代理人充分信任。当社会普遍信任程度高时，更多家庭会选择多样化的金融产品作为资产配置方式，从而增加了整个正规金融供给总量。桥梁型社会资本的主要功能是带来新的机会和信息，这也是增加金融要素供给的重要因素。当出借人对金融决策的成本和收益无法把握时，便会通过小圈子以外比自身层次更高或金融知识更丰富的人打探消息，获取信息，从而做出投资决策。信息越多，信息质量越高，越能帮助出借人获得金融知识，从而信任新的金融机构和金融产品，愿意让渡资金的使用权。巩宿裕（2015）曾证明以相互沟通、传播信息为特点的桥梁型社会资本对城镇家庭参与金融市场的概率和深度都有显著正向作用。从需求方看，在普遍信任程度比较强的区域，借款人因为获得金融资助的成功率较高，为获得金融资助所支付的代价较低，因而向正规金融求助的意愿增强。

桥梁型社会资本在不同的社会组织之间搭起了桥梁，提高了社会普遍信任水平。这不仅增加了正规金融的供给和需求，还促进了借贷交易的达成。对今日货币价值给予未来更多货币价值的承诺是金融的本质（张俊生、曾亚敏，2005），而承诺能否被遵循和兑现，不仅依靠法律制度的强制约束，还依赖于社会资本所营造的规范和网络对人们行为的制约。在社会资本水平高的地区，社会普遍信任的程度高，出借一方总体更加信任借入一方，借贷金融就能够比较容易地达成。Guiso（2004）认为，"金融契约是一项高信任聚集的契约"，这表明社会普遍信任和金融发展活跃度之间存在天然联系。不仅普遍信任有助于借贷交易达成，规范、网络等其他社会资本要素对区域金融发展差异也起到重大作用。Coffee（2001）提出，社会规范对公司行为起到的塑造和约束作用比法律制度更强，从而导致不同国家金融发展的差异；Guiso等（2004）也从社会资本和信任的角度研究了意大利南北部金融发展差异的形成原因。

第二，桥梁型社会资本有利于提高正规金融市场的效率。金融市场效率是指资金在融通市场上所表现出来的有效性，具体体现在金融商品价格对各类信息反映的灵敏程度、金融机构的交易成本、金融商品的数量和创新能力等几个方面。在普遍信任水平低的区域，信息不对称的风险加大，正规金融机构需要花费大量时间、精力去了解借款人的信息，从而导致交易成本上升。而出于道德风险和逆向选择的原因，正规金融机构会倾向于拒绝无法提供抵押物的借款人，反而是资产状况比较好的、资金并不十分紧缺的借款人更容易获得贷款，金融商品价格无法真实反映资金的需求状况，金融价格机制失灵。更重要的是，在社会资本水平较低的区域，人们参与金融活动的渠道趋向单一，主要是银行的储蓄产品，金融机构创新的热情会受到严重抑制。

由此可见，提高区域社会资本的存量水平，培育普遍信任的社会氛围，可以降低金融机构的交易成本，充分发挥金融价格机制在金融供需中的配置作用，增强金融机构金融创新的热情和能力，提高正规金融市场的效率。

(二) 紧密型社会资本与区域非正规金融体系的发展

非正规金融体系主要包括自发形成的民间信用组织，如合会、典当行、互助基金、民间票据和民间借贷等（申云，2016）。从它的发展形态看，非正规金融包括几个层次：个体无息互助性的借贷，个体组织形式的有息借贷和组织化的民间融资（张改清，2008）。特殊信任以及圈子内部的声誉和规范是非正规金融得以存在和发展的基础。

第一，圈子内部的特殊信任降低了非正规金融借贷的信息不对称性。非正规金融借贷的信息不对称体现在两个方面：一是借款人是否愿意还款，这是由机会主义带来的不确定性；二是借款人是否有还款能力，这是由有限理性带来的不确定性（陈硕，2014）。如果出借人对这两方面不具有信息，那么借贷交易就无法达成。特殊信任可以消除出借人这两方面的顾虑。首先，出借人和借款人同处于一个熟人社会的圈子内，出借人和借款人很可能本身是熟人，出借人了解借款人的人品。即使出借人不认识借款人，也很容易通过第三方对借款人的认知和评价了解借款人的人品。换句话说，出借人有畅通的信息渠道获得甄别信息，从而做出借款决策，这降低了由机会主义带来的不确定性。其次，身处在同一个封闭的圈子里面，借款人不敢轻易违约，因为圈子内的其他成员会共同形成违约惩罚机制，从而使借款人在圈子内部无法维系日后的经济活动。"有借有还，再借不难"的行为原则激励着借款人按时履约，遵守承诺，这表明在紧密型社会资本的约束下，借款人的机会主义倾向会减少。最后，社会网络强关系中所传递的信息真实可靠，出借人可以在出借前全面了解借款人及其家庭的资产状况和经营技能，确保借款人的偿付能力；在借款后还可以通过各种熟人的消息渠道追踪出借的资本，从而消除有限理性带来的障碍。

第二，圈子内部的声誉机制降低了非正规金融的门槛，并实施有效监督。首先，声誉能够作为非正规金融的抵押物。Costa 和 Kahn (1998) 曾经指出，借款人在贷款时具有避免使用自有抵押品的倾向，从而增加了从正规金融部门获得资金的难度。而中国的很多地区，特别是农村地区，借款人在创业前的家庭资产根本不足以提供抵押物。因此，这一部分借款人被迫进入非正规金融体系。非正规金融体系的一个优势就是，允许借款人以声誉作为一种特殊的资产提供抵押。抵押品分实物抵押和虚拟抵押，而声誉资产刚好就是一种虚拟抵押。虚拟抵押对实物抵押的替代将借款人从缺乏实物资产的困境中解救出来，提高了他们从非正规金融体系获得信贷的预期，从而增大了非正规金融部门的资金需求。其次，正因为声誉也是一项资产，可以作为虚拟抵押物，所以借款人会更加珍惜声誉，增强履约自觉。声誉源于过去行为，但声誉败坏的后果体现在未来。一旦声誉败坏，借款人不仅在借贷上面临困境，还会在未来其他的商业活动中面临缺乏合作者的困境，从而失去未来获利的机会。而按时履约是对声誉的强化，是获得未来贷款和未来合作者的保障，也是对潜在获利机会的投资。所以，声誉机制能够有效监督借款人，遵守契约，信守承诺，保证非正规金融交易的顺利进行。

第三，圈子内部的规范机制保障了非正规金融合约的履行。圈子内部的规范机制是由整个圈子的成员依据共同价值观所设计的惩罚机制，用于约束成员行为。个体成员若违背圈子的规范，损害了其他成员的利益或者圈子集体利益，将会受到圈子规范机制的制裁。具体到非正规金融借贷上，当借款人违约无法履行借贷合同时，出借人首先会施加制裁，一方面采取措施逼迫借款人还款，另一方面将借款人违约的事实通知整个熟人社会，以给借款人施加压力；第三方紧接着也会施加制裁，比如在言语上对出借人冷嘲热讽，造成出借人的心理压力，在行动上不与之发生经济联系，使借款人丧失未来的经济机会。在此基础上，整个圈子都会在经济活动中排挤违约的借款人，甚至将借款人违约的消息传递到圈子外部，造成违约人更大范围的损失。可见，借款人因为违约所带来的排斥不仅造成经济损失，还有个人情感的创伤。从这个意义上看，圈子内部的规范机制所蕴含的惩罚比法律制度更加严苛，它不仅通过约束机制让借款人不敢轻易违约，还通过示范效应让潜在的机会主义者望而却步（陈硕，2014），事先退出非正规金融交易市场，从而提升了整个非正规金融交易市场主体的信用程度。更重要的是，发生在熟人社会中的非正规金融借贷通常都不是"一锤子买卖"，而是长期合作的多次博弈。在圈子内部规范机制的约束效应和示范效应下，借款人会自觉自律，约束机会主义倾向。这样，一个依靠圈子内部的规范机制和自律机制多次执行的、激励和约束机制相容的非正规金融契约安排就生成了（罗建华、黄玲，2011）。

（三）小结

不同类型的社会资本孵化了不同层次的区域金融要素禀赋。桥梁型社会资本对正规金融体系的作用更大，它所包含的社会普遍信任既能够扩大正规金融市场的规模，也能够提高正规金融市场的效率。紧密型社会资本则与非正规金融体系紧密相关，它所包含的特殊信任能够降低借贷双方的信息不对称，小圈子内部的声誉机制和规范机制对借款人形成激励和约束机制，从而建立了非正规的金融契约安排。当然，对于金融体系而言，仅仅靠社会资本维系和孵化是不可想象的，正规的法律制度安排更加重要。社会资本和法律制度都有利于区域金融要素禀赋的孵化。当两者水平都比较低时，社会资本和法律制度相互促进和补充，共同促进金融发展；而当社会资本或法律制度其中一方已经达到有效水平时，两者之间存在替代效应（崔巍、文景，2017）。当然，我国目前总体而言法律制度水平相对低下，所以对金融发展而言，社会资本是对法律制度不可或缺的补充。另外，由于我国法律制度的供给相对单一，地区之间的差异性相对较小，而相形之下无论是紧密型社会资本还是桥梁型社会资本，在各个地区的差异都很大，因此社会资本可能是不同区域金融要素禀赋差异的主要原因。这一观点和张俊生（2005）、崔巍（2013）的研究结果一致（见图7-5）。

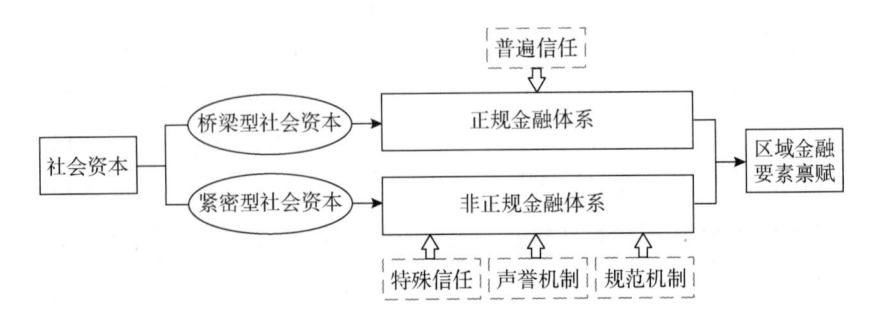

图 7-5　社会资本孵化区域金融要素禀赋的作用机理

三　社会资本与技术要素禀赋

社会资本的信任、规范和网络三要素皆有助于孵化区域技术要素禀赋。

（一）信任与技术要素禀赋

第一，普遍信任环境强化区域各主体对技术的集体认同。普遍信任、互助合作的社会资本意味着牢不可破的凝聚力，在区域不同层次的主体之间形成合力和粘力，促使区域成员形成一致的技术价值观；而一旦"技术至上"的技术价值观深入人心，那么区域技术创新的动力就会源源不断。第二，社会普遍信任环境强化区域不同技术主体的技术合作性。技术具有很强的合作属性，目前许多技术开发会涉及跨行业领域，非一个创新主体能够独立开发，合作开发成为日益常见的现象。而技术合作开发要求不同的技术主体之间建立高度信任。高存量的社会资本能够帮助技术合作者之间快速建立彼此信任的关系，减少不合作行为，从而有利于技术合作开发。第三，社会普遍信任环境强化区域不同技术主体的开放性。在互相信任的环境下，不同的技术创新主体信任区域的创新网络会带来利益而不是伤害，这种开放的心态能够促成不同的技术主体参与各种形式的技术交流网络中，在更大规模和更高层次上建设技术网络（陈乘风、许培源，2015）。第四，社会普遍信任环境激励了区域不同技术主体的包容性，鼓励现存的技术研发主体不要故步自封，勇于接纳新成员，迎接新鲜的思想和元素，从而孵化更多的技术研发主体；鼓励已有的技术研发主体不断尝试新方法，运用新元素，提升技术创新的绩效，从而更快孵化新技术；鼓励现存的创新主体对技术创新失败持宽容和鼓励的态度，承认技术尝试的价值，形成积极向上的技术态度。第五，社会普遍信任环境强化区域不同技术主体的可交易性。技术具有专业性和收益性的特点，不同的技术合作者之间会互相防范、互相隐瞒。高信任的社会环境下，技术开发主体具有高度的契约精神，会主动遵守承诺，减少相互监督和相互制约的不必要行为，从而减少技术合作的交易成本，增加技术主体的可交易性，有利于技术的扩散和交流。第六，普遍信任环境提升技术的应用性。在社会普遍信任比较高的环境下，各个层次的市场主体对技术也抱有信任的态度，对技术持积极和正面的看法，有利于技术的推广和应用，而技术的推广和应用能够反过来推动技术研究和开发。第七，社会普遍信任还可以通过别的途径孵化区域的技术要素禀赋。比如，高信任度的环境比低信任度的环境更容易吸引外资（Zak, 2001），从外部引进新的技术要素。高信任度的环境有利于建立风险投资者与技术开发者之间的信任，提高风险投资孵化新技术的效率。普遍信任环境从各个角度、各个层面促成了技术开发、技术合作、技术交流、技术扩散和技术应用，从而孵化了地区技术要素禀赋。

（二）网络与技术要素禀赋

第一，网络构建了区域内技术要素主体的社会互动性。社会互动指的是区域内不同技术要素主体之间的强关系和弱关系的总和。强关系意味着技术要素主体之间关系紧密、接触频繁，有多重联系的通道。处于强关系网络中的成员彼此熟悉，容易进行知识传递、交流和共享，促成技术的利用。弱关系则表明技术要素主体之间联系相对松散、接触有限，联系渠道单一。处于弱关系网络中的成员异质性较大，对技术观点和技术开发的思维方式差异也较大，有利于成员获得新的观点、新的视角和新的启发，探索全新技术。弱关系网络的结构也比较自由，组织松散，网络成员受到的限制较少，使成员更容易摆脱常规束缚去探索新知识（刘寿先，2014）。

第二，网络拓展了区域技术要素主体的社会合作性。社会网络不仅能够在个体和个体之间建立联系，也能够在个体和组织之间、组织和组织之间乃至区域与区域之间建立联系，从而拓展了网络的多样性和新颖性。目前有四种网络利于区域技术要素禀赋的孵化。第一种网络，是行业内部技术要素主体之间的网络。同一行业的技术要素主体面临类似的市场环境、市场机会、市场威胁，可以相互沟通和交流经验，讨论本行业的技术诀窍，建立行业规范，相互成为学习对象。不同技术要素主体通过对技术要诀、技术知识的讨论，加深了对行业内部知识特征的理解，具有明显的知识累积效果。这一网络确保了行业利益和战略行动的一致性，有利于提高效率和执行力。第二种网络，是行业内部技术要素主体和行业外部技术要素主体之间的网络。不同行业技术要素主体所面临的市场环境、市场资源和市场威胁迥异，有各自独特的经验和模式。与行业外部技术要素主体结成网络，给行业内技术要素主体带来全新的思维方式，帮助其获得大量非冗余信息，为创新提供更多的灵感来源。第三种网络，是不同类型技术要素主体之间的网络，包括个人、企业、大学、研究所、政府、中介组织之间的合作。随着技术创新步伐加快、难度加大、成本上升，单一技术要素主体独立完成技术创新的难度越来越大，不同类型技术要素主体之间的合作愈发显示出重要性。这一网络下，各个技术要素主体之间存在分工和合作，有的以研究和开发为己任，有的以应用和产业化为目标，有的以为技术要素孵化提供支持为己任，这有助于形成技术要素禀赋从源头到最终应用的全产业链，并为技术开发建立基础保障和支持环境。应用和产业化的技术主体提供市场导向的信息，帮助研发主体维持技术开发和市场导向的一致性；研发的技术主体则不断推进技术的广度和精度，为应用和产业化技术主体提供更大的市场应用空间和产业领域。第四种网络，技术要素主体与区域内其他系统的合作。通过与区域内管理系统、金融系统等其他体系的链接和协作，技术要素主体获得了其他非技术性的支持，突破技术之外的其他制约，从而加快了技术要素禀赋的孵化过程。总体而言，不同形式的网络培育了技术要素主体和他者之间的合作，从而产生了协同效应（杨宇、沈坤荣，2010）。Yuan（2006）在论述社会资本对经济增长的作用机制时，就谈到社会资本让不同企业之间的合作更加便利，从而有利于技术和创新。

第三，网络催生了区域技术要素主体的学习机制。技术要素禀赋的核心是知识，只有通过知识的不断学习、交流和碰撞，才能孵化新的技术要素禀赋。在不同的技术要素主体之间存在知识链，它由知识流动、知识共享和知识创造等互动活动构成，而居其核心的则是技术要素主体的学习意愿和学习能力。网络成员的学习意愿和学习能力不同会导致彼此之间资源获取效率的差异。与技术要素禀赋相关的学习分两种类型：利用式学习（exploitation）和探索式学习（exploration）。探索式学习旨在探索和构建新的知识体系，利用式学习则着重于已有知识的应用和实践（蒋春燕、赵曙明，2008）。强关系的社会网络中的成员会就已有技术和信息进行多方面的交流和共享，从而全面开发已有知识，促进利用式学习。在弱关系的社会网络中，区域成员交换知识的不同维度和不同视角，获取异质性信息，容易突破已有知识局限，建立全新认知。强关系和弱关系分别在交流存量知识和探究增量知识两个领域内发挥功能（Hansen，1999）。

（三）规范与技术要素禀赋

技术具有专利性和收益性，但技术的这一属性却很难被保障。有如下几个方面的原因。第一，技术创新活动具有显著的外部性。Nelson（1959）的研究表明，技术创新的外部性很难内部化，即技术主体无法阻止他人的模仿和复制行为。第二，技术研究开发需要与其他技术主体合作，但是这个过程可能发生代理问题，一方将另一方的技术挪作他用，从而造成利益损失（林洲钰、林汉川，2012）。第三，技术研发主体的技术人员可能会流向其他组织，导致技术非正常流失。虽然目前已有的专利制度、知识产权保护体系等正规法律制度都旨在有效保护技术的专利性和收益性，但是正规法律制度能够作用的范围却比较有限，尤其是在中国这样法制化进程只有几十年的国家。科尔曼（1994）认为，社会资本具有较强的外部性，能够促进合作，减少交易成本，并弥补正式制度的缺陷。社会资本中所蕴含的社会规范能够保障技术的专利性和收益性，主要有三个途径。首先，社会规范能提高对技术保障的合法性认知，有利于全社会形成尊重知识和技术的意识。社会规范是区域内部成员共同认可的基本准则，如果整个社会层面尊重知识、尊重技术、尊重产权，那么社会成员就会自然而然地形成保障技术所有者的权益以及付费使用技术的意识。在这种情况下，侵权、盗版产品会受到消费者排斥而退出市场，剽窃、模仿行为也会因为无法得到收益而消失。其次，社会规范对于技术要素禀赋相关的各个主体形成行为约束。虽然未成文也不具强制性，但规范会内化为成员的个人意识，处在规范作用范围之内的个体有动力也有压力去遵守区域规范（郑馨等，2017）。不同的技术要素主体在相互合作时，也每时每刻都在接受着区域社会规范的监督，不能做出违背合作契约、造成合作伙伴损失的行为，否则会受到来自社会规范的压力。而对技术人员的约束则更要依靠社会规范，形成技术人员特有的伦理道德认知和行动准则，以便于在正常的人员流动中保障不同技术要素主体的经济利益。最后，社会规范具有惩处技术要素主体不遵守秩序的行为的能力。现实生活中，对于违背技术社会规范的技术要素主体，可能受到其他无直接关联的技术要素主体的抵制和孤立，形成第三方惩罚。第三方惩罚也被看作一种利他性惩罚，是社会规范得以产生、维持和发展的重要原因（Fehr，2002，2004）。在合作日益重要的技术开发和应用领域，被其他技术要素主体抵制和孤立就意味着技术开发不可持续并无法顺利转化为经济成果，是对技术要素主体最严重的惩罚。可见，社会规范对各个要素主体的社会和经济行为起着调节、约束与过滤的作用。

（四）小结

社会资本会通过信任、网络和规范三要素影响区域技术要素禀赋的孵化，其具体作用过程如图7-6所示。

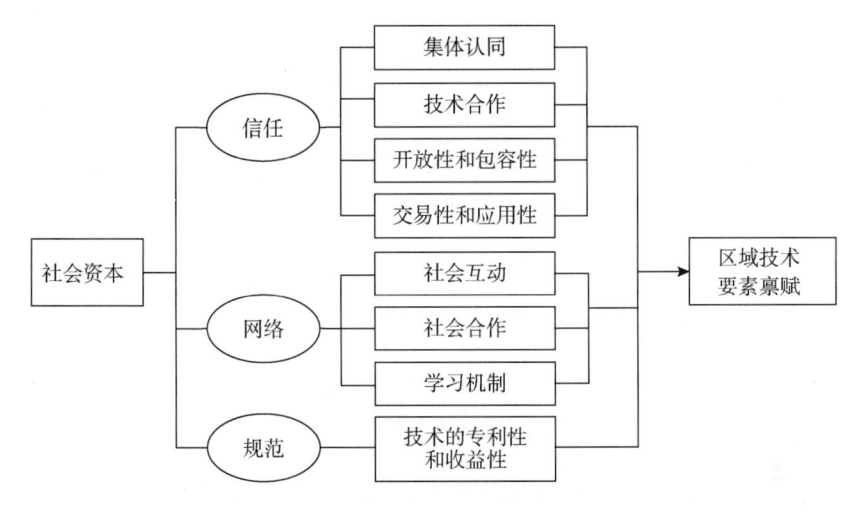

图 7-6　社会资本孵化区域技术要素禀赋的作用机理

第四节　本章小结

社会资本对创业活动的贡献和作用是创业活动研究的热门主题。已有文献大多站在微观和中观层次，探讨社会如何对个体创业和企业创业形成激励机制，而较少研究社会资本和宏观层面创业活动地区分异之间的联系。本章从两个方面讨论社会资本对宏观层面创业活动的影响：一是社会资本的核心要素社会信任和文化价值观与创业软环境之间的联系，这是社会资本对创业活动的直接影响。二是社会资本对人力要素禀赋、金融要素禀赋和技术要素禀赋的孵化作用，这是社会资本对创业活动的间接影响。区域创业软环境的差异和区域创业要素禀赋的差异，共同导致了创业活动在地理空间分布上的不均衡（见图 7-7）。

需要说明的是，随着改革深入和社会转型，中国当前的社会结构和居民的社会资本特征都发生了相应的变化（林南，2005）。一方面，社会资本的来源日益多元化。由于人口的流动和迁徙，血缘、亲缘、地缘等传统宗族关系日渐式微，先天性社会资本数量减少，紧密型社会关系逐渐弱化。而新社区、新社团的出现将人群重新划分，并在不同群类中搭建了桥梁，市民社会日益形成，后天获得性的社会资本数

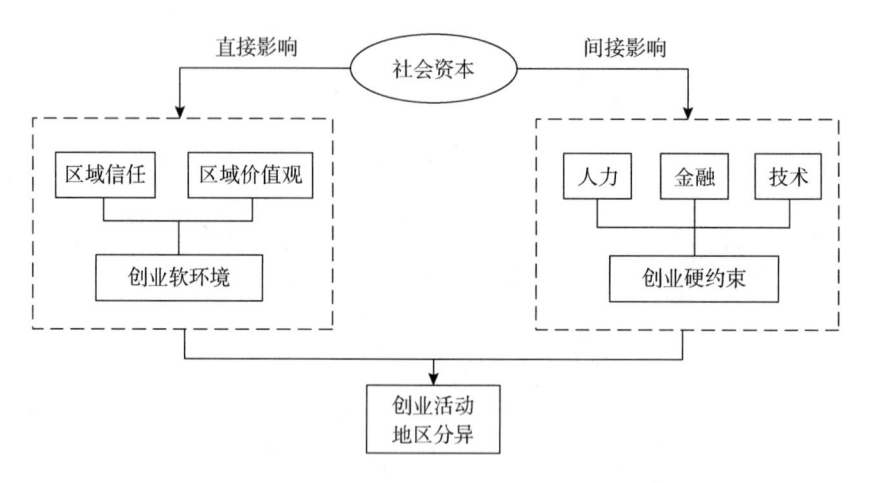

图 7-7　社会资本对创业活动地区分异的作用机理

量在上升，桥梁型社会资本累积步伐加快。社区和社团等组织对血亲和宗族关系的取代使弱关系正成为社会网络的主流，强关系无论强度还是广度都在消退，而关系网络的范围日益延伸，社会资本的结构发生动态变迁。另一方面，社会资本的个体异质和区域异质越来越明显。从个体看，社会资本的多少取决于个人拥有的资源、关系网络等，而我国不同社会阶层在受教育程度、财富、地位、权力以及社会关系等方面都存在很大的差距（马宏、汪洪波，2013），因而个体社会资本两极分化现象日趋严重。从区域看，先天性社会资本存量的减退和后天获得性社会资本存量的上升让区域社会资本的同质性下降，异质性特征日益明显。这意味着社会资本本身也处在不断变化之中，这种变化会不断通过直接途径作用于区域创业软环境，和间接途径作用于区域要素禀赋的孵化，从而不断改变着创业活动的地区分异的格局。

第八章

创业空间集聚:创业软环境和硬约束的结合

第一节 创业空间集聚

一 创业空间集聚问题的缘起

创业空间集聚并不是新现象。20世纪,随着意大利中小企业产业集群的发展和美国硅谷的横空出世,产业集群成为令人关注的产业现象,而产业集群的实质无非是创业者在小范围的地理空间高密度地开办同一产业企业的行为,本质上就是创业空间集聚现象。关于产业集群,理论上最早开始予以解释的是马歇尔。马歇尔在著作《经济学原理》中专门谈到了工业集中于某一特定地区的现象,并运用经济外部性的概念予以解释,提出产业专业化、劳动力市场和知识溢出是外部经济的三个来源。此后,韦伯从工业区位选择的视角出发,讨论了影响工业分布的区域性因素和集聚因素,并强调集聚具有规模效应和降低经常性开支的成本优势。到了20世纪末,保罗·克鲁克曼和藤田昌久等人所倡导的新经济地理学开始流行,区位理论和贸易理论被结合在一起,认为经济活动选择在同一区域是由规模收益、交通成本及相互需求决定的,并构造了中心—外围模型来解释产业集群现象。而迈克尔波特则将生产要素、需求状况、相关与支持性产业、要素禀赋、企业战略结构和同业竞争、政府和机会六个因素融合在一起,构建了国家竞争力的钻石模型,并认为"钻石体系"有助于一个国家的单点产业竞争优势向多点集群扩散。他认识到一个企业的竞争优势不是由企业自身决定的，而来自企业所在的地区和产业集群。

上述经典理论中，经济外部性理论、区位理论和新经济地理学理论着重讨论产业集群的原因，而钻石理论则更侧重于产业集群所能带来的优势。新经济地理学的观点最受经济学界的认可，因为以往的经济学主流无法将区位问题纳入研究框架，只好予以回避；而新经济地理学把空间问题和规模经济、竞争、均衡等纳入同一个理论框架，使用"规模效应"和"运输成本"的概念完美地设计了经济学主流认可的数理模型，从而不仅严谨地证明了集聚的作用，还使得区位问题突显出来。然而，新经济地理学在解释产业集聚时对知识溢出效应视而不见，这引发了后人对这一理论的诟病。事实上，不仅知识溢出效应是以往经典理论所忽略的方面，"规模经济"和"运输成本"也不能够全部解释经济活动空间上的集聚现象。我们观察到，在某些最缺乏"运输成本优势"的地区，产业集群疯狂发芽，如浙江温州、台州；而同样具有"规模经济"和"运输成本优势"的地区，产业集群发生发展势头各异，如广东省只有东莞、珠海等珠三角地区产业集群现象突出，而优势等同的湛江、韶关地区与之相距甚远。而且，随着经济活动范围的扩大，区位所带来的成本下降优势在经济活动中的重要性越来越不明显，许多企业甚至远离生产和消费者市场。这些现象告诉我们，必定还存在一些看不见的东西左右着创业活动空间的集聚。

人是经济活动的主体。区域若产业集群兴盛，则必定意味着创业者众多。从经济区位的视角提出的问题"为什么这个地方出现产业集群"，可以被更具有普遍意义的"为什么这个地方有这么多创业者"的问题所替代。这有助于我们跳出新经济地理学的框架桎梏，从社会资本、职业选择理论等其他视角更深层次地考虑经济集聚的问题，这也是近年来学术界慢慢将关注焦点从"产业集群"转移到"创业空间集聚"上来的原因。

当然，创业空间集聚被学术界关注的另一个原因是这几年国内"淘宝村"的井喷趋势。在阿里巴巴、京东等电子商务巨头的推动下，以电子商务为依托的农村创业活动迎来了跨越式发展的新阶段。适逢我国"大众创业"活动的热潮,这一新现象也引发了理论界的热烈探讨。在中国知网上,2010年以来以"淘宝村"作为主题词发表的期刊论文总共有407篇,其中2010年仅有1篇,2015年后每年稳定在110篇以上,可见这一现象确实已经成为学术热点。①

二 创业空间集聚的常见类型

和经济发展水平一项,创业活动在不同区域之间呈现不均衡的状态,某些局部地区创业活动高度密集,某些地区创业活动则零星分散。前文所述的产业集群即是创业空间集聚的一个典型例子。而创业空间集聚的另一种特殊形式是,某一产业只限于特定的一群人来经营,比如遍布全国的复印店老板基本上是湖南娄底的新化人(冯军旗,2010),福建莆田人基本垄断了全国各地的民营医院,广西上林人甚至成群结队去非洲淘金……对这个问题的解释,早已经超出了区位理论和新经济地理学的理论范畴,而成为社会学的焦点。但是鉴于这种创业形式的创业者散布在不同地区,没有形成地理空间上的集中,超越了本书所讨论的空间分异的框架,本书无法予以讨论。

因此,本书所讨论的创业空间集聚,是指在小区域地理空间发生高密度创业活动。创业空间集聚一般有如下三个特点:第一,创业者众多,创业活动井喷,创业企业如雨后春笋般大量涌现。第二,创业活动具有某一方面的统一性特征,比如集中在同一产业经营同一类产品,从而形成产业集群;或提供同一类服务,形成服务行业垄断;或者销售模式一致,形成特殊经营方式。第三,创业活动发生的地理空间狭小,集中在小级别的行政区域范围内(通常为镇及镇以下级别的地理单位),或某一特定功能的经济区域内部。

根据上述三个特征,目前国内最常见的创业空间集聚有两种类型:一是以电子商务为依托的自组织型创业空间集聚,以"淘宝村"为代表;二是以知识创业为依托的他组织型创业空间集聚,以高新技术产

---

① 检索日期为2018年2月12日。

业园区为代表。

(一)"淘宝村"型的创业空间集聚

"淘宝村"最早起源于浙江义乌市青岩刘村。2006年,青岩刘村在完成旧村改造后修建了大量的住宅,但过半住宅闲置。该村附近一服装市场的经营户看该村租金低廉,便租用刘村房屋,将服装生意带入刘村。2007年9月,该村第一家淘宝店铺"邻家实惠小店"开张。因为周边丰富的商业信息、海量的商品货源以及便捷的商贸物流,刘村的电子商务产业很快发展起来。2009年,义乌工商学院开设的淘宝创业班整班进驻青岩刘村,其后有近万名学生在青岩刘村创业。2014年11月19日,李克强总理夜访刘村,感叹"网店在虚拟空间服务实体经济,开拓巨大的市场空间",青岩刘村从此获得了"中国网店第一村"的称号。不仅如此,青岩刘村还带动了周边一大批传统农村变成了淘宝村。根据《2017年中国淘宝村研究报告》显示,义乌总计有淘宝村65个,青岩刘村所处的江东街道独占30个。

什么样的村子可以被称为"淘宝村"?阿里研究院在《中国淘宝村研究报告(2014)》中提出三条标准:以行政村为单元的农村地区;电子商务年交易额达1000万元以上;活跃网店数量达到100家或占当地家庭户数的10%。按上述标准,2009年全国仅3个村够格被称为"淘宝村",分别是江苏睢宁东风村、浙江义乌青岩刘村和河北清河东高庄村。但是到了2017年,全国24个省市共计有2118个"淘宝村",销售额超过了1200亿元,且集群化发展的势头很足(见图8-1)。从地域分布来看,"淘宝村"数量在浙江、广东和江苏最多,占到全国总数的2/3强;山东、福建、河北三省均超100个,中西部加总68个,东北和西部较少(见图8-2)。从规模上看,全国2100余个淘宝村的活跃网店超过40万个,最大的"淘宝村"网店超过20000家。从活跃程度看,浙江金华、广东广州和福建泉州在全国最活跃100个"淘宝村"里面占据了52%的份额。从创业主体来看,"淘宝村"的经营户已经开始由最初的农民发展到大学生、退伍军人,并吸引大量外出务工人员返乡创业。从销售内容上看,传统的服装、家具和鞋仍然是销售的主流商品,但是地方化、特色化的产品越来越多。特定产地的农产品特别突出，如花木、大闸蟹、茶叶、蜂蜜，此类"淘宝村"已有100多个。具有悠久历史、独特文化含义的手工艺品也很受欢迎，如宣纸、鸟笼、牡丹画、银器等。还有一些科技创新产品，如电动平衡车、扫地机器人、智能家居产品等也脱颖而出。①

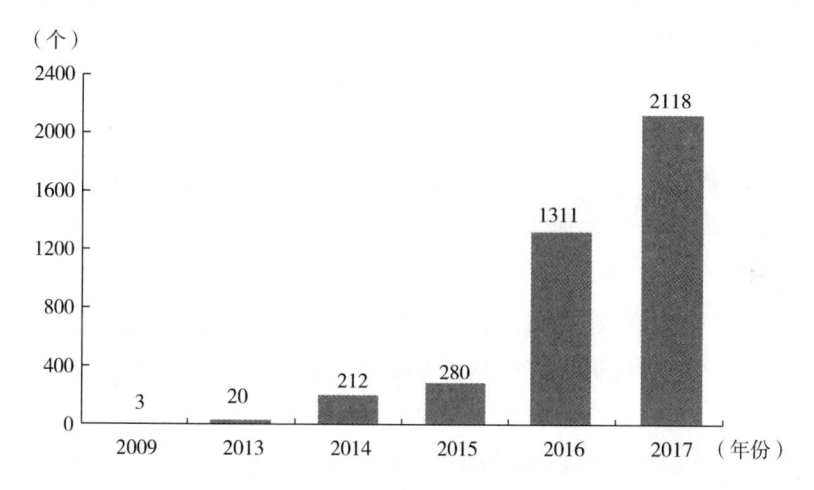

图 8-1 2009—2017 年中国"淘宝村"数量

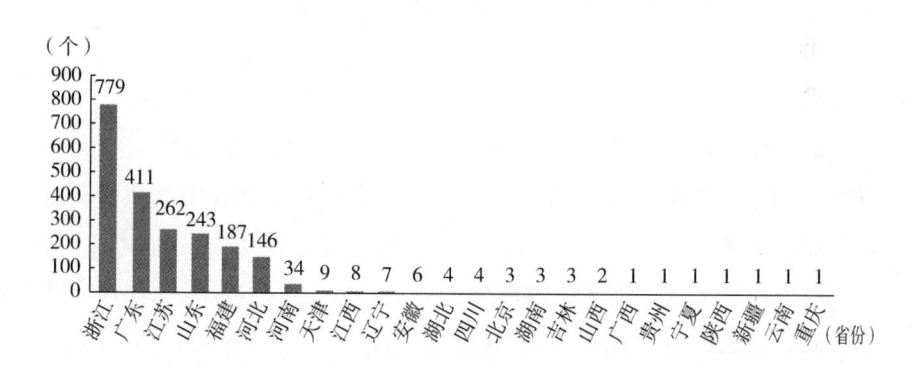

图 8-2 2017 年各省淘宝村数量

"淘宝村"刚出现在文献中时，被描述为"家家户户以开网店为生的村庄"。这个近乎白描式的定义表明了"淘宝村"的基本特征：

---

① 阿里研究院：《中国淘宝村研究报告（2016）》，http://www.199it.com/archives/531557.html。

地域上处于农村地区，创业主体以农村农民为主且数量众多，创业活动的内容是依托电子商务进行商品销售。随着淘宝村的增多，2014年阿里研究院给"淘宝村"做了定义："大量网商聚集在某村落，以淘宝为交易平台，以淘宝电商生态系统为依托，形成规模和协同效应的网络商业群聚现象。"① 可见，"淘宝村"具有地理集中、模式统一的基本特征。从创业的主体看，一开始是线下实体店铺的线上衍生尝试，而后又有很多农村闲置人员和未在劳动力市场正式就业的劳动力有意识地进入该领域，进行尝试性的创业活动，再后来就有更多的非本地的大学生、退伍军人加入该行业，还有一些外出务工者也返乡创业，他们用创业替代就业市场的职业搜寻，获得自食其力的经济基础。从内容上看，这些创业者销售的产品与其所在区域密切相关，要么是本地区已有产业的优势主打产品，要么是本地区特有的农产品，要么是本地区独一无二的手工艺品。可见，"淘宝村"是草根阶层出于经济目的、通过挖掘地区优势、依托电子商务平台而进行的大规模的生存型创业活动的集聚。淘宝村发展初期以创业者自发性集聚为主，后期阿里巴巴和"淘宝村"所在地政府开始有意识地引导，呈现规模化发展态势。

"淘宝村"从萌芽到发展，经历了由个体创业到集体创业、由一个村创业到村村创业的过程，"淘宝村"由点到面扩大到"淘宝镇"，再到"淘宝村集群"，② 这样的发展过程其实反映了创业空间集聚在地理上的不断扩张。2017年，全国"淘宝镇"超过240个。

目前，"淘宝村"的绝大部分创业活动还是以个人或家庭经营为主。但是，已经有一批网商快速成长起来，他们注册公司、创立品牌、申请专利、扩大团队，并在其他地方建立分支机构，全国多个地方协同办公。还有网商从销售领域走向实体领域，投资、收购生产型企业，

---

① 阿里研究院：《中国淘宝村研究报告（2014）》，http://www.199it.com/archives/316574.html。

② 按照阿里研究院的解释，在某一乡镇或街道的"淘宝村"数量大于或等于3个即为"淘宝镇"，在一个区、县或县级市，10个及以上"淘宝村"相邻发展构成集群即为"淘宝村集群"。

将产业链逐渐拉长。企业化网商数量上升，说明淘宝村的创业者逐渐将生存型创业活动向机会型创业活动推进。

(二) 高新技术产业园区型的创业空间集聚

1988年5月，北京市政府以中关村为中心，在北京市海淀区划出100平方千米左右的区域，建立了我国第一个开放型的新技术产业开发区，该开发区起源于20世纪80年代初的"中关村电子一条街"。1999年8月，产业开发区更名为中关村技术园区，成为中国高科技产业中心，被誉为"中国的硅谷"。经过30多年的发展，现在的中关村技术园区不仅覆盖了北大、清华、人大等知名高校，还拥有中科院、中国工程院下辖的上百个研究所和实验室，其空间也拓展到488平方公里，是中国科教智力和人才资源最密集的区域。

作为高科技创业活动发生最为密集的地区，高新技术产业园区入驻有严格的条件。首先，国家对高新区设置了行业门槛，必须在名录上的高新行业才能进驻高新区，如电子与信息技术、生物工程和新医药技术，等等。其次，对入驻企业的科技员工占比、研发费用在销售收入中的占比、高新技术收入在总收入中的占比都有严格的规定[①]，不满足高新技术特性的企业不得入驻。

经过20余年的建设，我国高新技术产业园区得到飞速发展。2011—2016年，国家级高新区的数量分别为88个、105个、114个、115个、146个、146个，纳入统计的企业数量分别是57033家、63926家、71180家、74275家、82712家和91093家。图8-3显示了2011年到2016年国家级高新区的几项基本经济指标，表明高新区运行良好，各项经济指标都在稳步上升。从从业人员来看，高新产业技术园区的从业人员逐年增加，其中，本科及以上学历的人员以每年50万以上的数量递增，科技活动人员以每年28万的数量递增，占据就业总人数的18%左右。

从科技成果看，高新技术产业园区的单位产出极高（见图8-4）。无论是申请（发明）专利、授权（发明）专利还是拥有（发明）专

---

① 科技部：《国家高新技术产业开发区高新技术企业认定条件和办法》，中国投资指南，http://www.fdi.gov.cn/1800000121_23_68185_0_7.html，2018年2月12日。

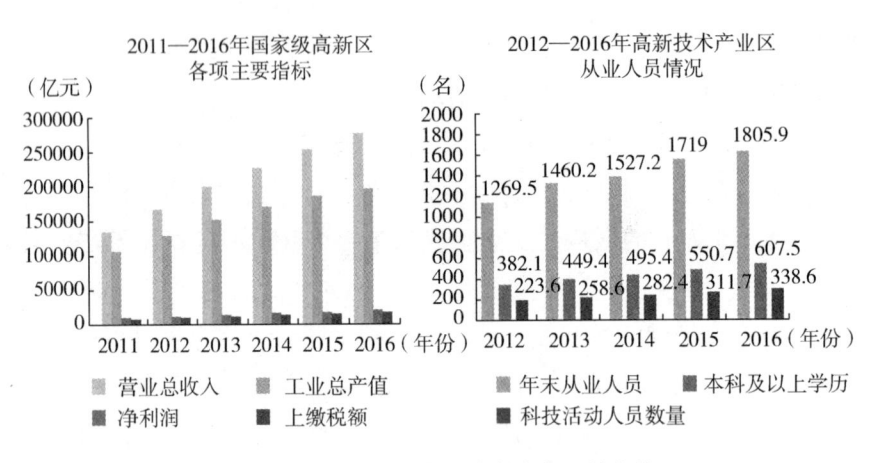

图 8-3　2011—2016 年国家级高新区基本情况

资料来源：2012—2016 年《国家高新区综合发展与数据分析报告》。

利的数量，每万名就业人员的科技产出都在快速增长。2012 年高新技术产业园区就业人员拥有的有效发明专利是全国平均水平的 9.4 倍，2013—2016 年该数据为 9.6 倍、9.8 倍、8.5 倍和 9.6 倍，充分说明高新技术产业园区是全国创新成果最为丰硕的地区。

2011—2016年高新区每万名就业人员专利产出（件）

	2011	2012	2013	2014	2015	2016
申请专利数	157.6	191	197.8	206.1	205.5	238.4
授权专利数	82.2	106.3	114	118.8	125.3	140.8
拥有专利数	284.3	321.6	372.6	466	538.4	638.2

2011—2016年高新区每万名就业人员发明专利产出（件）

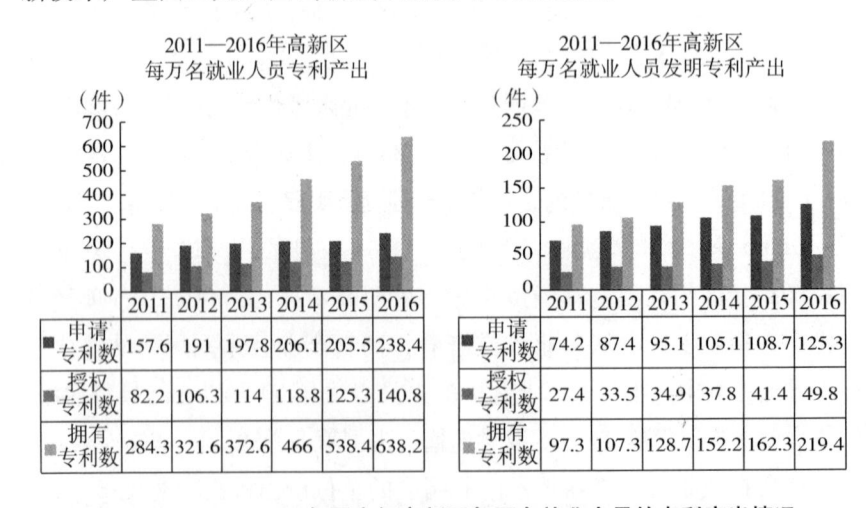

	2011	2012	2013	2014	2015	2016
申请专利数	74.2	87.4	95.1	105.1	108.7	125.3
授权专利数	27.4	33.5	34.9	37.8	41.4	49.8
拥有专利数	97.3	107.3	128.7	152.2	162.3	219.4

图 8-4　2011—2016 年国家级高新区每万名就业人员的专利产出情况

资料来源：2012—2016 年《国家高新区综合发展与数据分析报告》。

从创业孵化看，2016 年高新区所拥有的科技孵化器数量是 2012

年的 2.27 倍，年均增长率为 22.9%；2016 年所拥有的科技企业加速器数量是 2012 年的 2.46 倍，年均增长率为 26.4%。可见高新区对科技企业孵化的能力大大提高。从孵化结果看，2012—2016 年，高新技术园区新注册的企业数量分别为 6.5、8.0、13.3、19.0、28.2 万家，增幅为 23.08%、66.25%、42.86% 和 48.42%，新创企业的增长水平远远超高了全国平均水平（见图 8-5）。

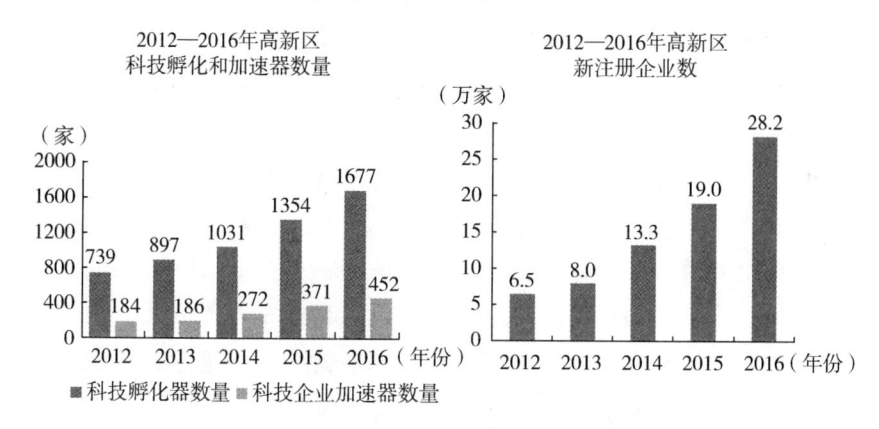

图 8-5　2012—2016 年国家级高新区创业孵化情况

资料来源：2012—2016 年《国家高新区综合发展与数据分析报告》。

通过上述高新技术产业园区的基本描述，我们可以得到高新技术产业园区的基本轮廓：第一，从创业主体看，高新技术产业园区的创业者主要是具有高学历、高素质的精英人才，人力资本的专用性资产属性突出；第二，从创业内容看，创业活动和高新技术产业密切相关，生产高科技产品，提供高科技服务，研发活动兴盛；第三，从创业目标看，创业者不是出于生活和经济压力被迫创业，而是为了将技术优势转化为经济效益，进而实现自我价值；第四，从创业组织来看，政府起主要的引导作用，是政府首先搭建了高新技术创业园区的平台，通过提供各种优惠政策和配套措施，吸引创业者入驻园区开展创业活动，他组织的特征明显；第五，从创业效果来看，高新技术产业园区成功孵化了一大批知识型创业企业，孵化和催生创业活动的效果良好。

总而言之，高新技术产业园区是政府主导的、高素质创业人才利用技术和知识所进行的机会型创业活动在空间上的集聚。政府通过划定某一特殊城市区域作为高新技术产业园区，配套以优惠的创业支持政策，减少了知识型创业活动的风险，提升了知识型创业活动的集聚效应，从而将高素质创业人才集聚起来，引导他们开展机会型创业活动，并有效地孵化出知识型创业企业的成果。

第二节 创业软环境和创业硬约束的结合

一 创业空间集聚与创业软环境

创业空间集聚是怎么发生的？如前所述，从产业集群转到创业空间集聚后，原来用于解释产业集群的区位理论、新经济地理学理论就不再适用了。原因在于，区位理论和新经济地理学理论中，理性人从成本最小化和规模最大化的角度出发，经过精密的经济利益核算才决定创业活动的地点；而因为所有的理性人都是同质的，所以他们决定的创业地点趋向一致，从而形成产业集群现象。这里隐含的前提假设是，这些理性人相互之间并不认识，是因为对利益判断的一致性才形成决策的一致性，创业地点是理性计算的结果。而在创业空间集聚活动中，地点的选择是非刻意的：创业者要么在决策之前已经认识并存在复杂的网络联系，正是因为他们之前存在的千丝万缕的关系，才导致创业活动在他们中间扩散，形成创业空间集聚；要么就是某种外力的推力，比如高新技术产业园区的优惠政策，将他们推到共同的地点上来。换句话说，创业空间集聚活动中，创业者对创业地点的选择并没有经过精密的成本利益核算，只是因为创业者周边的人在此地创业，所以创业者也选在此地，是人的关系导致了集聚而不是成本核算导致了集聚。产业集群的原因是经济性的，而创业空间集聚的原因是社会性的。

因此，在创业空间集聚的原因解释中，社会资本就扮演了一个非常重要的角色。第七章第二节阐述了社会资本是如何通过社会普遍信任和文化价值观培育区域创业活动的软环境,第三节阐述了社会资本如何有利于孵化人力、金融和技术等创业活动的硬约束,而创业空间集聚则是硬约束和软环境两者结合的产物。

创业空间集聚只会发生在社会资本存量高的区域。创业空间集聚的区域内部通常存在浓厚的商业氛围,鼓励创业行为,宽容创业失败,宣传创业典型,弥漫着重商敬商的价值观。而这种氛围有利于提升区域内人口的创业意愿,引致潜在创业者将创业意愿转化为现实行动。不仅如何,创业空间集聚的区域内部还存在高水平的普遍信任,这种信任关系促使区域内创业者的合作和信息交流,减少创业风险和交易成本,从而促进了创业活动的延伸。所以,创业水平低的区域,新创业活动的诞生很不容易,反而是创业活动越密集的地方,新创业活动越常见。由社会资本孕育的富含创业精神的创业软环境是创业空间集聚发生的首要条件。由此可以推断,如果一个地区缺乏对创业活动的正面的价值判断,缺乏普遍的社会信任,就无法大规模鼓励区域成员的创业价值认知和区域创业意识,无法塑造大量潜在的创业者,创业活动只会零星地、分散地出现。

二 创业空间集聚与创业硬约束

创业空间集聚一方面要求区域成员有高度的普遍的创业自觉意识,另一方面也要求有相应的创业要素禀赋予以配合,才能将潜在的创业者转化为真正的创业实践者。区域创业要素禀赋的供给,会对创业活动形成制约因素,从而决定创业活动的类型和模式。

还是以"淘宝村"型和高新技术产业园区型的创业空间集聚为例子,它们分别对应着草根生存型创业空间集聚和精英机会型创业空间集聚。这两种不同的创业空间集聚类型对创业活动要素禀赋的要求存在天壤之别。

第一,两者对人力要素禀赋的需求不同。"淘宝村"创业对人力要素禀赋的要求显然比较低,农民、退伍军人、大学生都可以成为"淘宝村"创业活动的主体,只要能掌握一定的电脑使用技术和网络使用技术,无须特定知识和专有技能,对学历、学识没有太高的门槛要求。而且"淘宝村"创业活动的个体规模比较小,以个体经营和家庭经营为主,对其他种类的劳动力的配套需求不大,要求也不高。而高新技术产业园区内的创业者一般都接受过高等教育。由于创业活动规模较大,涉及技术、生产、管理、财务等各个方面内容,每一个方面都需要掌握特定知识和技能的人才来打理,所以组建创业团队是常见的现象,对专用性人力资本的需求很高。此外,高新技术产业园区的创业活动还需要引进一般人力资本和劳动力的配套。另外,淘宝创业是一种模仿式创业,不需要创业者自己完全创新,只要创业者用心学习,总结前人的经验,足够的学习能力是人力资本要素的核心;而产业园区创业是一种知识创新式创业,创业者要有新思维、新思路、新想法、新技术,开拓和创建新的产业,开发和满足新的需求,所以创业者必须是创新型人才,不仅要有足够的学习能力,还要有足够的创新能力。可见,两种创业类型对区域的人力要素禀赋的质量和结构都有不同需求。

第二,两者对金融要素禀赋的需求不同。"淘宝村"创业的启动资金相对较低。"淘宝村"所在的地方通常都有租金便宜、生活成本较低、网络设施完善的优势。创业者主要依托区域已有的产业链,通过网店的形式销售本区域的产品,投入成本并不高,基本上可以由个人和家庭累积完成,或者从民间借贷获得。在实际操作中,"淘宝村"的供货商和销售商之间形成了先拿货、后结算甚至供货商代发货等便宜操作的模式,用实质性货物融资方式减少了创业者的资金压力,形成了非正规的借贷。更有利的是,为了扶植"淘宝村"的发展,阿里巴巴公司在2014年推出了投资100亿元、建设覆盖1000个县、10万个行政村的"千县万村"计划,这进一步降低了"淘宝村"创业者的资金门槛。事实上,正规金融体系在"淘宝村"的创业活动中的贡献很少。相比之下,高新技术产业园区创业对金融要素禀赋的要求则高得多。体现在创业活动启动成本高,企业日常经营性的开支高,包括租金、员工的酬金、各种销售和管理费用。除此之外,随着研发水平和研发难度的提高,创业研发的资金投入要求也越来越大,而且还存在研发失败带来的巨额资金损失的可能，风险很大。因此，高新技术产业园区创业对金融要素禀赋的要求是多层次的，首先要求最基本的信贷供给以保证创业活动的启动和日常经营开支，其次要求提供合适的金融合约产品分担创业活动的研发风险，再次要求相应的风险投资机制以扶持创业活动的规模化扩大，最后若创业获得成功，还需要保障创业活动成果能够在金融市场顺利转化，比如创业板、新三板的上市。因此，高新技术产业园区的精英创业活动不仅需要充裕的资金支持，更需要正规金融体系的大力指引，非正规金融体系至多只能满足最基本的信贷要求，完全无法满足后面几个层次的要求。

第三，两者对技术要素禀赋的需求不同。"淘宝村"创业，创业者需要掌握的技能包括电脑使用技术、互联网使用技术，开设淘宝店所需要的摄影、美工、图片制作、网页设计、店铺管理等。这些应用型的技术可以通过短时间的学习习得，故"淘宝村"里常见由政府或电子商务平台组织的大规模的培训，这些培训能够帮助淘宝店创业者获得或提高开网店的基础技能。随着"淘宝村"内创业者数量增长、经营规模扩大，淘宝店主对电商服务的需求越来越细化，专业性的服务机构随之出现。这些专业性的服务机构能够提供诸如网页设计、数据分析、促销管理等方面的服务，一方面降低了创业者开淘宝店的难度，另一方面也形成了新的创业机会和创业需求，使"淘宝村"的创业活动向产业链上下游延伸。总体上，"淘宝村"生存型的创业活动要求创业者成为简单技术的应用者，掌握一些基本的技能，但不要求创业者本身生产出新的技术要素禀赋。而在高新技术产业园区创业，创业者不仅是技术要素禀赋的应用者，还是技术要素禀赋的生产者和所有者。许多创业者凭借自身所拥有的专利技术形成优势，进而开始创业活动，创业活动的核心竞争优势就是技术。创业者不仅要将技术转化为现实的生产力，还要不断地投入研发，提供新的技术和应用方案。而这种独一无二的技术开发能力和创新能力是技术要素所有者经过长期严格的科技训练才获得的，非基础性的社会培训所能提供。

第四，两者对正式制度所代表的法律体系的需求不同。在"淘宝村"创业活动中，内部成员之间的交易问题都被社会资本所代表的网络、规范所解决,需要法律干预的问题包括产品同质化后出现的恶性无序竞争,以劣充优、以次充好的欺诈性交易问题,生产过程中包含的生产安全问题等。这些问题发生在淘宝村内部成员和外部成员联系之中,因为社会资本的作用边界而无法解决,必须借助正式法律制度予以裁决。而高新产业园区的创业活动至少需要几个不同层次的法律制度的保护。首先是通常企业都会面临的劳动法律法规、金融法律法规,这涉及创业过程中的日常经营管理问题;其次是规范不同市场经济主体行为的法律法规,因为高新技术行业创业需要和多种不同身份的市场主体打交道,这些法规可以调节主体之间的利益冲突;再次是针对市场竞争和垄断行为的法律法规,比如反垄断、市场管制等,避免不正当竞争,建立公平公正的市场竞争环境;复次是需要保障技术利益的专利保护制度、知识产权保护制度等,防止技术剽窃、技术模仿损害技术所有者的权益;最后,对高新技术产业而言,还有一项特殊的法律需求,是否允许创业者进入某一特定创业领域。比如美国允许私人投资航天业,像 Space X 和 Blue Origin 这些私人航空公司可以研发火箭在商业领域的应用,承担商用火箭的发射,但是航天业在中国对创业者还是一个禁区。事实上,中国尚有许多领域是不允许私人创业者进去的,需要等待法律上的许可。可见,淘宝式创业和高科技创业对正式法律制度的需求完全不在一个级别。

三 创业软环境和创业硬约束下创业空间集聚的形成

创业空间集聚需要高的社会资本存量提供良好的创业软环境,不同的创业空间集聚类型对创业硬约束的需求也不同。根据各个区域创业软环境的差异和要素禀赋供给充裕程度的差异,可以得到不同的结合模式。

首先看人力要素禀赋和区域创业软环境之间的结合。当区域创业氛围足够催化大量区域成员的创业意愿,且能够提供足够高质量和足够大数量的人力资本要素时,精英创业者的创业集聚活动便有了基础;如果区域充满创业氛围,区域成员创业意愿高涨,但是缺乏高质量水平的人力要素禀赋，那就只能发展草根创业者的创业空间集聚活动。如果区域的创业氛围不够好，不能够激发众多成员的创业意愿，那么创业空间集聚便失去了基础。此时要看区域人力要素禀赋的结构组成，若拥有技术又拥有创新能力的人力资本充裕，那么精英创业模式便会零星地出现；若人力要素禀赋结构中一般人力资本较多，缺乏技术创新人力资本，那么草根式的创业活动会零星地出现（见图 8-6）。

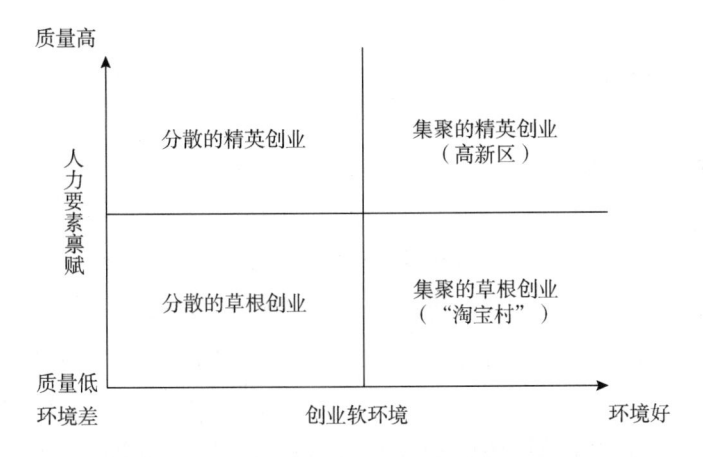

图 8-6　创业软环境和人力要素禀赋的结合模式

其次看金融要素禀赋和区域创业软环境之间的结合。当区域创业氛围足够催化大多数区域成员的创业意愿，且正规金融体系完善，不但能解除创业的信贷约束，还能分担风险、转化成果、引入风向投资时，机会型的创业活动便有了集聚的基础；如果区域创业氛围良好，区域成员创业意愿高涨，但是缺乏正规金融的助力，融资只能依靠非正规金融体系时，那么机会型创业空间集聚就会受限，而生存型的创业空间集聚得到了发展的契机，淘宝村型的创业空间集聚发生概率大大增加。如果区域的创业氛围不够好，只有个别成员有创业意愿，意味着创业空间集聚缺乏基础。此时若存在完善的正规金融体系并愿意支持创业活动，那机会型创业活动可能会零星分散地出现；若正规金融体系不愿意予以创业活动足够的支持，创业资本主要来自非正规金融体系的供给，那么生存型创业活动可能会零星地冒出来（见图 8-7）。

```
正规金融
  │
  │    分散的机会型创业    │    集聚的机会型创业
  │                      │       (高新区)
  │──────────────────────┼──────────────────────
  │    分散的生存型创业    │    集聚的生存型创业
  │                      │       ("淘宝村")
  │
非正规金融
环境差              创业软环境              环境好
```

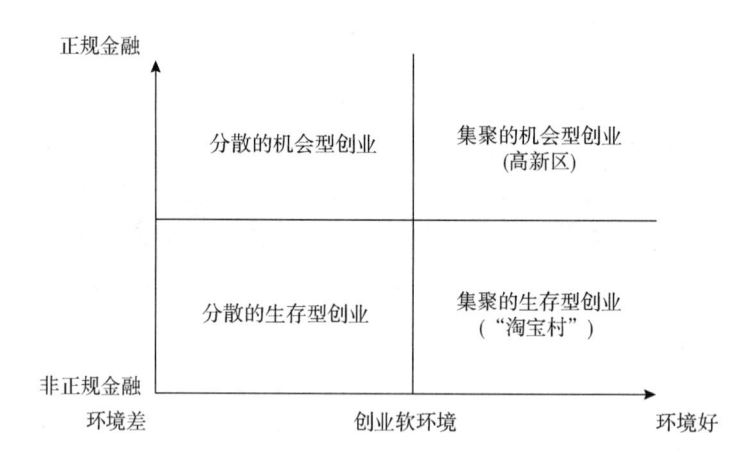

图 8-7　创业软环境和金融要素禀赋的结合模式

再次看技术要素禀赋和区域创业软环境之间的结合。区域创业软环境好意味着大部分成员有较强的创业意愿，区域的技术要素禀赋足够充裕意味着不仅创业者拥有较高的技术要素禀赋，创业者周边也充斥着技术要素禀赋，技术的交流容易引致新的观点、新的看法和新的技术的产生，知识型的创业活动便容易集聚产生；如果区域软环境好，区域大部分成员有强烈的创业意愿，但是区域的技术要素禀赋供给不足，那么知识型的创业空间集聚就会受阻，而对技术水平要求不高的非知识型创业集聚得到发展的契机。如果区域的创业氛围不够好，不能够激发众多成员的创业意愿，创业空间集聚缺乏基础。此时若有个别掌握高新技术的人才创业，那么该创业者很容易脱颖而出，知识创业模式零星出现；若开始创业行为的创业者本身缺乏技术积累，那么就只能做一些简单复制型的创业活动，非知识型的创业活动会零星地出现（见图 8-8）。

最后看正式制度要素禀赋和区域创业软环境之间的结合。制度要素禀赋为创业活动的开展提供法律支持。在创业软环境好、成员创业意愿高的地区，高质量的法律供给（包括法律的制定和执行）能够给创业者提供足够的保护，不需要为知识外溢、创业利益转化、创业主体的经济纠纷担心，可以全心全意投入创业活动本身中去，这时以知识为特征的机会型创业集聚便容易发生。在创业软环境好、成员创业

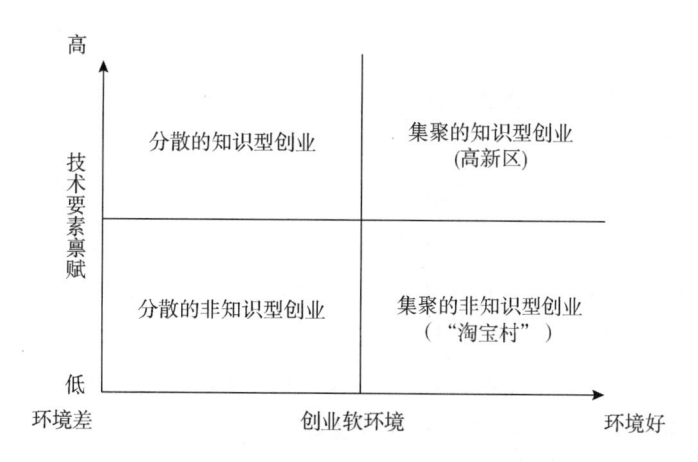

第八章 创业空间集聚：创业软环境和硬约束的结合

```
高
│
技  │  分散的知识型创业    集聚的知识型创业
术  │                    （高新区）
要  │
素  ├─────────────────────────────────
禀  │
赋  │  分散的非知识型创业   集聚的非知识型创业
│                          （"淘宝村"）
低  │
└─────────────────────────────────►
环境差        创业软环境          环境好
```

图 8-8　创业软环境和技术要素禀赋的结合模式

意愿高的地区，如果法律制度的供给不够完善，不能为商业活动提供强保护性的顶层设计，那么创业者会出于对自身利益的保护，放弃高风险性的机会型创业活动，而更倾向于低成本、低风险的生存型创业活动，"淘宝村"型的创业活动集聚可能性较大。在创业活动软环境不够好但正式法律制度很完善的地区，有强烈创业意愿的创业者人数不多，但是创业活动能受到较好的保护，此时可能会出现零星的机会型创业活动；如果软环境不够好且正式法律制度也不够完善，那么创业活动只会零星地出现，且以低端的生存型创业为主（见图 8-9）。

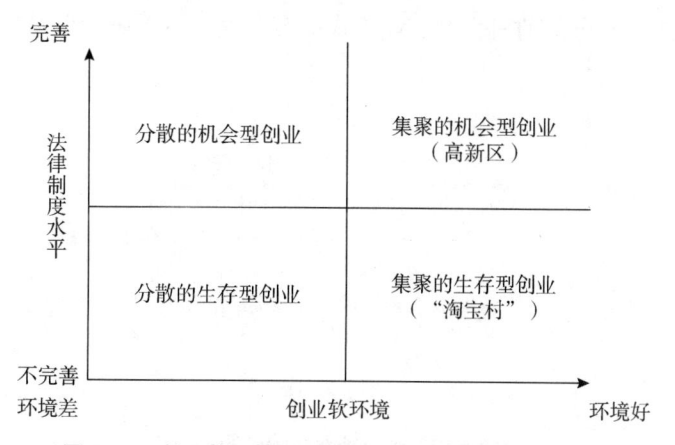

```
完善
│
法  │  分散的机会型创业    集聚的机会型创业
律  │                    （高新区）
制  │
度  ├─────────────────────────────────
水  │
平  │  分散的生存型创业    集聚的生存型创业
│                        （"淘宝村"）
不完善
└─────────────────────────────────►
环境差        创业软环境          环境好
```

图 8-9　创业软环境和法律制度要素禀赋的结合模式

四 区域创业活动的模式

将区域创业软环境和区域创业硬约束综合在一起,区域创业活动可以被分成四种模式:集聚的机会型创业、集聚的生存型创业、分散的生存型创业和分散的机会型创业。一个区域采用哪一种创业活动模式,主要取决于该区域的社会资本和要素禀赋水平。高水平的社会资本一方面培育了良好的区域创业软环境,一方面也有利于人力、金融和技术等要素禀赋的孵化;如果区域本身的要素禀赋基础较好,各类要素供给充裕,配置合理,那么第一种创业类型——机会型创业活动的集聚发生发展便拥有了良好的基础。如果区域社会资本水平高,由此酝酿了良好的创业氛围,但是受制于各种要素禀赋的供给,如人力资本水平不够高、正规金融体系不够强大、科技能力过于薄弱、法律法治水平比较低,那么机会型创业涌现的概率就比较低,而对要素禀赋依赖程度相对较弱的第二种创业类型——生存型创业活动则容易集聚出现。若区域本身的社会资本存量比较低,缺乏普遍信任的社会环境和重商经商的文化价值观,区域创业活动的大规模涌现便会受到抑制。此时若还受到要素禀赋的制约,那么只会出现第三种创业模式——分散的生存型创业模式。若要素禀赋供给相对充裕,能够支持机会型创业活动的发生,那么第四种创业模式——分散的机会型创业模式便会发生(见图 8-10)。

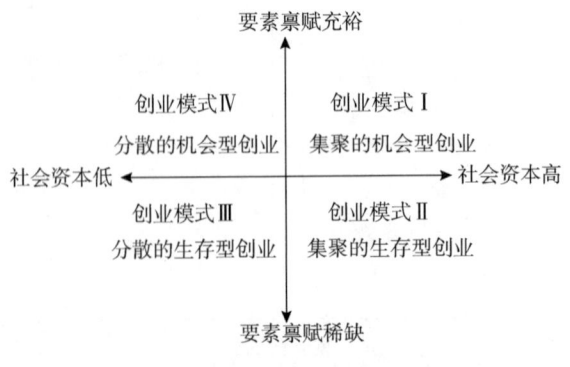

图 8-10 区域创业活动的四种模式

第三节　创业空间集聚的累积循环机制

　　1957 年，缪尔达尔提出了循环累积因果理论。他认为循环累积因果关系存在于社会经济各因素之间，其中某一因素蜕变会引发其他因素变更，其他因素的变更又反作用于该因素，导致该因素强化先前的蜕变，并促使社会经济沿着初始变化方向发展。换言之，最初因素蜕变借助其他因素累积循环，决定并强化了社会经济发展方向。

　　缪尔达尔阐述的其实是经济活动自我增强的动态过程。该过程与经济学中的"蝴蝶效应""马太效应"类似。随着理论研究的深入，累积循环因果现象不仅仅被应用到经济学研究中，社会学、管理学也关注到了其理论价值。比如 Massey（1993）、梁玉成（2013）等人就将该理论应用到跨国移民网络的不断延续中去。

　　创业空间集聚在本质上也是累积因果循环的结果。创业活动因为某种原因产生空间集聚并维持下去，而集聚本身创造了持续集聚或导致进一步集聚的环境（安虎森、李锦，2010），存在着创业空间集聚不断自我强化的机制。这种自我强化的机制是通过不断地反馈区域创业软环境和区域创业硬约束而得到的。

　　首先，创业活动集聚对区域创业软环境形成反馈。创业活动集聚的地方，存在着很多创业活动的先行者和成功者。他们创业的事迹会在创业集聚地高密度、高频率地被传播，创业活动的示范效应由此被发挥到了极致，对后续创业者形成巨大的冲击和诱惑力。而且，在创业集聚地，创业成功不是个案而是常见现象，无声地告知潜在创业者，创业活动有模式可套，有路径可循。所以，身处创业集聚地的潜在创业者时时刻刻处在创业活动示范效应的辐射之下，创业价值认知在无意识中已经牢牢地被树立起来。而对整个区域而言，由于太多的创业活动存在，创业社会意识极强，创业社会氛围极好，对创业活动采取普遍支持态度，以平常心对待创业活动的成败得失，并积极助推创业知识在社会中的传播。更由于创业活动的普遍存在，区域内部成员通过多次合作博弈，合作意识强于其他区域，社会网络的功能发挥优于其他区域。这一切都反过来进一步强化了区域的创业文化价值观，强化了区域的普遍信任水平，提升了区域的创业软环境水平。

其次，创业活动集聚对创业要素禀赋形成反馈。要素流动遵循从边际效益低的地区流向边际效益高的地区这一规律。创业活动的空间集聚，意味着市场扩大、成本降低和收益提高，会大大提高创业要素禀赋的边际收益水平，因此能够吸引要素流入该地区从而强化创业活动的集聚。具体地看，创业集聚地产生创业学习效应、创业知识效应和创业协同效应，吸引着人、财、物的聚集。

创业学习效应。创业是一个需要学习的系统工作，而且创业学习不仅仅只依靠理论学习，还必须依靠实践学习。创业集聚地为创业者提供了这样一个场所：先行的创业者总结了很多成功和失败的经验教训，帮助后进入的创业者避开陷阱，少走弯路，潜在创业者可以领悟、反思先行者的创业行为，从而得到深层次的理论认知体会，完成创业活动的理论学习阶段；先创业者还为潜在创业者提供就业岗位，而这些就业岗位就是潜在创业者创业实习的课堂。先行创业者言传身教，以理论和实践并进的方式训练潜在的创业者，这是创业集聚地能够培养大量潜在创业者的原因，形成了创业集聚特有的人力要素禀赋优势，为创业活动空间集聚的扩张提供了源源不断的后续人才贮备。

创业知识效应。创业需两类知识，关于创业本身的知识和创业所依附的技术知识。在创业集聚的地区，创业知识和创业所依附的技术知识溢出是普遍现象。创业知识溢出指的是创业者的创业知识被潜在或后续创业者获取而没有任何补偿，或补偿的价值小于创业知识价值的现象（闫华飞，2015）。潜在创业者耳濡目染，近距离地观察周边创业者的行为和言语，即可获得这些知识。创业所依附的技术知识溢出是指不同的创业个体、创业组织之间存在着良好的沟通渠道，经常会交流创业中面临的技术问题和信息。这为各创业主体和组织提升知识和技能提供了良好的契机，也进一步孵化了区域内部技术要素禀赋。

创业协同效应。创业不仅需要创业者、创业知识和创业技术，还需要其他多方面要素的支持，比如资本、配套服务。创业集聚地是多个不同市场主体的集聚之地，创业者、供应商、客户、中介机构、金融机构等在地理空间上距离很近，形成了相互协作、相互配合的共生机制，在发生特殊情况时协同应对。创业活动集聚要求多种要素融合，人才、资金、技术、信息等都不断调整和配合，相互匹配，达到最大化的创业产出效果。

创业集聚地的学习效应、知识效应和协同效应保证了创业要素禀赋在集聚地内部的收益高于集聚地外部，因此不断地吸引着要创业素从其他地域流入。一个地区创业集聚强度越大，就能吸引越多的创业要素流入，而越多的创业要素流入又不断强化创业集聚地的优势，形成强势地区优势的累积循环过程。

综上所述，创业空间集聚的累积循环是这样实现的：创业软环境和创业硬约束的协作产生了创业集聚现象；创业集聚现象又进一步通过示范效应作用于创业软环境，通过学习效应、知识效应和协同效应作用于创业要素禀赋，形成两个方面的正反馈；而创业软环境的强化和创业硬约束供给的增加又进一步推进了创业集聚，从而形成循环往复（见图8-11）。

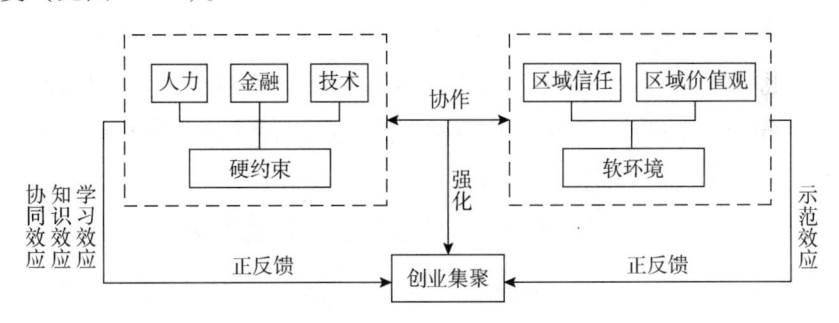

图8-11 创业空间集聚的累积循环机制

从实践看，"淘宝村"的创业活动遵循了"淘宝村—淘宝镇—淘宝村集群"的地理空间发展过程，这是创业空间集聚累积循环的典型例子。一个村的创业活动取得成功之后，会吸引新的创业者和创业资本迅速流入，配套的物流公司、服务公司蜂拥而至，本地依托的实体产业集群也迅速扩大。当一个村容纳不下这些要素的时候，周边其他村落利用地理优势承接这些新来的要素，"淘宝村"由点到面地扩大；

"淘宝村"扩大又可以容纳更多的要素，更多的生产者、创业者、服务提供者、资本、技术蜂拥而来，又将创业活动集聚的地理空间慢慢拓宽。创业活动便在这一轮轮的循环中逐渐扩大了集聚的地理空间规模，慢慢向"淘宝村集群"晋级。

第四节　本章小结

本章以创业空间集聚为切入点，首先讨论了创业空间集聚问题的源头和定义，随后结合现实生活中的案例，介绍了"淘宝村"和高新技术产业园区这两种分别代表生存型和机会型创业类型的创业空间集聚模式。在此基础上，本章分析了创业空间集聚与社会资本的联系，肯定了高的社会资本存量是创业空间集聚发生的前提，还分析了不同类型的创业空间集聚对创业要素禀赋的要求。随后，按照一个区域社会资本存量的高低和所能提供的创业要素禀赋质量的差异，区域创业活动被区分为集聚的机会型创业、集聚的生存型创业、分散的机会型创业和分散的生存型创业四种模式。最后，本章还讨论了创业空间集聚的累积循环机制。创业软环境和创业要素禀赋协作导致创业空间集聚，创业空间集聚又通过不同的途径反作用于创业软环境和创业要素禀赋，从而进一步推进创业空间集聚。

第九章

结论、政策含义和研究展望

到此为止，本书已经完成了中国创业活动地区分异格局和分异机制的探究。本章将概述前面章节得到的研究结论，分析其政策含义，并讨论本书的不足和进一步的研究方向。

第一节 研究结论

第一，创业活动的绝对数量水平和各个省份的经济总量存在正相关关系，在我国地域上呈现从西往东逐渐上升的局面。广东、江苏、浙江、山东等经济实力强的省份也是创业活动数量最庞大的省份，西藏、青海、新疆、海南等经济体量小的省份也是创业活动数量最少的省份。所有省份创业活动都呈加速上涨趋势，且不同省份之间分化逐渐缩小。虽然创业活动总水平在空间上未表现出明显的相关关系，但是机会型创业活动的空间相关性很明显。

第二，要素禀赋是决定地区创业活动数量的物质基础。制度、人力、金融和技术要素禀赋在地区之间分布存量的不均和组合的不同决定创业活动地区分异，但各个要素禀赋对地区分异的贡献度不同，我国创业活动的地区分异主要是由金融和技术这两种要素驱动的。非正规金融渠道是创业资金的首要来源，正规金融和个人资本积累则随着区域不同存在贡献度差异：东部地区创业活动主要依赖正规金融和非正规金融体系，中部地区更多依托个人资本积累和非正规金融体系，西部地区只有正规金融进行扶贫创业支持。技术要素禀赋都是推动创业活动不可忽视的力量，随着经济转型发展，技术要素禀赋的未来作用潜质很大，很可能会超越金融要素，成为创业活动的首要启动因素。人力要素禀赋在创业不活跃的地区能发挥更大的作用。而制度要素作为要素供给在全国各个区域内的差别比较小，因而对区域创业活动的差异贡献也小。

第三，不同要素对不同类型创业活动的地区分异作用不同。创业形式越高级，制度要素禀赋的作用就越明显；技术要素禀赋通过普惠效应作用于生存型创业，但是可以转化为机会型创业的核心竞争优势；个人资本积累、正规金融规模和非正规金融规模三者具有可替代性，但内部融资对生存型创业的影响力大于外部融资，对机会型创业的影响力小于外部融资；人力要素禀赋无论对生存型创业还是机会型创业都至关重要。

第四，要素禀赋对创业活动地区分异的作用存在着动态变化。要素禀赋对创业活动地区分异的作用，受到区域经济发展水平的影响。制度要素和正规金融要素禀赋对创业活动的激励作用本身要以一定的经济发展水平作为前提条件，人力、个人资本积累和正规金融要素禀赋随着经济发展水平的提升会对创业活动地区分异发挥更大的作用。就生存型创业而言，制度要素禀赋作用不大，其他要素禀赋都会随经济水平的提高贡献更多的力量。就机会型创业而言，随经济水平的上升，人力、正规金融和技术要素的作用越来越趋向明显，其他三者则表现稳定或不显著。

第五，区域社会资本决定创业活动的区域软环境，这是创业活动地区分异的起源。社会资本通过鼓励公民参与加深了信任的厚度，通过社会网络传递扩大了信任范围，从而孕育社会普遍信任体系，而社会普遍信任有利于创业者和不同交易主体之间、创业团队内部、创业者和创业投资者之间的信任关系，对创业活动有溢出效应。社会资本中所蕴含的区域文化价值观，可以通过传递效应、同群效应和榜样效应帮助微观个体树立普遍的创业价值认知，造就了区域宏观层面社会创业意识，包括对创业活动的态度、对创业失败的态度和对创业知识传播的态度。各个地区社会资本的差异意味着区域社会普遍信任和文化价值观的差异，导致了区域创业软环境的不同，进一步引致创业活动的地区分异。

第六，区域社会资本孵化和催生了区域创业所需的要素禀赋，间接影响创业活动地区分异。区域社会资本以教育为中介激励人力资本积累、鼓励人力资本投资。桥梁型社会资本提高了正规金融市场的规模和效率，紧密型社会资本有利于非正规金融契约的安排。社会资本信任、规范和网络三个维度从各个方面育化了区域技术要素禀赋，从而放松了创业要素禀赋的硬约束，间接助力创业活动。

第七，创业软环境和创业硬约束的组合会发生不同的创业空间集聚模式。创业要素禀赋供给充裕，质量优良，和良好的创业软环境结合，更容易催生的机会型创业的空间集聚；创业要素禀赋供给不足，或者质量略逊，和良好的创业软环境集合，生存型创业的空间集聚发生的概率更大。

第二节 政策含义

一 硬约束和软环境共同作用

区域层面创业活动大规模的涌现是区域要素禀赋和区域创业软环境共同作用的结果。区域人力、金融和技术要素禀赋的存量决定了区域创业活动可供调配和使用的资源，而区域创业软环境决定了区域内部民众的创业意愿，和将潜在创业意愿转化为现实创业实践的决心。要激励区域层面创业活动，必须既要增加要素禀赋的供给，也要催生良好的区域创业环境。只有软硬两个方面配套发展，才能在两者之间形成协同和强化，提高区域创业活动水平。

硬约束和软环境的对接还需要创业活动的社会服务体系作为中介，为创业活动提供实质性的支持。如政府和中介机构强化服务意识、提高工作效率，提供更多金融、政策咨询、法律咨询等服务，简化创业活动程序，降低创业活动成本。又如按照创业活动的规模、发展阶段建立与之相对应的创业孵化器，包括创客空间、加速器、创业社区、科技园区、开发园区等多种形式、多种功能的创业活动基地，让创业者能够根据自身情况各取所需，获得与自身状况相匹配的创业社会支持。这些社会服务体系既反映了区域创业的软环境，又放松了区域创业的硬约束，和软环境、硬约束共同作用于区域创业活动的开展。

二 合理培育区域创业要素禀赋

合理培育区域创业要素禀赋有三层含义：一是要有侧重点地实施要素培育计划；二是正视各种要素禀赋在区域创业中的作用；三是建立合理的区域要素流动机制。

第一，有侧重点地实施要素培育计划，带动区域创业活动增长。

实施培育要素促进区域创业活动的政策之前，必须对区域创业要素有一个正确的评价和认知，判断哪种要素构成创业瓶颈，哪种要素最能发挥对创业的推动作用。创业活动是各种要素合力协作的结果，虽然各个要素之间具有替代效应，但是这并不意味着某一要素可以缺失。首先要确定是否存在短板要素制约了区域创业活动的开展，并将短板要素补齐。其次根据自身优势，确定最能带动创业活动的要素禀赋，以此为抓手促创业。要充分考虑经济发展水平所处的状态，因为某些要素禀赋在经济发展达到一定水平之前，无法正常发挥对创业活动的溢出效应。因此，推进创业活动的要素禀赋策略不是均衡培育各个要素禀赋使之充分发育，而是实施差别政策，有侧重点地选择最利于区域创业发展的要素禀赋着力培育。

第二，正视各种要素禀赋在区域创业中的作用。

首先，高度重视金融要素禀赋对创业活动的促进作用。增加金融要素禀赋的供给有多重渠道，既可以增加个人资本积累，也可以大力扶持正规金融体系和非正规金融体系。非正规金融的对创业活动的支持作用在三个渠道中最突出，是所有要素禀赋中对创业活动的外溢效应最大的要素禀赋，对创业活动影响作用极大。要正视非正规金融的积极作用，谨慎处理非正规金融体系中出现的问题，不要着急将之纳入正规金融体系，以免对创业活动产生不利影响。而正规金融体系目前对创业活动的支持作用与自身的体量很不匹配,与其在国民经济中的地位也很不匹配,还需要深入探讨如何在创业活动中发挥应有的作用。

其次,充分理解技术要素禀赋对创业活动的重要意义。在经济进入新常态阶段后,创业活动的发展也调整了目标,从追求创业数量到追求创业质量,从追求快速创业到追求优质创业,要实现创业活动质量和效益的提升。创业活动的驱动力也由传统的依靠物质投入驱动转向创新驱动,日益凸显技术要素禀赋在创业创新中的核心作用。技术要素禀赋可以从多种路径推动创业活动。特别是一些基础性的技术成果,并不能够直接带来创业活动的增加,但是它们若和合适的商业模式结合并加以运用,可能会引发巨大的创业活动热潮,带来普惠的创业效果。比如互联网和电子商务联系在一起,产生了巨大的创业活动效应。然而,互联网的研发人员做基础性研究时并不考虑创业的需要,甚至连能否推动创业活动、如何推动创业活动也不能给予确定的答案。这意味着基础性技术研究虽然能够对创业活动产生巨大威力,但是不存在确定性的回报,其研究成果也具有普惠性和共享性的特征,创业者不会为此买单。因此,这一类基础研发很少有私人企业会主动去开发和研究,还需要依赖国家和政府投入和支持。

再次,正确处理法律法规和创业者积极性之间的关系。政府完善法律法规的宗旨是保障创业者权益,创造公正透明的制度环境,为创业服务,从整体上提升创业水平。但真正要发挥制度的作用,还需要考虑政府制度寻租和制度弹性的问题。制度可以被政府用来寻租,政府可以借助完善的法律法规增加对创业活动的干预,使得创业者花费大量的时间成本和精力成本去处理创业程序问题。法律法规越完善,政府通过行政管制的寻租空间越大,创业者的创业成本越高,创业的积极性反而越受到限制。要发挥制度对创业活动的积极作用,首先要扼制政府利用制度寻租的经济冲动。有利于创业活动的法律法规还需有一定的弹性空间。相对于创业行为,法律法规往往是滞后的。在现代信息社会,技术一日千里,创业创新活动时有发生,制度与之相比更趋向刚性,因而时常发生创新创业行为倒逼制度建设的事情。从这个方面讲,过于僵化的制度有可能会伤害创业。制度需要边界弹性,留给创业者创新的活动空间。因此,当政府实施一项新的法律法规以规范市场主体的行为时,要非常谨慎,仔细考量是否在防范经济活动的不良后果的同时,也限制创业者的创业积极性。

最后,培育人力要素禀赋的首要任务是提升创业意识。虽然实证说明人力要素禀赋和区域创业活动数量之间存在正向关系,但是并不意味着数量庞大的高学历人才就带来高频率的创业活动。在我国中部地区,每年大学毕业生人数庞大,但是人力要素禀赋对创业活动的贡献不显著,说明保守的创业观念和缺失的创业氛围无法让高学历人才转变为创业活动的实践者。进一步开放思想、转变就业观念是培育创业所需人力要素禀赋的首要工作。创业活动要大规模地发生,首先取决于区域是否有良好的创业软环境,创业文化价值认知和创业社会意识是否普遍。若个体周边充斥着创业活动的榜样效应和示范力量,那么创业意识就水到渠成,区域潜在创业者的基数就会增加。因此,在区域创业软环境不够好的地区,高校要努力加大对创业活动的宣传和引导,人为营造创业的榜样效应和示范力量,提升大学生的创业意识,努力将他们培育成潜在的创业者。

第三,建立合理的区域要素流动机制。

在古典经济理论中,要素禀赋根据边际收益的变化选择流动方向,从边际收益低的地区向边际收益高的地区流动,从而实现要素边际收益均等化。新古典经济增长理论关注要素流动对经济收敛的影响,肯定了要素流动对经济收敛、协调发展的意义。这一结论在中国情境下也得到证实。

就创业活动的要素禀赋而言,除了制度要素有其固定环境、不可流动之外,人力、金融和技术要素禀赋都可以流动。从历史上看,户籍制度改革之后允许人力要素禀赋空间流动,对创业活动曾经起到极大的推动作用。因此,有必要清除阻碍要素流动的制度,建立自发的、高效的要素禀赋流动机制。比如打破城乡二元经济结构,建立城乡一体化机制,积极引导价格机制在要素配置中的合理作用等。通过要素合理流动,让区域的制度、人力、金融和技术要素禀赋达到合理配比和结构,更利于区域创业活动水平的提升。

三　营造适合创业的区域软环境

营造适合创业的区域软环境，意味着区域要从经济要素禀赋以外的因素入手，建立与经济要素禀赋匹配的创业环境体系。

第一，重视社会文化因素在创业活动中的决定作用。创业活动虽然是经济活动，但是受到社会文化因素的制约。社会资本中所蕴含的社会普遍信任和区域文化价值观是决定区域创业活动软环境的根本。没有社会普遍信任和浓厚的区域创业意识，创业空间集聚现象就无法显现。因此，激励创业活动的政策要从文化角度入手。

首先要从各个角度全方位地提升社会普遍信任的水平。比如鼓励设立各种群团组织，让民众多参与团队活动，扩大社交范围，增强社会普遍信任。开办各种社团和NGO组织，让广大民众有机会参与到社会公共事务中来，提升对公共事务的理解能力，从而增加对政府的信任。在商业领域不断推行诚信建设，包括建立个人征信系统，企业信用体系等，鼓励诚信经营。

其次是构建适合创业活动的社会文化价值观。社会文化价值观对创业者的影响主要是心理影响。区域创业活动活跃的前提是，区域民众对创业活动存在自信心和认同感，有较强的创业热情。通过舆论导向，从区域社会文化、习俗入手，将创业活动塑造成区域的价值导向和社会潮流。舆论宣传要注意两个方面：一是对宣传对象的选择。宣传当然要扩大创业活动的榜样效应和示范效应，但是并非获得巨大成功的创业活动才值得宣传，贴近普罗大众的草根群众的创业经验更值得称道，因为这能够激发一般民众的创业激情，唤起创业活动的社会认知。换句话说，不是将创业活动捧得高高在上而让大众望之却步，而是将创业活动拉得更低贴近生活，消除对创业活动的畏惧心理，培育广泛的创业意识，营造一种"想创业、敢创业"的社会氛围。二是宣传内容的选择。不仅要宣传创业成功的经验，还要教育创业可能的失败后果，消除民众"创业＝成功"的误解和对创业失败的社会偏见，建立"创业失败是常态"的概念，从而营造全社会支持创业、认同创业、尊重创业的软环境。

第二，根据地区创业活动特色构建适合本地区的创业文化。创业文化是区域创业氛围、创业社会认知和创业者个人特质方面的化成物，指人们在萌发创业意识、实践创业行为的过程中与周边环境互动所形成的思想意识、价值观念和心理状态。从创业者的角度看，创业文化包含了创业意愿和创业实践；从社会角度看，创业文化包含了创业的社会认知和创业精神理性。培育和发展创业文化，是区域将自身所容纳的创业意愿、创业实践、创业认知和创业精神高度提炼、从物质转化为精神的过程。不同区域的创业实践过程不同，创业文化的特色、内涵也存在差异。因此，有必要鼓励各个地区构建符合本区域特色的创业文化，以创业文化鼓励区域内部民众的创业行为，形成区域特色导向，协调区域创业活动的发展。将高校的创业教育与区域的创业文化相结合，让创业教育更接地气，能够直接为本地区创业活动服务。

四　构建区域创业协同体系

区域创业协同体系指的是不同创业主体或不同创业区域之间形成"合并后的协力优势或协合作用"（董春雨、姜璐，2001），使整体效益大于个体效益之和。区域创业协同体系包括区域内部的创业协同体系和区域之间的创业协同体系。

区域内部的协同指的是一个地区内部和创业活动相关的各个主体之间协同共生，"互惠共生，合作共赢"。和创业活动相关的主体包括创业者个人、创业企业、金融机构、科研机构、政府、中介组织等。这些主体在创业活动中的作用和功能各不相同，但是通过相互链接和协作，对创业者和创业企业提供制度、金融、技术等各个方面的支持，减少了创业活动面临的制约和阻碍，加快了创业活动孵化的进程，从而提高创业活动的收益，令各方创业主体得益。

区域之间的协同是指不同区域在创业活动上的合作，改变区域之间创业要素竞争的局面，实现"优势互补，合作共赢"。不同的区域有各自的比较优势，具体到创业活动而言，有的区域有良好的创业氛围，有的区域某一种创业要素禀赋特别充裕。区域协同就是打破各个地区的分割界限，以全局的、总体的视角审视各个地区的比较优势，在大的框架范围内调配和组合要素禀赋，从而推进创业活动的开展。这要求各个区域建立和完善要素禀赋自由流动机制，加强区域间的信息交流机制，优化大区域经济体的资源配置。从某种意义上讲，区域创业协同其实就是创业空间集聚现象在地理上的扩张，是一个创业极点向一个创业片区的转化。借助于区域之间的合作，各个区域将原先被忽略的创业隐形要素激活，共同发力并释放能力达到合作共赢（王金杰、周立群，2015）。

五 制定差异化的地区政策目标

创业活动在我国不同地区的发展水平不相同。各个地区要结合本地的客观实际，找准定位，制定差异化的地区政策目标，而不是一味鼓励创业活动数量的增长。对于我国东部地区来说，创业活动数量已经足够多，激励创业活动的政策目标应该定位在增加机会型创业活动、提升创业活动的质量上。要有意识地将创业资源从生存型创业活动转移到机会型创业活动中去，引导生存型创业者向机会型创业者转变。特别是要鼓励高新技术创业活动，鼓励高新技术在创业活动中的基础性应用。比如，利用移动互联网、云计算、大数据等信息技术造就新型消费模式实现创业模式的创新。

中部地区处于四通八达的中国核心地带，是中国物流活动的枢纽。该地区受社会文化的影响，在创业观念上趋向保守，创业氛围较差，抑制了高学历者主动创业的积极性，支持创业活动的各项要素投入都略显不足，尤其是正规金融要素禀赋缺席严重。因此，对于中部地区来说，进一步开放思想、转变就业观念、营造良好的创业软环境和区域社会资本与强化创业要素投入要并行，生存型创业和鼓励机会型创业要并重。

对于创业活动基础薄弱、数量稀少、生存型为主的西部地区来说，要抓紧一切机会实施超越计划。现阶段，随着互联网技术的发展和个人可支配收入的增加，国内消费模式出现了升级换代的趋势，个性化、多样化、定制化的消费成为潮流。规模经济不再是决定创业活动成败的核心要素，个性化、精细化的需求上升，小而美、充满创新的创业活动更容易在获得细分市场的支持。这意味着经济发达地区和经济欠发达地区在创意性的创业活动前站在同一起跑线，经济欠发达地区因而有了弯道超车的机会。西部地区要抓住这一机遇，大力鼓励个人创业和组织创业，通过渗透经济社会中比较容易进入的消费领域，利用淘宝网、电子商务平台将西部特有的产品和巨大的市场对接起来，使创业者获得切实的经济回报，从而激励整个区域的创业热情。

第三节　本书不足和未来研究展望

本书对中国创业活动的地区分异格局做了探讨，并吸收了经济学和社会学的基本理论，从要素禀赋和社会资本两个角度探讨了创业活动地区分异的形成机制，希望能够丰富创业研究的视角，推动相关理论领域进一步发展。然而，受笔者专业水平以及研究视野的限制，本书仍然存在不足和欠缺，需要在未来进一步完善。

第一，本书的样本数量不够大。本书的研究期是2008—2014年，研究对象是中国31个省份。虽然这构成了一个面板数据，但是总的观察样本只有217个，面板年限较短，截面资料也不够充分。总样本偏小带来两个方面的不良后果，一是加大了实证结果有偏的概率，二是掩盖了创业活动在空间上的真实联系，本书无法验证创业活动在全国层面上的空间关联性。后续研究可以考虑在两个方面加以改进：一是在合理处理数据连贯性的基础上延长面板年限；二是将地理研究单元从省份改到城市，增加截面个数，以期能够更加有效地刻画创业活动地区分异的真实状况。

第二，本书使用的各个省份的要素禀赋数据只反映要素禀赋的量，不能反映要素禀赋的质。要素禀赋是本书使用的核心概念，全面、系统地测度各省各类要素禀赋水平是本书分析创业活动地区分异机制的基础。然而，由于某些要素禀赋指标不可得，为保证数据的一致性，本书只使用了要素禀赋数量指标，忽略了要素禀赋在区域间的质量差距，这意味着要素禀赋对创业地区分异的解释力有所减低。后期研究中要考虑构建综合的指标体系，能够包含要素禀赋质和量的两个方面。

第三，从要素禀赋差异到创业活动地区分异是一个具有高度复杂性的动态系统，不仅经济发展程度会影响要素禀赋对创业活动地区分异的作用，要素禀赋本身的发育程度也会影响到其对创业活动地区分异的作用。本书受时间和篇幅的限制，也受数据可获得性的限制，没有对这一动态变化进行描述。后期研究可以从这个角度出发，探讨各个要素禀赋由于自身的水平约束而对创业活动产生的非线性影响。

第四，本书理论框架的实际验证方法还不够完善。创业活动地区分异是一个涉及经济学、地理学、社会学、管理学等多个学科研究视角的问题。本书将要素禀赋和社会资本联系起来构建创业活动地区分异的理论框架，但是无法使用统一的实证方法进行验证，只能使用计量方法验证要素禀赋部分，使用案例分析验证社会资本部分。这有待于笔者继续学习新的研究手段和方法，以寻求不同的解决方案。另外，在复杂的经济运行过程中，创业活动与要素禀赋之间可能产生互为因果的关系，比如人均可支配收入作为个人资本积累可能会影响创业活动，但是创业活动本身也可能提高人均可支配收入。若存在这种互为因果的关系，可能会带来计量模型的内生性问题，本书对此考虑不足。

第五，本书对创业活动地区分异的研究只涉及了创业活动的数量层面，没有涉及创业活动的质量层面。事实上，在中国经济发展进入"新常态"后，我们已经不再一味刺激创业活动的数量增加，而将关注目标转向了创业活动的实际效果。所以，未来的研究方向是，构建测度创业活动质量的合理指标体系，对创业活动质量的地区分异做出合理的描述和解释。

参考文献

［德］阿尔弗雷德·韦伯：《工业区位论》，李刚剑、陈志人、张英保译，商务印书馆1997年版。

［英］阿弗里德·马歇尔：《经济学原理》，廉运杰译，华夏出版社2005年版。

安虎森、高正伍：《经济活动空间聚集的内生机制与区域协调发展的战略选项》，《南京社会科学》2010年第1期。

安虎森、李锦：《适度的"政策梯度"是实现区域协调发展的战略选项——基于新经济地理学循环累积因果聚集机制的探讨》，《学术月刊》2010年第1期。

［美］保罗·克鲁格曼：《地理和贸易》，张兆杰译，北京大学出版社2000年版。

［美］彼得·F. 德鲁克：《创新与创业精神》，张炜译，上海人民出版社2002年版。

才凤伟：《城镇化背景下的生存选择——农民工城市创业影像》，《西北人口》2014年第4期。

蔡跃洲：《"互联网+"行动的创新创业机遇与挑战——技术革命及技术—经济范式视角的分析》，《求是学刊》2016年第3期。

曾铖、李元旭、周瑛：《我国地方政府规模对异质性企业家精神的影响分析——基于省级面板数据的实证分析》，《研究与发展管理》2017年第6期。

曾亿武、邱东茂、沈逸婷、郭红东：《淘宝村形成过程研究：以东风村和军埔村为例》,《经济地理》2015年第12期。

陈乘风、许培源:《社会资本对技术创新与经济增长的影响——基于中国的经验证据》,《山西财经大学学报》2015年第10期。

陈刚:《管制与创业——来自中国的微观证据》,《管理世界》2015年第5期。

陈刚:《金融如何促进创业:规模扩张还是主体多样》,《金融经济学研究》2015年第5期。

陈硕:《民间金融发展中的社会资本作用机制及其效应研究》,《云南财经大学学报》2014年第6期。

陈岩、崔婧:《自主创业家庭的混合融资行为研究》,《西安电子科技大学学报》(社会科学版)2016年第5期。

陈怡安、陈刚:《社会保险与创业——基于中国微观调查的实证研究》,《人口与经济》2015年第6期。

陈翊、张一力:《社会资本、社会网络与企业家集群——基于宁波和温州的比较研究》,《商业经济与管理》2013年第10期。

陈翊、张一力:《社会网络和海外华人族裔集聚区的功能分化——以米兰唐人街为例》,《经济地理》2017年第6期。

陈翊:《集体行动、网络与温州企业家群体》,《温州大学学报》(社会科学版)2014年第1期。

陈翊:《移民行动对跨国空间社会网络的依赖——对浙南移民在欧洲族裔聚集区的考察》,《华侨华人历史研究》2015年第3期。

程凌华、李享、谷潇磊、顾佳炜、万旭华、周孚侨:《2016年国家高新区综合发展与数据分析报告》,《中国科技产业》2017年第11期。

程郁、罗丹:《信贷约束下农户的创业选择——基于中国农户调查的实证分析》,《中国农村经济》2009年第11期。

崔百胜:《非正规金融与正规金融:互补还是替代?——基于DSGE模型的相互作用机制研究》,《财经研究》2012年第7期。

崔巍、文景:《社会资本、法律制度对金融发展的影响——替代效应还是互补效应》,《国际金融研究》2017年第11期。

崔巍:《我国区域金融发展的差异性研究——基于社会资本的视角》,

《经济学动态》2013年第3期。

代明、陈景信、宋慧：《知识创业：创业新发展领域述评》，《科技进步与对策》2017年第4期。

邓路、谢志华、李思飞：《民间金融、制度环境与地区经济增长》，《管理世界》2014年第3期。

樊此君、张栋浩：《城镇化进程中房屋拆迁对家庭创业的影响分析》，《当代经济科学》2016年第6期。

范晓光、吕鹏：《中国私营企业主的社会构成：阶层与同期群差异》，《中国社会科学》2017年第7期。

高峰、龙思佳：《社会资本对人力资本的充值》，《求索》2009年第3期。

高建、石书德：《中国转型经济背景下创业地区差异的决定因素研究》，《科学学研究》2009年第7期。

巩宿裕、王聪：《社会资本对城镇家庭金融市场参与的影响》，《金融论坛》2015年第6期。

郭云南、张琳弋、姚洋：《宗族网络、融资与农民自主创业》，《金融研究》2013年第9期。

[英]哈耶克：《自由秩序原理》，邓正来译，生活·读书·新知三联书店1997年版。

郝朝艳、平新乔、张海洋、梁爽：《农户的创业选择及其影响因素——来自"农村金融调查"的证据》，《中国农村经济》2012年第4期。

贺尊、赵莹：《人力资本、收入水平与社会关系网络的结合模式——来自网络调查样本的实证研究》，《山西大学学报》（哲学社会科学版）2017年第4期。

胡金焱、张博：《社会网络、民间融资与家庭创业——基于中国城乡差异的实证分析》，《金融研究》2014年第10期。

胡永刚、石崇：《扭曲、企业家精神与中国经济增长》，《经济研究》2016年第7期。

胡宗义、李鹏：《农村正规与非正规金融对城乡收入差距影响的空间计量分析——基于我国31省市面板数据的实证分析》，《当代经济科学》2013年第2期。

蒋春燕、赵曙明：《公司企业家精神制度环境的地区差异——15个国家高新技术产业开发区企业的实证研究》，《经济科学》2010年第6期。

黎常：《社会文化特征对区域创业活动影响差异研究》，《科学学研究》2014年第12期。

李宝值、朱奇彪、米松华、杨良山、黄河啸：《农民工社会资本对其人力资本回报率的影响研究》，《农业经济问题》2017年第12期。

李华晶：《知识过滤、创业活动与经济增长——基于我国31个地区的实证研究》，《科学学研究》2010年第7期。

李娟：《经济增长的区域空间结构趋势和我们的现实选择》，《税务与经济》2002年第1期。

李世刚、尹恒：《政府—企业间人才配置与经济增长——基于中国地级市数据的经验研究》，《经济研究》2017年第4期。

李文博：《浙江镇域集群缘何普遍拥有发达的小微企业创业行为——基于扎根理论的实证研究》，《科技进步与对策》2016年第19期。

李雪莲、马双、邓翔：《公务员家庭、创业与寻租动机》，《经济研究》2015年第5期。

李祎雯、张兵：《非正规金融对农村家庭创业的影响机制研究》，《经济科学》2016年第2期。

梁滨、邓祖涛、梁慧：《区域空间研究：经济地理学与新经济地理学的分歧与交融》，《经济地理》2014年第2期。

林苞：《知识溢出与创业——基于中国地区数据的研究》，《科学学与科学技术管理》2013年第9期。

林南：《社会资本：关于社会结构与行动的理论》，上海人民出版社2005年版。

刘凤委、李琳、薛云奎：《信任、交易成本与商业信用模式》，《经济研究》2009年第8期。

刘杰、郑风田：《社会网络，个人职业选择与地区创业集聚——基于东风村的案例研究》，《管理世界》2011年第6期。

刘倩：《社会资本对收入的作用机制——从社会资本的资源配置功能

分析》,《经济问题》2017 年第 5 期。

刘曙华:《生产性服务业集聚对区域空间重构的作用途径和机理研究》,博士学位论文,华东师范大学,2012 年。

刘宇娜、张秀娥:《金融支持对新生代农民工创业意愿的影响分析》,《经济问题探索》2013 年第 12 期。

刘长生、简玉峰:《社会资本、人力资本与内生经济增长》,《财贸研究》2009 年第 2 期。

卢峰、姚洋:《金融压抑下的法治、金融发展和经济增长》,《中国社会科学》2004 年第 1 期。

陆大道、郭来喜:《地理学的研究核心:人地关系地域系统——论吴传钧院士的地理学思想与学术贡献》,《地理学报》1998 年第 2 期。

陆大道:《变化发展中的中国人文与经济地理学》,《地理科学》2017 年第 5 期。

罗建华、黄玲:《中小企业非正规金融内生成长分析——基于社会资本视角》,《经济与管理》2011 年第 1 期。

马宏、汪洪波:《社会资本对中国金融发展与收入分配关系的影响——基于中国东中西部地区面板数据的实证研究》,《经济评论》2013 年第 5 期。

迈克尔·波特:《国家竞争优势》,李明轩、邱如美译,华夏出版社 2000 年版。

孟凡臣、R. B. Bouncken:《文化对创业意图影响的比较分析》,《科学学与科学技术管理》2007 年第 5 期。

聂富强、崔亮、艾冰:《贫困家庭的金融选择:基于社会资本视角的分析》,《财贸经济》2012 年第 7 期。

宁光杰:《自我雇佣还是成为工资获得者?——中国农村外出劳动力的就业选择和收入差异》,《管理世界》2012 年第 7 期。

彭文慧:《社会资本、产业集聚与区域工业劳动生产率空间差异》,《经济学动态》2013 年第 11 期。

皮天雷:《社会资本、法治水平对金融发展的影响分析》,《财经科学》2010 年第 1 期。

齐玮娜、张耀辉：《区域环境差异与创业质量的"马太效应"——基于动态面板模型的 SYS-GMM 检验》，《经济管理》2015 年第 7 期。

曲兆鹏、郭四维：《户籍与创业：城乡居民自我雇佣的差异研究——来自 CGSS2008 的证据》，《中国经济问题》2017 年第 6 期。

邵传林：《制度变迁视域下的金融深化与企业家精神——来自中国省级层面的经验证据》，《中国经济问题》2014 年第 5 期。

申云：《社会资本、二元金融与农户借贷行为》，《经济评论》2016 年第 1 期。

宋丽红、李新春、梁强：《创业成长意愿的制度约束及缓解机制》，《管理学报》2015 年第 9 期。

眭纪刚：《技术与制度的协同演化：理论与案例研究》，《科学学研究》2013 年第 7 期。

孙久文、原倩：《"空间"的崛起及其对新经济地理学发展方向的影响》，《中国人民大学学报》2015 年增刊第 1 期。

汤勇：《传统小微企业创业集聚与路径依赖——基于益阳市沧水铺包装企业创业集聚的分析》，《西华大学学报》（哲学社会科学版）2013 年第 4 期。

田北海、雷华、佘洪毅：《人力资本与社会资本孰重孰轻：对农民工职业流动影响因素的再探讨——基于地位结构观与网络结构观的综合视角》，《中国农村观察》2013 年第 1 期。

田楹、胡蓓：《产业集群集聚效应与创业意向关系的实证研究》，《管理学报》2014 年第 11 期。

童宏保：《从人力资本到社会资本：教育经济学研究的新视角》，《教育与经济》2003 年第 4 期。

汪三贵、刘湘琳、史识洁：《人力资本和社会资本对返乡农民工创业的影响》，《农村技术经济》2010 年第 12 期。

王超恩、刘庆：《社会资本与农民工创业融资方式选择》，《西北农林科技大学学报》（社会科学版）2015 年第 2 期。

王建廷：《区域经济发展动力与动力机制》，上海人民出版社 2007 年版。

王军辉：《金融深化、银行业垄断与民营中小企业创业——基于面板数据的结构模型估计》,《中央财经大学学报》2014年第1期。

王擎、田娇:《非正规金融与中国经济增长效率——基于省级面板数据的实证研究》,《财经科学》2014年第3期。

王煜宇:《我国金融监管制度供给过剩的法经济学分析》,《现代法学》2014年第5期。

魏剑锋:《国外产业集群理论:基于经典和多视角研究的一个综述》,《研究与发展管理》2010年第3期。

魏下海、汤哲、王临风:《社会信任环境是否促进"大众创业"》,《产业经济评论》2016年第3期。

魏永峰:《社会资本与社会信任》,《理论界》2009年第2期。

吴一平、王健:《制度环境、政治网络与创业:来自转型国家的证据》,《经济研究》2015年第8期。

吴永钢、范若滢、马亚明:《信任、融资约束与企业投资》,《南开经济研究》2016年第4期。

谢思全、陆冰然:《个体社会资本与社会偏好——对于信任、非市场交易和网络权威的一个微观分析》,《山西财经大学学报》2009年第7期。

谢宗藩、陈永志:《国家力量与金融制度演化》,《财经科学》2015年第8期。

徐淑芳:《信任、社会资本与经济绩效》,《学习与探索》2005年第5期。

闫华飞:《创业行为、创业知识溢出与产业集群发展绩效》,《科学学研究》2015年第1期。

杨军、张龙耀、姜岩:《社区金融资源、家庭融资与农户创业——基于CHARLS调查数据》,《农业技术经济》2013年第11期。

杨勇、朱乾、达庆利:《中国省域企业家精神的空间溢出效应研究》,《中国管理科学》2014年第11期。

杨宇、沈坤荣:《社会资本对技术创新的影响——基于中国省级面板数据的实证研究》,《当代财经》2010年第8期。

姚耀军:《非正规金融发展的区域差异及其经济增长效应》,《财经研究》2009 年第 12 期。

叶瑛、姜彦福：《创业投资家与创业企业家的信任对双方绩效的作用研究》，《科学学与科学技术管理》2006 年第 1 期。

易朝辉：《创业者与创业投资家的信任结构实证研究》，《科学学研究》2011 年第 6 期。

袁红林、蒋含明：《中国企业家创业精神的影响因素分析——基于省级面板数据的实证研究》，《当代财经》2013 年第 8 期。

张博、胡金焱、范辰辰：《社会网络、信息获取与家庭创业收入——基于中国城乡差异视角的实证研究》，《经济评论》2015 年第 2 期。

张东：《法治如何促进大众创新创业——基于专车服务微观样本的分析》，《法学》2016 年第 3 期。

张健华、王鹏：《银行风险、贷款规模与法律保护水平》，《经济研究》2012 年第 5 期。

张俊生、曾亚敏：《社会资本与区域金融发展——基于中国省际数据的实证研究》，《财经研究》2005 年第 4 期。

张龙鹏、蒋为、周立群：《行政审批对创业的影响研究——基于企业家才能的视角》，《中国工业经济》2016 年第 4 期。

张龙耀、张海宁：《金融约束与家庭创业——中国的城乡差异》，《金融研究》2013 年第 9 期。

张维迎、柯荣住：《信任及其解释：来自中国的跨省调查分析》，《经济研究》2002 年第 10 期。

张祥俊、高兴民：《城镇化与创业：理论与实证》，《经济体制改革》2016 年第 2 期。

张晓晖、尹海英：《中国创业投资的区域分布及其影响因素》，《社会科学战线》2012 年第 8 期。

张鑫、谢家智、张明：《社会资本、借贷特征与农民创业模式选择》，《财经问题研究》2015 年第 3 期。

张璇、刘贝贝、汪婷：《信贷寻租、融资约束与企业创新》，《经济研究》2017 年第 5 期。

张玉利、杨俊：《试论创业研究的学术贡献及其应用》，《外国经济与管理》2009 年第 1 期。

赵朋飞、王宏健、赵曦:《人力资本对城乡家庭创业的差异影响研究——基于 CHFS 调查数据的实证分析》,《人口与经济》2015 年第 3 期。

郑风田、程郁:《创业家与我国农村产业集群的形成与演进机理——基于云南斗南花卉个案的实证分析》,《中国软科学》2006 年第 1 期。

郑鸿、徐勇:《创业团队信任的维持机制及其对团队绩效的影响研究》,《南开管理评论》2017 年第 5 期。

郑馨、周先波、张麟:《社会规范与创业——基于 62 个国家创业数据的分析》,《经济研究》2017 年第 11 期。

仲伟仁、王亚平、王丽平:《创业文化对创业者创业动机影响的实证研究》,《科学学与科学技术管理》2012 年第 9 期。

周广肃、谢绚丽、李力行:《信任对家庭创业决策的影响及机制探讨》,《管理世界》2015 年第 12 期。

周广肃、谭华清、李力行:《外出务工经历有益于返乡农民工创业吗》,《经济学》(季刊)2017 年第 2 期。

周敏慧、Jean-Louis ARCAND、陶然:《企业家精神代际传递与农村迁移人口的城市创业》,《经济研究》2017 年第 11 期。

朱红根、康兰媛:《金融环境、政策支持与农民创业意愿》,《中国农村观察》2013 年第 5 期。

庄子银:《创新、企业家活动配置与长期经济增长》,《经济研究》2007 年第 8 期。

Abhijit, V., Banerjee and Andrew, F., Newman, "Occupational Choice and the Process of Development", *Journal of Political Economy*, Vol. 101, No. 3, 1993.

Allen, F., Qian, J. and Qian, M., "Law, finance, and economic growth in China", *Journal of Financial Economics*, Vol. 77, No. 1, 2005.

Amit, R. E. Muller, "Push and Pull Entrepreneurship", *Journal of Small Business and Entrepreneurship*, Vol. 12, No. 4, 1995.

Arenius, P. and Minniti, M., "Perceptual variables and nascent entrepreneurship", *SmallBusiness Economics*, Vol. 24, No. 3, 2005.

Autio, E., Sapienza, H. J. and Arenius, P., "International Social Capital, Technology Sharing, and Foreign Market Learning in Internationalizing Entrepreneurial Firms", *Advances in Entrepreneurship Firm Emergence & Growth*, Vol. 8, No. 5, 2005.

Barney, J. B. and Hansen, M. H., "Trustworthiness as a Source of Competitive Advantage", *Strategic Management Journal*, Vol 15, No. S1, 1994.

Baumol, W., "Entrepreneurship: Productive, Unproductive, and Destructive", *Journal of Political Economy*, Vol. 98, No. 5, 1990.

Blanchflower, D. G. and Oswald, A. J., "What Makes an Entrepreneur?", *Journal of LaborEconomics*, Vol. 16, No. 1, 1998.

Blanchflower, D. G., "Self-Employment In OECD Countries", *Labour Economics*, Vol. 7, No. 5, 2000.

Bó, E. D. and Rossi, M. A., "Corruption and Inefficiency: Theory and Evidence from Electric Utilities", *Journal of Public Economics*, Vol. 91, No. 5, 2007.

Burke, A. E., FitzRoy, F. R. and Nolan, M. A., "When Less is More: Distinguishing between Entrepreneurial Choice and Performance", *Oxford Bulletin of Economics and Statistics*, Vol. 62, No. 5, 2000.

Busenitz, L. W., Fiet, J. O. and Moesel, D. D., "Reconsidering the Venture Capitalists' Value Added Proposition: An Interorganizational Learning Perspective", *Journal of Business Venturing*, Vol. 19, No. 6, 2004.

Catherine Armington and Zoltan, J. Acs, "The Determinants of Regional Variation in New Firm Formation", *Regional Studies*, Vol. 36, No. 1, 2002.

Chlosta, S., Patzelt, H. and Klein, S. B., "Parental Role Models and the Decision to Become Self-Employed: The Moderating Effect of Personality", *Small Business Economics*, Vol. 38, No. 1, 2012.

Clercq, D. D. and Sapienza, H. J., "When Do Venture Capital Firms Learn from Their Portfolio Companies?" *Entrepreneurship Theory & Practice*, Vol. 29, No. 4, 2005.

Coffee, J. C., "Do Norms Matter? A Cross-Country Evaluation", *University of Pennsylvania Law Review*, Vol. 149, No. 6, 2001.

David Keeble, "Small Firms, Innovation and Regional Development in Britain in the 1990s", *Regional Studies*, Vol. 31, No. 3, 1997.

Demetriades, P. O. and Hussein, K. A., "Does financial development cause economic growth? Time-series evidence from 16 countries", *Journal of Development Economics*, Vol. 51, No. 2, 1995.

Dincer, O. C. and Uslaner, E. M., "Trust and Growth", *Public Choice*, Vol. 142, No. 12, 2010.

Djankov, S., Yingyi, Q., Gerard, R. and Ekaterina, Z., "Who Are China's Entreprenerus?" *American Economic Review*, Vol. 96, No. 2, 2006.

Dunn, T. and Holtz-Eakin, D., "Financial Capital, Human Capital, and the Transition of Self-Employment: Evidence from Intergenerational Links", *Journal of Labor Economics*, Vol. 18, No. 2, 2000.

Ejaz, G., William, R. K. and Stephen, O. C., "Spatial Determinants of Entrepreneurship in India", *Regional Studies*, Vol. 48, No. 6, 2014.

Ellison, G. and Glaeser, E. L., "The Geographic Concentration of Industry: Does Natural Advantage Explain Agglomeration?", *American Economic Review*, Vol. 89, No. 2, 1999.

Evans, D. S. and Jovanovic, B., "An Estimated Model of Entrepreneurial Choice under Liquidity Constraint", *Journal of Political Economy*, Vol. 97, No. 4, 1989.

Evans, D. S. and Leighton, L. S., "Some Empirical Aspects of Entrepreneurship", *American Economic Review*, Vol. 79, No. 3, 1989.

Fehr, E. and Fischbacher, U., "Third-Party Punishment and Social Norms", *Evolution & Human Behavior*, Vol. 25, No. 2, 2004.

Gerich, J., "Effects of Social Networks on Health from a Stress Theoretical

Perspective", *Social Indicators Research*, Vol. 118, No. 1, 2014.

Gibson, D. E., "Role Models in Career Development: New Directions for Theory and Research", *Journal of Vocational Behavior*, Vol. 65, No. 1, 2004.

Guiso, L., Sapienza, P. and Zingales, L., "The Role of Social Capital in Financial Development", *American Economic Review*, Vol. 94, No. 3, 2004.

Hansen, M. T., "The Search-Transfer Problem: The Role of Weak Ties in Sharing Knowledge across Organization Subunits", *Administrative Science Quarterly*, Vol. 44, No. 1, 1999.

Hofstede, G., *Culture's Consequences*, 2nd ed., California: Sage, 2001.

Hurst, E. and Lusardi, A., "Liquidity Constraints, Household Wealth, and Entrepreneurship", *Journal of Political Economy*, Vol. 112, No. 2, 2004.

Kissan, Danisw, M. and Cavusgilst, "International Entrepreneurship Research in Emerging Economies: A Critical Review and Research Agenda", *Journal of Business Venturing*, Vol. 27, No. 2, 2012.

Krugman, P., "First Nature, Second Nature, and Metropolitan Location", *Journal of Regional Science*, Vol. 33, No. 2, 1993.

Luthans, F., Stajkovic, A. D. and Ibrayeva, E., "Environmental and Psychological Challenges Facing Entrepreneurial Development In Transitional Economies", *Journal of World Business*, Vol. 35, No. 1, 2011.

Martínez-Cañas, R., Sáez-Martínez, F. J. and Ruiz-Palomino, P., "Knowledge Acquisition's Mediation of Social Capital-Firm Innovation", *Journal of Knowledge Management*, Vol. 16, No. 1, 2012.

Maxwell, A. L., Jeffrey, S. A. and Lévesque, M., "Business angel early stage decision making", *Journal of Business Venturing*, Vol. 26, No. 2, 2011.

Mcallister, D. J., "Affect- and Cognition-Based Trust as Foundations for

Interpersonal Cooperation in Organizations", *Academy of Management Journal*, Vol. 38, No. 1, 1995.

Mehlum, H., Moene, K. and Torvik, R., "Predator or Prey?: Parasitic Enterprises in Economic Development", *European Economic Review*, Vol. 47, No. 2, 2000.

Miner, J. B. and Raju, N. S., "Risk Propensity Differences Between Managers and Entrepreneurs and Between Low- and High-Growth Entrepreneurs: A Reply in a More Conservative Vein", *Journal of Applied Psychology*, Vol. 89, No. 1, 2004.

Mohieldin, M. S. and Wright, P. W., "Formal and Informal Credit Markets in Egypt", *Economic Development & Cultural Change*, Vol. 48, No. 3, 2000.

Nanda, R. and Sørensen, J. B., "Workplace Peers and Entrepreneurship", *ManagementScience*, Vol. 56, No. 7, 2010.

North, D. C. and Wallis, J. J., "Integrating Institutional Change and Technical Change in Economic History A Transaction Cost Approach", *Journal of Institutional & Theoretical Economics*, Vol. 150, No. 4, 1994.

North, D. C., "Institutions", *Journal of Economic Perspectives*, Vol. 5, No. 2, 1991.

Obschonka, M., Schmittrodermund, E., Silbereisen, R. K., et al., "The regional distribution and correlates of an entrepreneurship-prone personality profile in the United States, Germany, and the United Kingdom: A socioecological perspective", *Journal of Personality & Social Psychology*, Vol. 105, No. 1, 2013.

Oviatt, B., "Entrepreneurial Intensity: Sustainable Advantages for Individuals, Organizations, and Societies", *Academy of Management Review*, Vol. 24, No. 3, 1999.

Paul Reynolds and David, J., "Storey, Paul Westhead. Cross-national Comparisons of the Variation in New Firm Formation Rates", *Regional*

Studies, Vol. 41, No. sup1, 2007.

Piore, M. J. and Sabel, C. F., "The Second Industrial Divide: Possibilities for Prosperity", *American Journal of Sociology*, Vol. 73, No. 1, 1986.

Porta, R. L., Lopez-De-Silanes, F., Shleifer, A., et al., "Law and Finance", *Journal of Political Economy*, Vol. 106, No. 6, 1998.

Pouder, R. and John, C. H. S., "Hot Spots and Blind Spots: Geographical Clusters of Firms and Innovation", *Academy of Management Review*, Vol. 21, No. 4, 1996.

Reynolds, P. D., Bygrave, W. D., Autio, E., et al., "Global Entrepreneurship Monitor: 2003 Executive Report", *Australian Occupational Therapy Journal*, Vol. 38, No. 2, 2003.

Sahlman, W. A., "The Structure and Governance of Venture-capital Organizations", *Journal of Financial Economics*, Vol. 27, No. 3, 1990.

Sangnier, M., "The co-evolution of social capital and financial development", *Economics Bulletin*, Vol. 31, No. 2, 2011.

Schartinger, D., Dchibanya and Gassler, H., "Interactive Relations between Universities and Firms: Empirical Evidence for Austria", *Journal of Technology Transfer*, Vol. 26, No. 3, 2001.

Schoorman, F. D., Mayer, R. C. and Davis, J. H., "An Integrative Model of Organizational Trust: Past, Present, and Future", *Academy of Management Review*, Vol. 20, No. 3, 1995.

Singh, R. P., "A Comment on Developing the Field of Entrepreneurship Through the Study of Opportunity Recognition and Exploitation", *Academy of ManagementReview*, Vol. 26, No. 1, 2001.

Sobel, R. S., "Testing Baumol: Institutional Quality And The Productivity of Entrepreneurship", *Journal of Business Venturing*, Vol. 23, No. 6, 2008.

Velamuri, M. Taxes, "Health Insurance, And Women's Self-Employment", *Contemporary Economic Policy*, Vol. 30, No. 2, 2012.

Welter, F., "All You Need Is Trust? A Critical Review of the Trust and

Entrepreneurship Literature", *International Small Business Journal*, Vol. 30, No. 3, 2012.

Yuan, K. C., "Three simple models of social capital and economic growth", *Journal of Socio-Economics*, Vol. 35, No. 5, 2006.

Zak, P. J., "Trust and Growth", *Economic Journal*, Vol. 111, No. 17, 2001.

Zolin, R., Kuckertz, A. and Kautonen, T., "Human Resource Flexibility And Strong Ties In Entrepreneurial Teams", *Journal of Business Research*, Vol. 64, No. 10, 2011.